슬로라이프의 달인들

Gross National Happiness를 말하다

이 도서의 국립중앙도서관 출판시도서목록(CIP)은 e-CIP홈페이지(http://www.nl.go.kr/ecip)와 국가자료공동목록시스템(http://www.nl.go.kr/kolisnet)에서 이용하실 수 있습니다.(CIP제어번호 : CIP2013000210)

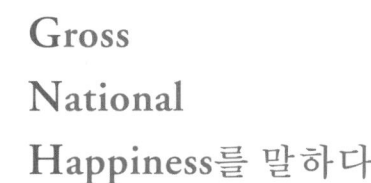

Gross

National

Happiness를 말하다

슬로라이프의 달인들

쓰지 신이치 편저 | 허문경 옮김

2010년 여름 쓰지 신이치辻信— 교수는 저서 세 권을 나에게 선물하며 어느 것이든 마음에 드는 대로 번역해보라는 유쾌한 제안을 하셨다. 그 가운데 'GNH'라는 표제에 이끌려『GNH: 또 다른 풍요로움을 위한 10인의 제언GNH: もうひとつの'豊かさ'へ, 10人の提案』(大月書店, 2008)을 번역서『슬로 라이프의 달인들: Gross National Happiness를 말하다』로 출간하게 되었다.

번역을 진행하며 주변의 반응을 살펴보니 GNH를 아는 사람은 환경운동가들과 언론계 종사자들이었다. 환경운동가들이 하루 속히 번역서가 출간되기를 기다린다며 반색을 한 반면, 언론계 종사자들은 GNH란 하나의 제안일 뿐 사회적 파급 효과가 적다는 이유로 회의적인 반응을 보였다.

사실 부탄의 국왕이 1972년에 제창한 GNH에 대한 정보는 매우 미흡한 편이다. 이는 부탄이 은둔의 왕국이었고 최근에 이르러서야 국제사회의 협조로 GNH를 지표로 제시함으로써 세상에 알려지기 시작했다는 점에서 비롯된다. 2004년부터 GNH를 주제로 한 국제회의가 열리기 시작했는데 2007년에는 프랑스의 니콜라스 사르코지Nicolas Sarkozy 대통령이 참석해 GNH의 중요성을 환기시켰다. 2008년에는 노벨경제학상 수상자 스티글리츠Joseph E. Stiglitz 교수를 중심으로 경제협력개발기구OECD 산하에 위원회가 결성되고 2009년 부산에서 열린 제3차 OECD세계포럼에서 주요 의제로 GDP를 대체하는 지표의 연구결과가 다루어졌다.

이러한 가운데 2012년 1월에 열린 다보스포럼에서 GNH가 언급되었고, 4월에 유엔UN이 「세계행복보고서World Happiness Report」를 발표한 후 행복지수의 중요성이 강조되었으며, 5월에는 뉴욕에서 열린 유엔회의에서 부탄의 수상이 GNH에 대한 발표를 했고, 6월에는 유엔지속가능개발회의를 통해 의제로 다루어져 향후 행복지수에 관한 논의의 진전이 예상된다.

이 책은 GNH에 대한 연구서나 GNH 정책에 대한 분석이 아닌 GNH 연구회의 에세이집에 가깝다. 10인의 저자 가운데 헬레나 노르베리-호지 Helena Norberg-Hodge는 『오래된 미래: 라다크로부터 배우다Ancient Futures: Learning from Ladakh』를 통해 지속 가능한 개발에 대한 관심을 불러일으킨 인물이고, 대표저자 쓰지 신이치 교수는 문화인류학자로서 세계 각지에서 환경운동을 기획하며 '슬로라이프'라는 용어를 처음으로 만들어냈다. 구글에서 슬로라이프를 검색하면 약 300만 건의 기록이 나오는데 'slowlife', 'slow life'의 검색 건수가 각각 다르며 영어 이외에 프랑스어, 스페인어, 이탈리아어, 일본어 등으로 검색하면 총 304,000,000건, 즉 약 3억 건의 기록이 나온다.

슬로라이프운동은 환경운동가 그룹뿐 아니라 삶을 진지하게 성찰하며 더 나은 미래를 만들어가고자 하는 사람들 사이에서 조용하지만 힘찬 조류를 형성하고 있다. 이 책에서 언급된 컬처럴 크리에이티브, 슬로라이프를 실천하는 새로운 문화의 창조자들을 번역자인 나 또한 대도시가 아닌 지역에서, 특히 귀농·귀촌자 가운데서 만났다. 우리나라에서는 2007년 슬로시티가 도입된 이후부터 슬로푸드, 슬로라이프에 대한 대중적 관심이 본격화되기 시작했지만 이러한 삶의 방식에 대한 저변은 이전부터 넓게 형성되어 있었던 것 같다.

쓰지 신이치 교수는 슬로라이프란 '천천히slow, 작은small, 간소한simple' 삶의 방식이라고 언급하는데 'Simple', 즉 간소한 삶이라 하면 많은 사람이 헨리 데이비드 소로우Henry David Thoreau의 월든 호수에서의 삶을 떠올릴 것이다. 슬로라이프 철학에서 간소한 삶은 종교적인 금욕주의까지를 요구하지는 않지만 삶에 대한 진지한 성찰을 통해 얻을 수 있는 보편적인 결론이라고 생각한다.

'Small', 즉 작은 삶을 주창한 인물로 널리 알려진 에른스트 슈마허 Ernst F. Schumacher는 경제학자로서 중간 기술, 적정 기술에 대한 개념을 세계 최초로 정립하고 스스로 기업가로 변신해 자신의 사상을 몸소 실천했다. 1973년에 발표된 그의 저서 『작은 것이 아름답다Small Is Beautiful』는 40년이 지나서야 인정받았지만 지속 가능한 개발이라는 미래를 여는 패러다임의 철학적 토대가 되었다. 2010년 봄 서울에서 국제슬로시티시장총회가 열렸을 때 기조연설자로 나선 쓰지 신이치 교수도 슬로라이프를 슈마허의 철학에 기초해 설명했다.

'Slow', 즉 천천히 사는 삶은 쓰지 신이치 교수가 최초로 주장했디. 쓰지 신이치 교수는 문화인류학자로서 인류의 다양한 삶의 방식에 정통하고 일본어·영어·프랑스어·스페인어를 구사해 세계 각지의 사람 및 문화와 커뮤니케이션함으로써 문명에 대한 통찰력을 얻었을 것으로 생각된다. 현대, 정확히는 근대 산업혁명 이후의 문명은 '빠름'을 추구하며 성장해왔다. '빠름', 효율성의 추구는 특히 테일러주의로도 불리는 분업화를 통해 더욱 가속화되어 먹을거리까지 공장식 생산을 하게 만들었고, 조지 리처George Rizer의 분석처럼 사회 전반의 의식을 바꾸어놓았다. 이와 같은 현상의 대표적인 예가 맥도날드 햄버거이며 맥도날드 햄버거로 상징되는 세계화에 대한 저항으로 1986년 시작된 슬로푸드운동이 슬로시티, 슬로라이프운동으로 확산된 것이다.

그렇다면 좀 더 구체적으로 슬로라이프란 어떠한 삶의 방식인가? 이 책의 저자들이 전하는 세계적인 동향과 자신의 전문가적 식견은 시간관념에서부터 동물복지에 이르기까지 지난 30여 년간의 부탄의 통치이념인 GNH와 일치한다. 이 책의 원서가 발간된 직후인 2008년 11월 부탄에서는 그간의 통치이념을 국민총행복지표GNH Index로 발전시켰는데 기본적인 생활, 건강상태, 교육과 교양, 환경, 전통문화, 지역사회의 활력, 시간의 사용법, 정신적 행복, 거버넌스의 질 등 9개 영역 72개 항목으로 이루어져 있다.

우리나라에서도 최근 동물복지농장 인증제도가 시행되는 등 이러한 수준의 거버넌스는 이미 행해지고 있다고 할 수 있지만 글로벌 경쟁에서 살아 남아야 하는 기업문화에까지 GNH를 적용할 수 있을지에 대한 반문도 제기될 수 있을 것이다. 분명한 것은 우리 사회 곳곳에 여전히 산업화의 그늘이 짙게 드리워져 있긴 하지만 일부 선도적 기업문화가 사회적 책임 경영에서 공유가치창출 경영으로 바뀌고 있다는 것이다. 문제는 정작 변화의 주체가 되어야 할 시민이 변화를 원하면서도 구체적으로 무엇을 어떻게 실천해야 할지 모른다는 것이다. 이러한 시점에서 우리도 부탄 국왕과 에른스트 슈마허가 등장한 시기 에너지 위기의 배경과 원자력발전소의 가동을 모두 중단한 일본이 GNH에 지대한 관심을 보이는 배경을 직시하고 이를 패러다임 전환의 단초로 삼았으면 한다.

쓰지 신이치 교수님과 이 책의 저자들, 새로운 지식의 지평을 열어주신 스승 국제슬로시티연맹 부회장 손대현 교수님, 편집을 도와준 김희정 박사께 깊은 감사의 마음을 전한다.

또한 김종수 대표님, 윤순현 기획과장, 김현대 편집팀장, 편집담당자 신유미 씨를 비롯한 도서출판 한울 여러분의 노고에 감사드린다. 이 책의 활자 하나하나는 이 분들의 정성으로 만들어진 것이다.

2013년 2월
허문경

"국민총생산GNP보다 국민총행복GNH이 중요하다."

Jigme Singye Wangchuck(제4대 부탄 국왕)

'풍요로움'에 대한 성찰은 오래전부터 계속되어온 논의입니다. 이는 '풍요로움'이 가져다주는 시간과 장소를 초월한 저항할 수 없는 매력 때문일 것입니다. 동서고금의 문명이 제각각 다른 종류의 '풍요로움'에 대한 환상에 사로잡혀 있었으며 또한 이 때문에 패망의 길을 걸었다는 사실은 많은 연구를 통해 밝혀졌습니다.

이 책에는 현대 문명이 떠안은 '풍요로움' ─ 특정 국가나 지역에 한정되지 않고 전 세계를 뒤덮은 거대한 상념(마인드세트mindset) ─ 을 새삼스럽긴 하지만 성찰해보고자 하는, 미약하나마 한편으로 거창한 의도가 담겨 있습니다.

'새삼스럽게'라고 한 것은 금세기만 보더라도 이미 '풍요로움'에 대한 비판이 충분히 이루어졌기 때문입니다. 경제학자 존 갤브레이스John K. Galbraith가 저서 『풍요로운 사회 The Affluent Society』를 통해 생산량의 확대가 사회의 진보를 측정하는 기준이 된 현실에 경종을 울린 것이 1958년의 일입니다. 또한 약 40년 전에는 당시 차기 미국 대통령으로 당선이 유력했던 로버트 케네디Robert F. Kennedy가 캔자스대학교 연설에서 국민총생산GNP과 생산량의 확대를 기준으로 측정되는 '풍요로움'을 다음과 같이 통렬하게 비판했습니다.

미국은 세계 제일의 GNP를 자랑하지만 거기에는 술, 담배, 마약, 이혼, 교통사고, 범죄, 환경오염, 환경 파괴와 관련된 일체가 포함되어 있다.

전쟁에 쓰이는 네이팜탄, 핵탄두, 경찰의 장갑차, 나이플 소총과 창검, 어린이에게 장난감을 팔기 위해 폭력을 예찬하는 텔레비전 프로그램도 모두 포함되어 있다.

케네디는 "어린이의 건강, 교육의 질, 놀이의 즐거움은 GNP에 포함되지 않는다. 시詩가 얼마나 아름다운지도 국민의 지혜로움과 용기도 성실함과 나눔의 정신도 …… GNP에 포함되어야 한다"라고 언급하면서 "요컨대 국가의 부를 측정하는 GNP에는 우리가 살아가는 이유, 삶의 이상이 전혀 포함되어 있지 않다"라고 결론지었습니다.

대통령 후보 지명 유세 도중 이와 같은 연설로 많은 지지를 얻은 케네디는 그러나 1968년 6월 6일 흉탄에 쓰러졌고 이후 안타깝게도 이와 같은 견해가 미국의 정치와 경제 분야의 정책 결정에서 고려되는 일은 없었던 것 같습니다.

그러나 얼마 지나지 않아 1972년, 16세의 나이에 제4대 부탄 국왕으로 즉위한 지그메 싱예 완츄크Jigme Singye Wangchuck가 GNP를 응용한 국민총행복GNH이라는 조어를 만들어냈습니다. 그는 1976년에 스리랑카에서 열린 제5회 비동맹국정상회담 후의 기자회견에서 'GNH가 GNP보다 중요하다'라고 말했습니다.[1]

일본에서는 1989년 데루오카 이쓰코暉峻淑子가 『풍요로움이란 무엇인가豊かさとは何か』를 통해 버블경제의 절정기 '풍요'가 당연시된 일본 사회의 '궁핍'과 '불행'을 분석했습니다. 불과 20년 전의 일입니다.

이 책은 이러한 '풍요로움'에 대한 비판적 전통을 계승해 날로 심각해져 가는 현대사회의 위기를 극복하는 밑거름이 되고자 하며 더불어 비판적 전통을 계승한 열매를 거두고자 하는 시도에서 집필되었습니다. 다양한 배경을 가진 10인의 전문가가 GNH라는 키워드를 중심으로 각자 다른 관점에서 '풍요로움'에 대한 의문을 제기합니다. 독자 여러분도 함께 진정한 '풍요로움'의 세계로 한걸음 내딛지 않으시렵니까.

쓰지 신이치辻 信一

---

1 今枝由郎, 『ブータンに魅せられて』(岩波書店, 2008).

[차례]

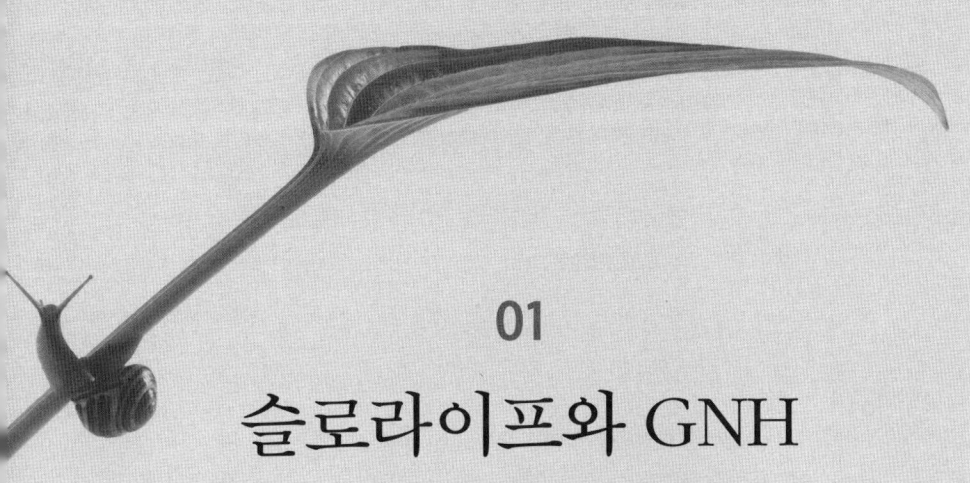

01

슬로라이프와 GNH

참된 '풍요로움'을 향하여

—

쓰지 신이치

쓰지 신이치 辻信一

문화인류학자이자 환경운동가다. 16년간 북미에서 활동했으며 현재 메이지가쿠인대학明治學院大學 국제학부 교수로 재직 중이다. '100만인의 캔들나이트' 홍보대사로 활동하며 비정부기구NGO 나무늘보클럽 대표이기도하다. 'slow', 'GNH'를 키워드로 다수의 환경운동과 환경친화적 비즈니스를 기획·운영한다. 국내 번역서로는 『행복의 경제학』(서해문집, 2009) 등이 있다.

'풍요로움'에 대한 새로운 감각

2000년 미국에서 『새로운 문화의 창조자들The Cultural Creatives』이라는 책이 출간되었습니다. 이 책에 의하면 20세기 미국 사회는 근대주의와 이에 대립하는 전통주의적 가치관이 주류를 이루었지만 최근 들어 다시금 근대주의에도 전통주의에도 속하지 않으면서 이 두 가치관과 분명히 다른 가치관을 지닌 집단의 움직임이 눈에 띄기 시작했다고 합니다.

이들 가운데 일부는 일찍이 '히피'로 알려졌고 저항문화라는 말도 널리 알려졌는데 이들 제3의 집단은 인구 전체에서 차지하는 비중이 미미했기 때문에 매스컴에 노출되는 일이 드물어 끝내 대중의 관심에서 멀어졌습니다. 이들이 매스컴에서 사라진 이후 1980~1990년대에도 지속적으로 이들 집단의 추이에 주목해온 연구자들과 저널리스트가 있다고 합니다.

리바이스라는 유명한 청바지회사가 있지요. 흥미로운 사업을 많이 벌이는 바로 이 리바이스에서 연구비를 지원해 대규모 사회의식 조사를 벌였고, 그 과정에서 점차 불가사의한 현상이 드러나기 시작했습니다.

1980년대 미국은 레이건의 시대였고 영국은 대처의 시대였습니다. 이 시기는 오늘날 세계를 지배하는 신자유주의와 세계화가 본격적으로 시작된 시기이기도 합니다. 이러한 시기에 지속적으로 사회의식 조사를 해온 결과 지금까지는 그 존재가 미미했던 제3의 집단, 즉 슬로라이프와 국민총행복GNH을 추구하는 사람이 실은 계속 증가했었다는 사실이 드러나기 시작했습니다. 1990년대에도 이들은 계속 증가해 20세기 말에는 마침내 미국 인구의 1/3에 달할 정도가 되었다는 것입니다.

　이러한 조사결과를 분석한 책이 2000년 폴 레이Paul Ray와 쉐리 앤더슨Sherry Anderson이 펴낸 『새로운 문화의 창조자들』입니다. 이 책의 저자는 주류 사회에서는 아직 눈치 채지 못했겠지만 5,000만 명이나 되는 미국인이 진작부터 전혀 다른 새로운 가치관을 가지고 살았다고 주장합니다. 그래서 저자는 이들 새로운 집단을 '컬처럴 크리에이티브즈(새로운 문화의 창조자들)'라고 명명하고 이것을 책의 제목으로 삼았던 것입니다.

　'컬처럴 크리에이티브즈'는 발음하기 어렵기 때문에 저는 '컬처 크리에이티브'(혹은 더 간단하게 씨씨CC)라고 부르는데 이들에게는 다음과 같은 특징이 있습니다.

　이들은 철저한 환경주의자입니다. 환경 문제에 대한 깊은 관심이 관념적인 것에서 그치지 않고 삶의 방식에까지 영향을 끼치는 것입니다. 또한 건강에 많은 관심을 갖고 자연식을 하며 자신과 이웃의 먹을거리가 어떤 경로를 통해 생산되고 공급되는지를 알고자 하며 가능한 한 자신의 지역에서 생산되는 식품을 구입합니다. 그리고 가능한 범위에서 스스로도 농부와 같은 삶을 살고자 합니다. 뒷마당에서 채소를 기르거나 주말농장에 참가하는 것인데요, 컬처 크리에이티브는 직접 몸을 움직여 손발을 써서 하는 것이라면 무엇이든 좋아합니다. 연구자들은 이러한 태도 자체가 사회의 주류인 '근대적' 가치관을 가진 사람과 분명히 다르다고 지적합니다.

　이렇듯 컬처 크리에이티브가 물건을 직접 만들어 쓰는 것을 좋아한다는 것은 결과보다는 과정 자체를 중시하는 사고방식과 관련이 있습니다. 이들은 결과를 중시하기보다 자기 스스로 일의 과정에 참여하는 것을 중시하는 것입니다. 포장되어 팔리는 먹을거리가 어디에서 생산되어 어떤 경로를 거쳐 여기까지 이르렀는가에 대한 관심도 거시적인 안목을 가진 컬처 크리에이티브의 사고방식과 관계가 있습니다. 컬처 크리에이티브는 조각조각 잘게 나뉘어져 각각의 패키지에 담긴 농산품이 넘쳐나는 상황에 불만을 갖습니다.

또한 소비행위 자체에 가치를 부여하지 않는 사람도 많습니다. 컬처 크리에이티브에게는 '탈脫소비'의 경향이 분명히 나타납니다. 텔레비전에 거부 반응을 보이는 사람도 많습니다. 이것저것 사라는 광고 때문에 텔레비전이란 것이 귀찮기도 하고 이런 것으로부터 이제는 떠나고 싶다는 것입니다. 그래서 텔레비전보다는 라디오를 좋아합니다. 라디오도 광고가 붙는 라디오 방송국보다는 지역주민의 기부로 운영되는 에프엠 FM 방송국이나 공영방송국을 좋아합니다. 또한 컬처 크리에이티브는 책을 좋아합니다. 미의식도 근대주의자와는 다릅니다. 휘황찬란하고 화려한 것보다는 조금은 수수하고 마음이 침착해지는 '와비ゎび', '사비さび' 등(오늘날 일본에서는 별로 쓰이지 않는 말이 되었지만), 고적한 아름다움을 지칭하는 이러한 말이 이들 사이에서는 키워드인 것 같습니다. 여행을 가더라도 여행사의 패키지나 단체여행은 좋아하지 않습니다.

이러한 일련의 경향을 저는 '3S', 즉 '천천히slow, 작은small, 간소한 simple'이라는 세 가지 형용사로 나타냈습니다. 이 세 가지 키워드로 상징되는 가치관과 미의식을 지닌 사람이 컬처 크리에이티브가 아닐까 생각합니다.

일본의 컬처 크리에이티브

　　　　　돌이켜보니 2001년의 9·11테러사건은 이제 막 성장세를 보이기 시작하던 컬처 크리에이티브의 세력을 위에서부터 막아버리는 결과를 초래했다는 생각이 듭니다. 하지만 그렇다고 해서 이들이 영영 사라진 것은 아니며 오히려 9·11테러사건 이후 시간이 지남에 따라 서서히 그 실체가 드러났습니다. 오늘날 미국 여기저기에서는 커다란 변화의 조짐이 보입니다. 이러한 변화를 저도 가슴 두근거리며 지켜보는 중입니다.

　그러면 일본의 사정은 어떨까요? 저는 2001년 『슬로 이즈 뷰티풀 Slow is Beautiful』이라는 책을 펴낸 이래 일본 각지를 다니며 강연을 했습니다. 단지 직감에 의존한 것이기는 하지만 일본도 분명 지금까지의 '근대적' 삶의 방식과는 다른 가치관을 지닌 사람이 늘어나는 추세입니다. 지방으로 갈수록 이러한 현상은 더 눈에 띕니다. 특히 젊은이의 가치관이 최근 10년 사이에 크게 바뀌었습니다. 이러한 의미에서 근대주의적 사고방식의 굴레가 가장 단단한 도쿄東京 같은 대도시에서는 컬처 크리에이티브의 움직임을 느끼기 어려울 뿐 아니라 이러한 집단이 드러나기도 어려울지 모르겠습니다.

　그렇지만 달리 생각하면 '안 보인다'라는 것이 중요한 부분입니다. 이것은 '컬처 크리에이티브 당党'이라는 정치 조직도 아니고, 이데올로기도 아닌 어디까지나 라이프스타일의 변화, 내면적인 미의식과 가치관의 변화, 문화적인 변화이기 때문입니다. 그래서 아직 눈에 띄지 않는 것입니다. 그러나 분명한 것은 삶의 방식이 바뀌고 있다는 것입니다. 아직까지 주요 일간지 등 주류 사회의 미디어는 컬처 크리에이티브의 존재도 이들을 중심으로 일어나는 지각 변동도 감지하지 못했지만 말입니다.

저는 대학에서 일을 함으로써 젊은이들과 가까이 지낼 수 있다는 것에 항상 감사합니다. 지금 대학생 사이에서는 컬처 크리에이티브적인 움직임이 뚜렷하게 느껴집니다. 특히 최근 8~9년 사이에 새로운 가치관을 지닌 젊은이가 자주 눈에 띕니다. 이들 자신이 이미 이러한 움직임을 알 수도 있고, 혹은 부지불식간에 자기 나름의 새로운 가치관을 모색하거나 혹은 선택하는 것인지도 모르겠습니다. 저는 가끔 '당신은 다른 운동가에 비해 낙관적으로 보인다'라는 말을 듣습니다. 만약 그렇다고 한다면 그것은 제가 젊은이들을 늘 접하기 때문일 것입니다.

풍요로움에 대한 '마인드세트'를 바꾸자

지금까지 저는 '환경'과 '평화'가 좀처럼 조화를 이루지 못했다는 인상을 가졌습니다. 환경운동가는 환경 문제, 평화운동가는 평화 문제라는 식으로 영역이 분리되어 있었습니다. 그리고 그것은 근대적 가치관의 탓이라고 생각합니다. 삶의 다양한 문제에 대처할 때에도 머릿속에 있는 종적 관계를 따라 각각의 테두리 안에서 사고하고 행동하지는 않았던가, 그래서 환경과 평화도 좀처럼 연결될 수 없었던 것이 아니었나 생각합니다. 그러나 컬처 크리에이티브라는 새로운 흐름에서는 이들이 연결되고, 지금까지의 사회 구조가 무의미해질 수 있습니다. 그리고 보니 여러 가지 문제가 연결되는 것 같습니다. 새로운 시대가 열린다는 것은 이런 것이 아닐까요?

저는 지구온난화와 같은 환경 문제, 이라크전쟁을 비롯해 세계의 다양한 장소에서 일어나는 분쟁 등의 거시적인 문제에서부터 우리 사회가 안고 있는 문제, 혹은 우리 각자가 삶에서 맞닥뜨리는 어려움, 즉 개인적·미시적인 문제에 이르기까지 실은 그 뿌리는 모두 하나로 연결되어 있는 것이 아닐까 하고 생각합니다.

알버트 아인슈타인Albert Einstein은 마인드세트Mindset(마음가짐, 생각, 사고의 틀)라는 표현을 써서 "문제를 일으킨 것과 똑같은 마인드세트 그대로라면 그 문제는 해결될 수 없다"라고 말했습니다.

우리가 지금까지 반복해온 잘못이 바로 이것이 아닐지, 게다가 우리가 사는 이 사회에서는 지금도 변함없이 그 잘못을 반복하는 것이 아닐까요?

최근 들어 특히 이 문제로 소란스러운데 미국의 부통령을 지낸 엘 고어Al Gore와 기후 변화에 관한 정부 간 패널IPCC: Intergovenmental Panel on Climate Change이 노벨평화상을 받은 이래 지구온난화가 피할 수 없는 커다란 문제라는 것이 명백히 드러났습니다. 이렇듯 큰 문제에는 이를 해결하기 위한 방안도 여기저기에서 나오기 마련입니다.

그 가운데 일본에서는 화석연료를 대신하는 대체에너지 문제가 대두되었고 급박한 선택의 상황이 전개되었습니다. 이 문제에 대한 현재 일본의 해답은 '원자력'입니다. 이것이 일본 사회 주류의 의견입니다. 일본만 이런 것이 아닙니다. 지구촌에서는 석유를 둘러싸고 20세기 내내 전쟁이 반복되었습니다. 앞으로는 우라늄 때문에 같은 일이 일어날 수도 있습니다. 우라늄 쟁탈전은 실제로 시작되었습니다. 북한·이란과 핵 문제로 끊임없이 논쟁하면서도 원자력 기술을 보유한 서방의 여러 나라는 여전히 이를 수출하려 하는 것이 현실입니다. 오늘날에는 국제적으로 경쟁이 격화되었고 일본도 이에 질세라 기회를 노리고 있습니다.

"어떤 문제를 일으킨 것과 똑같은 마인드세트 그대로라면 그 문제는 해결될 수 없다"라는 아인슈타인의 말을 다시 한 번 생각해보십시오.

원자력이 에너지 문제의 해답이라는 생각이 주류를 이루지만 유감스럽게도 원자력을 자동차에 싣고 달릴 수는 없습니다. 가솔린을 대체할 에너지원이 필요하기 때문에 지금 세계는 바이오에너지에 몰두해 있습니다. 브라질에서는 사탕수수로부터, 미국에서는 옥수수로부터 알코올 연료를 생산합니다. 과거에는 인간의 입에 들어가던 옥수수가 얼마 전부터는 동물의 입에 들어가더니 이제는 자동차에 들어가는 것입니다. 이 때문에 각지에서 문제가 발생했습니다.

예를 들어, 멕시코는 옥수수의 원산지로서 마야문명과 아즈텍문명부터 옥수수를 주식으로 했다고 말할 수 있을 정도고, 지금도 옥수수를 주식으로 합니다. 이러한 멕시코가 북미자유무역협정NAFTA이라는 글로벌 경제 체제에 편입되면서 옥수수의 세계 최대 수출국에서 세계 최대 수입국으로 전락했습니다. 어디에서 수입하는가 하면 미국입니다. 그 대부분이 유전자조작 옥수수라고 합니다. 미국산 옥수수의 가격이 오르자 멕시코 각지에서는 궁지에 몰린 서민의 폭동이 일어났을 정도입니다.

지구온난화라는 엄청난 문제를 일으킨 마인드세트를 그대로 두고 원자력, 슬로라이프, GNH, 바이오에너지가 해결책이라고 이야기하는 것입니다. 그렇지만 문제의 해결책이어야 할 원자력도 바이오에너지도 새로운 심각한 문제를 만들어냅니다. 어떻게 하면 좋을까요? 저는 마인드세트 자체를 전환할 수밖에 없다고 생각하는데 여러분은 어떻습니까?

그렇다면 지금까지 주류 사회를 이루고 그 안에서 살아온 우리를 지탱하던 마인드세트는 무엇이었을까요? 제 생각으로 그것은 경제입니다. 경제성장이라는 일종의 사이비 종교와 같은 것이었으며 '풍요로움'이라는 환상이었습니다.

환경운동은 일종의 문화운동이라고 저는 생각합니다. 평화운동도 문화운동이라고 생각합니다. 그것은 우리가 살아가는 데 어떠한 자세를 취할 것인가의 문제이며 삶을 지탱하는 우리의 마음가짐 그 본연의 자세이자 마인드세트의 문제이며 가치관과 미의식의 문제입니다. 무엇을 아름답다고 느끼며 무엇 때문에 즐겁고, 무엇에 재미를 두고 무엇에 평온함을 느끼는지, 그리고 무엇을 행복이라고 느끼는지의 문제입니다. 어떠한 믿음(마인드세트)에 근거해 사고하고 행동하는 것인지의 문제입니다. 이런 것을 바로 '문화'라고 하지요.

즉, 환경 문제는 단순한 기술의 문제, 과학의 문제가 아닙니다. 단순한 정치 문제는 더더군다나 아니고, 경제 문제도 아닙니다. 이는 '문화'의 문제입니다. 평화에 관해서도 같은 이야기를 할 수 있을 것입니다.

문화운동이기 때문에 우리는 삶의 근본적인 자세부터 바꿔야 합니다. 이를 앞서서 실천한 집단이 바로 컬처 크리에이티브인 것입니다. 이들은 일찍부터 자신의 라이프스타일을 바꾸기 시작했습니다. 자신 나름의 새로운 시대, 새로운 세계의 청사진을 가지고 가능한 것에서부터 새로운 미래를 만들어나가는 것입니다.

슬로라이프는 관계성을 회복하는 운동

　　　　　　이러한 문화운동과 관련된 두 가지 키워드가 슬로라이프와 GNH입니다.

앞서 전환의 키워드로서 'S'로 시작되는 3개의 형용사를 제시했습니다. 저는 그 가운데서 시간을 나타내는 '슬로'라는 슬로건을 자주 사용합니다. 그리고 컬처 크리에이티브적인 대전환을 '슬로다운하자'라든가 '슬로라이프'라는 말로 표현합니다. 또 하나의 키워드는 GNH입니다. 이제까지 우리가 살아온 삶의 이야기를 새로운 이야기로 바꾸는 것입니다. 이것을 'GNP로부터 GNH로'라고 표현하고자 합니다.

우선 '슬로'란 '천천히'라는 뜻이기 때문에 물리적인 스피드(빠르고 느림)의 문제라고 생각하기 쉽습니다. 이것도 중요하긴 하지만 그뿐이 아닙니다. 왜 영어를 사용하느냐고 핀잔을 들은 적이 있지만 어쩔 수 없는 선택이었습니다. 가능한 한 넓은 영역에서 문제를 다루고 싶었기 때문입니다. 그리고 '슬로'라는 말에 가장 가까운 일본어가 무엇이냐고 한다면 '관계성'이라고 대답하겠습니다.

이 세계는 '관계', '관계성'으로 이루어져 있습니다. 관계를 맺는 데는 시간이 걸립니다. 그러니까 슬로지요.

예를 들어 이인삼각이란 것이 있지요. 이인삼각은 다리를 연결하는 것인데요, 연결되는 바로 그 순간부터 속도가 늦어집니다. 끈을 풀어버리는 편이 훨씬 더 효율적이지요.

이러한 '관계'는 단지 인간과 인간의 관계에만 해당되는 것이 아닙니다. 인간과 자연과의 관계, 인간과 다른 생명체와의 관계도 마찬가지입니다. 우리는 인간과 달, 태양, 그리고 지구, 공기, 물, 흙 등 모두와 밀접하게 관계 맺지 않고서는 살아갈 수 없습니다. 그런데 이러한 연결고리에 이상한 징조가 보입니다. 그 연결이 무너지고 관계도 무너지는 것입니다. 물론 사람과 사람의 사이도 무너졌습니다. '사이'가 무너지면 어떻게 될까요? 몸뿐 아니라 마음까지 무너져내리겠지요.

오늘날에는 글로벌 경제와 우울증의 증가를 관련지어 논하는 연구자도 많습니다. 연결에 이상이 생겼다는 것은 단지 인간과 인간뿐 아니라 인간과 자연, 이 지구상에서 인간세계를 구성하는 온갖 연결고리의 어딘가에 이상이 생겼다는 것입니다. 앞서 말씀드린 대로 환경 문제, 전쟁, 분쟁에서부터 우리가 살면서 느끼는 신변의 고통까지 그 뿌리는 결국 같은 것이 아닐까 하고 생각한 것에는 이러한 이유가 있었던 것입니다.

가속화되는 경제의 시간

'슬로'란 시간의 문제입니다. '시간'을 생각하는 것은 그다지 간단한 일이 아닙니다. '시간'이 무엇인지는 저도 잘 모릅니다. 그렇지만 어떻게든 생각의 실마리를 찾아내고 싶습니다. 제가 생각한 것은 '시간'에는 여러 종류가 있다는 것입니다. 대략적으로 이야기하자면 우선 자연의 시간이 있습니다. 달의 운행, 태양의 운행, 지구의 자전 등 천문학적인 시간입니다. 이와 동시에 지금으로부터 46억 년 전에 지구가 생성되고 38억 년 전에 최초의 생물이 출현해 몇억 년에 걸쳐 진화해온 그 진화의 역사 가운데 포유류와 영장류가 출현하고 거기서 또한 인류의 조상이 태어났다는 인간의 상상의 영역을 넘어 정신이 몽롱해질 정도인 생물 진화의 시간이 있습니다. 그리고 생명체에는 각각의 종의 시간도 있으며 개체의 시간이라는 것도 있습니다. 인간에게는 인간의 시간이 있고, 나에게는 나의 시간, 당신에게는 당신의 시간이 있습니다. 당근에는 당근의 시간이 있고, 닭에게는 닭의 시간이 있으며 숲에는 숲의 시간이 있다는 논리도 성립할 수 있지 않을까요? 물에는 물의 시간, 흙에는 흙의 시간, 바위에는 바위의 시간이 있다는 식으로 말이지요.

예를 들어 물의 시간은 이렇습니다. 비가 내립니다. 그 비가 땅속으로 스며들거나 증발해서 구름이 되거나 혹은 지표를 따라 흘러 강을 이룹니다. 땅속으로 스며들어간 물은 지하수가 되고 지표로 나와 강을 따라 바다로 돌아갑니다. 바다에 내린 비는 다시 증발해서 구름이 됩니다. 이처럼 물이 순환하는 시간이 있는 것입니다.

인간 또한 인간으로서의 시간을 안고 살아갑니다. 우리의 몸이라는 것은 몇만 년 전부터 별다른 변화가 없습니다. 아마도 네안데르탈인과 그다지 다르지 않을 것입니다. 네안데르탈인이 오늘날 우리가 사는 이곳에서 모자를 쓰고 옆에 앉아 있어도 모를 것이라고 합니다.

우리는 생물로서의 시간을 살면서 물의 시간과 공기의 시간과 흙의 시간과도 어떻게든 인연을 맺고 그것의 보살핌을 받으며 사는 것입니다.

그러나 인간은 자연의 시간과는 달리 인간 고유의 사회적 시간을 형성해왔습니다. 이것이 제가 대략적으로 분류하는 두 번째의 시간인 인간 사회의 시간입니다. 물론 인류의 역사를 통해서 인간 사회의 시간은 자연의 시간에 모순되지 않도록 어떻게든 타협을 해왔지만 최근 100~

200년 사이에 인간 사회의 시간은 급격하게 가속화되었습니다. 그 결과 자연의 시간과 타협점을 찾을 수 없게 되어버린 것이라고 저는 생각합니다.

어째서 사회의 시간은 가속화되는 것일까요. 최근 수십 년간을 보더라도 제가 어릴 때와 비교해 사회의 시간은 분명히 빨라졌습니다. 제 아이들은 10대이고 대학에서 가르치는 학생은 20세 전후인데 이들조차 시간의 흐름이 점점 빨라지고 생활도 점점 바빠진다고 말할 정도입니다.

무슨 일이 일어나는 것일까요? 모두 바쁜 것 같고 모두 초조해하는 것 같지 않습니까? 모두가 시간에 쫓겨 시간이 없다고 고민합니다. 사람은 분명히 시간과 행복한 관계를 맺지 못합니다. 도쿄에서는 '안녕하세요'라는 인사가 없어졌습니다. 적어도 저를 만날 때는 모두 '바쁘신 중에 ……'라고 말합니다. 게다가 그 '바쁘다'라는 단어에 점점 힘이 실립니다. 그리고 젊은이의 아침 인사는 심지어 '수고하세요'입니다.

이 점에서 미국은 아직 괜찮은 것 같습니다. '쉬엄쉬엄 하세요Take It easy'라는 인사가 남아 있으니까요. 하지만 일본에서는 어쩐지 모든 사람이 무엇엔가 쫓기는 듯한 느낌이 듭니다. 전 세계가 글로벌 경제 체제에 휘말려 들어가면서 모든 것이 가속화되었는데 그중 일본의 상황이 특히 심각한 것 같다는 생각이 듭니다. 일본인만큼 서로가 서로를 재촉하고 또 자기 스스로도 재촉하는 사회는 드물지 않을까요?

다시 '이렇듯 가속도가 붙는 이유는 무엇인가'라는 물음으로 돌아옵시다. 저의 결론은 '경제'입니다. 오늘날의 경제에는 속도를 겨루어 좀 더 빠른 쪽이 승리한다는 법칙이 있습니다. 이른바 '승자독식의 법칙'입니다.

예를 들어 제가 가진 물통은 공장에서 만들어지는 공산품입니다. 이 물통과 똑같은 것을 하나 만드는 데 어느 공장이 30분 걸리고 다른 공장은 15분이 걸린다고 합시다. 15분에 만들 수 있는 쪽이 이기겠지요. 이들이 시장을 지배하는 것입니다. 이러한 승자독식의 법칙에 기초해 '경제'가 움직이는 것입니다. 지금 전 세계의 주목을 받는 경제 분야의 영웅, 예를 들어 정보기술IT 기업의 최고경영자에게 '성공의 비결은 무엇입니까'라고 물으면 거의 모든 사람이 '스피드입니다'라고 대답합니다. 매우 단순하고 명쾌하지요.

'승자독식의 법칙'이 지배하면 세상은 어떻게 될까요? 예전에는 '그것은 경제 분야에 국한된 문제야'라고 생각하고 더는 문제 삼지 않았습니다. 그렇지만 최근 10~20년 사이에 일어난 일은 경제의 법칙이 이제는 '경제의 세계' 안에만 머무르지 않고 그 이외의 영역에까지 침투했다는 것을 보여줍니다. 그리고 마지막 보루라고 생각했던 가정에까지 침투했습니다. 가정에서 '승자독식' 논리라니요! 저 같은 사람은 곤란합니다. 가정 경영이 손익계산으로 좌우되거나 가정에서 돈을 많이 가질수록 발언권이 세진다면 세상 살맛이 나지 않을 것입니다.

'돈'과는 다른 가치관을 기르는 것이 가정이었지 않습니까? 손익계산과는 다른 가치 기준에 따라 영위되는 것이 지역사회였습니다. 일찍이 지역사회에서 돈이 좀 많다고 거들먹거리는 사람은 경멸의 대상이 되었습니다. 그러나 점점 지역사회가 붕괴되고 지금은 가정에서까지 돈의 논리, '승자독식'의 논리가 통하지 않습니까! 그리고 가정에서마저 아이는 스트레스를 받고 시간에 쫓기는 것입니다.

붕괴되는 '관계성'과 고통스러운 삶

　　　　　제가 존경하는 사람 가운데 인도의 환경운동가인 반다나 시바Vandana Shiva가 있습니다. 그녀가 2001년의 9·11테러사건을 보고 생각한 것은 감금당한 동물이라고 합니다. 감금당한 동물이란 소, 돼지, 닭 등의 가축을 말합니다. 그녀는 가축이 지금 매우 고통스러운 삶을 강요당한다고 말합니다. 예를 들어 다다미 한 장 정도의 좁은 닭장에 닭을 20마리나 집어넣는다는 것입니다. 닭은 뒤로 도는 것조차 부자유스럽고 닭장은 대체로 5단으로 겹쳐 쌓으니까 반 평도 안 되는 공간에 100마리가 산다는 것입니다.

　예전에는 '닭'이었는데 최근에는 '브로일러(구이)'라고 부른답니다. 브로일러라니, 심하지 않나요. 마치 '너는 구워지기 위해서 태어난 것이다'라고 말하는 것 같습니다. 인간은 마치 자신이 먹는 것이 닭이란 생각은 하지 않는 것 같습니다.

　또한 닭의 시간을 컴퓨터로 조작하기 때문에 그들은 자연의 시간에 맞춰 한가로이 먹이를 먹으며 살 수 없습니다. 그러니까 닭은 그들에게 주어진 자연의 시간과 공간을 다 빼앗겼고 시공간의 '관계성'과 '사이'도 붕괴된 것입니다.

　그러면 이런 상태의 '감금된 동물'에게는 무슨 일이 일어날까요. 살아 있는 동물이기 때문에 보통의 상황에서는 일어나지 않는 여러 가지 이상이 발생한다고 합니다. 동물에게 병이 나면 주인이 손해를 보니까 필요 이상으로 많은 양의 약을 투약한다고 합니다. 또한 시바는 가축이 서로를 잡아먹는 등 난폭해진다고 지적합니다. 비좁은 우리 안에서 닭, 돼지가 서로의 몸을 상하게 하는 것입니다. 이들은 상품이기 때문에 이렇게 되는 것을 막아야 하는데 전 세계 축산업자의 가장 일반적인 대응은 닭의 부리를 뽑는 것이랍니다. 비좁은 공간에 갇힌 돼지도 난폭해지면 서로 꼬리를 물어뜯는다고 하는데요, 그래서 미리 꼬리를 자르고 이빨을 뽑는답니다. 이를 방지책으로 생각하는 것입니다. 그러나 시바의 생각은 다릅니다. 시바는 이를 다음과 같이 설명합니다.

이것은 문제의 해결책이 될 수 없다. 닭의 부리나 돼지의 이빨을 제거하는 것이 해결책은 아닐 것이다. 참된 해결책이 있다면 그것은 닭과 돼지에게 닭다운, 돼지다운 삶을 위해 필요한 시간과 공간을 돌려주는 것이다.

9·11테러사건은 인간 사회 폭력화의 비극적인 표출이었습니다. 그럼 이 문제에 우리는 어떻게 대처하면 좋을까요? 대對테러전 같은 해결책은 겨우 닭의 부리나 돼지의 꼬리를 미리 뽑아두는 정도에 그치고 말 것입니다. 시바는 폭력화의 원인 자체를 제거하는 것이 제대로 된 해결책이라고 주장합니다. 즉, 인간이 인간답게 살아가기 위해서 본디 필요한 시간과 공간을 돌려놓는 것입니다.

가축에게 일어나는 현상이 인간 사회에서도 일어나는 것 같습니다. 인간 사회에서도 각자 인간답게 살아가기 위해 필요한 시간과 공간을 서로 다투어 빼앗지 않나요.

어린 아이와 부모, 각종 장애를 안고 살아가는 사람, 심신의 병에 걸린 사람, 노인 등 이들 모두가 '특별한 느림'을 갖는 사람입니다. 오늘은 이러한 특별한 느림을 가진 사람이 살아가기에 매우 고통스러운 시대입니다. 왜냐하면 사회를 움직이는 법칙이 '승자독식'이니까요.

그렇지만 삶이 고통스러운 것이 사람뿐일까 하고 생각해보면 반드시 그렇지만은 않은 것 같습니다. 어떤 이유에서든 느리게 살 수밖에 없는 사람이 살기 괴롭다는 것은 같은 사회에 사는 사람 모두의 삶이 실은 고통스럽다는 것이기 때문입니다.

'승자그룹, 패자그룹'이라는 무서운 말이 유행했습니다. 이런 말을 한다는 것 자체가 정신이 나간 것이라고 생각합니다. 예를 들어 다섯 명 중 한 명이 승자라고 하면 네 명은 패자가 됩니다. 세상은 패자에게만 고통스러운 곳이 아닙니다. 승자에게는 모든 것이 유리하게 전개될 것이라고 생각할 수도 있겠지만 그들에게도 세상은 쉽지 않습니다. 우선, 패자로 전락하지 않도록 계속 이겨야 하고 또한 네 명의 패자와 함께 살아가야 하기 때문입니다. 경쟁을 기본 원칙으로 삼는 사회는 불행한 사회지요.

그래서 '슬로다운'이 필요한 것은 결코 이 사회의 일부만이 아닙니다. 우리 전부가 '슬로다운'해야 합니다. 그것이 어려울 것 같지만 실은 마음속으로는 누구나 이제는 경쟁을 끝내고 '슬로다운'해서 한가로이 행복하게 '슬로라이프'를 살기 원한다고 생각합니다. 여기에 희망이 있고 또한 여기에만 미래가 있다고 저는 생각합니다.

부탄에서 시작된 GNH의 사상

그러면 두 번째 키워드 'GNH'를 생각해봅시다. 이 말을 이해하기 위해서는 우선 GNP와 GDP를 알아야겠지요.

GNP는 국민총생산, GDP는 국내총생산을 말합니다. 여러분, 이 가운데 'P'가 무엇인지 아시나요. 생산물product입니다. '생산물'은 가만히 놔두면 아무 소용이 없기 때문에 사고팔고, 즉 돈으로 거래됨으로써 비로소 상품이 되는 것입니다. 이러한 교환의 총액이 GNP이며 GDP인 것입니다. 지금까지 우리는 진보라든지 발전이라든지 성장이라는 말을 마치 그것이 우리의 피할 수 없는 숙명인 양 받아들였습니다. 지금도 GDP가 올랐다는 뉴스를 들으면 어쩐지 경사라는 느낌이 들지 않습니까. 그러나 잘 생각해보면 그것이 무엇을 의미하는지조차 잘 모릅니다.

이것이야말로 우리가 사는 시대의 마인드세트입니다. 우리가 주인공이 되어 만들어내는 서사시인 것입니다. GDP가 오른다, 풍요로워진다, 그러면 반드시 행복해질 것이다. 이런 서사시의 등장인물이 되어 우리는 지금까지 살아온 것입니다. 그리고 이러한 논리를 아직 버리지 않았습니다. 적어도 주류 사회는 아직도 거기에 의존합니다.

그래서 GNH입니다. 1970년대에 부탄의 젊은 국왕(2006년에 퇴위한 제4대 국왕 지그메 싱예 완츄크Jigme Singye Wangchuck)은 'GNP보다 GNH가 중요하다'라고 말했습니다. GNH의 'H'는 '행복happiness'의 'H'입니다. GNH를 '국민총행복'이라고 번역하기로 합시다. 그 당시 부탄의 국왕은 반신반의하며 말했을지 모르지만 이후 GNH 연구회, GNH 회의, GNH 학회, GNH 국제회의로 발전해 지금은 하나의 학문 분야처럼 되었습니다. 저도 대학

〈그림 1-1〉 부탄 남부 젬강 지역의 축제 연습 풍경

에서 GNH 연구회라는 작은 모임을 만들었는데 여러분에게도 추천하고
싶습니다. 지역에 하나, 대학에 하나, 가정에 하나쯤 GNH 연구회를 만들
어봅시다.

GNH라는 말이 반쯤은 회의적이었다고 하더라도 나머지 반은 오늘날
의 세계에 대한 매우 통렬한 비판이었다고 생각합니다. 아마도 부탄의
국왕은 GNP나 GDP의 'P'의 양을 둘러싸고 무한경쟁으로 치닫는 사회
가 어떻게 될 것인지 그 앞날을 1970년대에 벌써 간파했던 모양입니다.

그 무렵 벌써 '지구온난화'도 문제시되기 시작했으니까요. 이런 문제
를 진지하게 마주하기까지 30년이 걸린 셈인데 이 30년간의 손실은 실
로 엄청납니다. 30년 전에 할 수 있던 것과 똑같은 일을 지금 하려고 하
면 100배는 더 힘이 들 테니까요.

<그림 1-2> 부탄 팀푸 지역 방문 중 부탄 전통의상을 입은 쓰지 신이치(왼쪽)와 현지 가이드

　그때 부탄 국왕의 말에 제대로 귀를 기울였으면 좋았을 것입니다. 하지만 히말라야의 '뒤처진', '가난한' 나라의 국왕이 말하는 것 따위에 세계는 주의를 기울이지 않았습니다. 국왕은 "분명히 부탄의 농민은 돈도 없고, 가진 재물도 없다. 그렇지만 이렇듯 행복하지 않은가"라고 말하고 싶었던 것일지도 모릅니다.

　저도 실제로 부탄에 가보고 나서 시골로 가면 갈수록 행복도가 높아진다는 것을 실감했습니다. 더없이 풍요로운 생태계, 자급자족 농업, 지역사회의 상부상조, 제가 주장하는 '슬로라이프'가 건재했고, 남녀노소를 불문하고 누구나 행복해 보였습니다. 같은 나라 안에서도 오히려 도시 쪽이 문제가 많고 살기 힘들어 보였습니다. 물어보았더니 그 이면에는 언제나 돈 문제가 있다는 것입니다. 돈이 없어서 문제가 아니라 돈이 있는 것이 문제를 일으킨다는 것입니다. 특히 유일한 도시이자 수도인 팀부Thimphu의 GDP 수준은 시골보다 높지만 여러 가지 사회 문제가 심각하다고 합니다. 일본의 도시에서처럼 사람과 사람의 관계성이 희박해지고 환경 문제도 나타나기 시작해서 현저하게 행복도가 낮아졌다는 것입니다.

이것이야말로 부탄의 전 국왕이 말하려 했던 것이 아닐까요? 분명히 돈은 필요한 것입니다. 다만 그것은 여러 '풍요의 척도' 가운데 하나에 지나지 않는 것입니다. 물질과 테크놀로지만이 풍요의 척도가 될 수는 없듯이 이러한 물질적인 풍요로 사람의 행복이 정해질 리 없습니다. 이런 당연한 생각을 저는 부탄 각지를 여행하며 몇 번이고 확인했습니다.

지금 부탄은 왕실이 솔선해서 왕정으로부터 민주제로의 대전환을 꾀합니다. 새로운 헌법에는 GNH라는 단어도 들어갑니다. 그리고 GNH의 네 가지 기준이 정해졌습니다. 첫 번째는 생태계의 풍요로움, 두 번째는 전통문화와 정신문화의 풍부함, 세 번째는 경제적인 풍요입니다. 경제는 공평·공정해야 합니다. 사회의 일부만이 부를 독점하는 심각한 빈부격차가 있어서는 안 됩니다. 공정한 경제가 있기 때문에 '평화'가 존재합니다. 그리고 네 번째 기준은 올바른 정치라고 합니다.

즉, '풍요로움'을 측정하는 데 GNP나 GDP 같은 기준과 다른 기준이 모색되는 것입니다. 얼마나 물건을 가졌는지, 얼마나 돈이 많은지보다 그 사람이 과연 행복한 삶을 사는지, 그리고 행복을 위해서 무엇이 필요한지와 같은 물음을 우선시하는 것입니다. 그리고 이를 위한 법제적 환경을 정비하려는 시도인 것입니다.

경제의 지배로부터 평화를 구해내자

　　　　　그럼 경제적인 풍요로움과 평화의 관계를 이야기
해보겠습니다. 이반 일리이치Ivan Illich라는 사람이 '팍스이코노미카Pax
Economica'라는 말을 했습니다. 일찍이 로마제국이 세계를 지배하던 시
대의 질서나 안정을 팍스로마나라고 하는데요, 이것을 모방해 '팍스이
코노미카', 즉 '경제적 지배를 기반으로 하는 평화'라고 한 것입니다. 전
후의 일본은 분명히 팍스이코노미카였으며 동시에 '팍스아메리카나Pax
Americana', 즉 미국의 지배를 기초로 한 '평화' 체제였습니다.

　오늘날 세계의 팍스이코노미카는 바로 글로벌 경제입니다. 우리가
'평화'라고 불러온 것은 경제의 지배를 기초로 한 '평화'가 아닐까요? 그
리고 지금도 이와 같은 생각의 연장선상에 '평화'가 있다고 믿어버리는
것은 아닐까요. 하지만 우리에게 일종의 '평화'를 가져다준 '경제'가 전
세계 곳곳에서 끊임없이 전쟁의 씨앗을 뿌려왔다는 것은 확실합니다.
그리고 최근에는 '경제'가 자연환경을 파괴하고 인류의 존속 자체를 위
협합니다. 그뿐이 아닙니다. 시장경제의 가혹한 경쟁은 사회 도처에서
수많은 갈등과 분쟁을 조장하고 불행의 씨앗이 된다는 것도 명백히 밝
혀졌습니다. 게다가 지금까지 우리가 믿었던 '풍요로움'이란 것이 우리
의 미래로부터 우리 스스로가 무단으로 도둑질해온 것이라는 사실도 뚜
렷하게 드러났습니다.

　이러한 시대에서 보면 「일본국헌법」 9조('평화헌법')[1]야말로 대단히

1　옮긴이 주: 전쟁 포기, 전력 보유 포기, 교전권 부인을 골자로 한다. '평화헌법'이라고
　불리며 1945년 포츠담선언을 계승해 연합군 최고사령관 더글러스 맥아더Douglas

문제가 많은 조항인 것 같습니다. 이러한 헌법을 가진 나라에 태어나 제가 지금 이와 같은 주장을 펼치는 것도 어떤 인연이 있는 것은 아닐까 생각됩니다.

'평화헌법을 지키자'라는 주장을 접할 때마다 염려스러운 것도 사실입니다. 지금까지 '평화헌법'을 자각적으로 지켜왔다고 하는 사람은 그렇게 많지 않을 것입니다. 주의를 기울여보니 거기에 '평화헌법'이 있었다고 하는 편이 옳을 것입니다. 헌법에 대한 설문조사에서 '호헌'이라는 의견이 많을 때는 대개 경기가 호조인 때입니다. 경기가 좋다든지 경제성장률이 높을 때 헌법에 대한 지지율이 높습니다.

이것은 생각하기에 따라서는 무서운 일입니다. 즉, '경제'와 '평화'가 여기에서는 일체가 되어 있다는 것, 말하자면 한 묶음이 되어 있다는 것입니다. 바꾸어 말하면 평화를 희구하는, 싸우지 말고 사이좋게 살고 싶다는 당연한 생각을 가진 하나의 존재가 어느 틈엔가 '경제'라는 큰 고래의 뱃속에 삼켜 들어간 것 같은 무서운 생각 말입니다. 이것이 바로 팍스이코노미카입니다.

여기서 한 번 더 아인슈타인의 명언을 떠올려보십시오. '경제성장'과 '풍요로움'이라는 지금까지의 마인드세트, 혹은 '경제'라는 거대 담론이 환경파괴와 전쟁을 일으켜온 것입니다. 같은 마인드세트, 같은 가치관의 연장선상에서는 이 문제를 해결할 수 없다는 것이 아인슈타인의 논리입니다. 즉, 이전의 마인드세트로부터 벗어나야만 하는 것입니다. 지금까지 '경제'의 지배하에 있던 평화를 구해내야 합니다. 경제성장과 한

MacArthur 장군의 주도하에 제정되었다. 여기서는 미국의 경제력과 군사력을 바탕으로 일본의 평화가 존립함을 의미한다.

묶음이 되어 있던 '평화헌법'이 겨우 이제 독립하는 것입니다. 이러한 의미에서 '평화헌법'은 지금부터 발효되는 것이라고 해도 과언이 아닙니다.

'평화헌법을 다시 선택한다'[2]라는 것은 이러한 의미라고 생각합니다. 각오가 필요합니다. 그렇지만 지금까지 해왔던 대로 '경제성장도 평화헌법도 (좋다)'[3]라는 것은 너무 안이한 태도입니다. 그것은 필시 더글러스 러미스Douglas Lummis가 "평화헌법도 미·일안보조약과 미군기지도 수용하겠다는 태도는 너무나 뻔뻔하다"라고 말한 것과 논리적으로 매우 비슷하다고 생각합니다. 또한 '환경 보전과 경제성장을 추진'한다든지 '지속 가능한 성장도' 함께 할 수 있다고 말하는 것도 너무 뻔뻔한 제멋대로의 생각입니다.

경제성장을 최우선시한 결과 피폭국被爆國인데도 원자력 발전에만 주력하고 대외적으로는 '평화헌법'을 견지하면서 오키나와沖繩 현에 미군기지를 집중적으로 허용함으로써 자위대의 군사력 강화를 도모한 것입니다. 이제 이런 터무니없는 방식이 묵인되던 시대는 끝난 것 아닐까요?

---

2 옮긴이 주: 에라비나오시론選び直し論. 이른바 '평화헌법'에 대한 헌법 개정론이다.
3 옮긴이 주: '전쟁 포기, 전력 보유 포기, 교전권 부인' 등 군사 주권을 포기하고 군비를 감축하는 대신 일본이 전후에 누려왔던 경제성장을 의미한다.

참된 풍요로움을 향하여

저는 이제 경제성장이라는 일종의 종교로부터 빠져나올 때가 되었다고 생각합니다. 모든 사람이 경제성장으로 보장되던 '풍요로움'과는 완전히 다른 참된 풍요로움을 추구하는 새로운 시대가 도래하고 이러한 역사의 전환점에서 일본이 새로운 미래를 제시할 수 있을 것이라고 생각합니다.

참된 풍요로움을 제시한다는 것은 새로운 가치관과 문화를 만드는 일인데요, 이러한 의미에서 여러분 한 사람, 한 사람이 '컬처 크리에이티브'가 될 수 있습니다.

인류 역사상 의식적으로 계획하고 문화를 만든 사람은 없었습니다. 그렇지만 우리는 경제라는 이름 아래 파괴되거나 쇠약해진 문화를 어떻게든 소생시켜야 합니다. 문화란 무엇입니까? 그것은 '관계성'입니다. 이제껏 사람 간의 관계가 무너지고 사람과 자연의 연결고리가 단절되어 왔습니다. 즉, 문화가 파괴되어왔다는 것입니다. 이제 우리에게 맡겨진 임무는 이렇게 파괴된 문화를 복구하고 소생시키는 것입니다.

까마득한 일이라고 할지도 모르지만 생각하기에 따라서는 상당히 가슴 두근거리는 이야기가 될 수도 있습니다. 어쨌든 인류 역사상 처음 일어나는 일이니까요.

02

관계성 상실의 시대

행복의 조건, 불행의 비결

—

오오키 아키라

오오키 아키라大木昌

동남아시아사를 연구하는 역사학자다. 2년 동안 일본교통공사JTB에서 근무했으며 그
후 대학원에 입학해 오스트레일리아, 인도네시아, 네덜란드에서 연구와 조사를 했고,
현재 메이지가쿠인대학明治學院大學 국제학부 교수로 재직 중이다. 최근의 관심 영역은
여성 문제와 일본제국주의 근대사를 재검토하는 일이며 사회 봉사활동의 일환으로 삼
림요법을 통해 장애 아동의 치유를 돕는다. 취미는 등산과 계곡 낚시이며 저서로『關係
性喪失の時代: 壊れてゆく日本と世界』(勉誠出版, 2005)와『病と癒しの文化史: 東南ア
ジアの医療と世界観』(山川出版社, 2002) 등이 있다.

행복과 풍요로움의 관계

저는 쓰지 신이치辻信一 교수와 함께 'GNH 연구회'를 설립했습니다. 국민총행복GNH은 1972년, 부탄의 제4대 왕이 대관식에서 표명했던 말로 "정부의 존립목적은 GNP의 신장에 있는 것이 아니라 GNH의 향상에 있다"라는 표현에서 시작되었습니다. 이 GNH 선언은 서방세계에 큰 충격을 주었고 그에 촉발되어 우리도 뒤늦게나마 행복에 대한 연구를 시작했습니다.

오늘은 관계성과 행복의 관계를 중심으로 이야기하고자 합니다. '사회의 풍요로움'에 비해 '행복'은 개인의 주관에 의존하는 경우가 많아 학문적인 연구과제가 되기는 어렵습니다. 그러나 '풍요로움'과 '행복'은 중복되면서도 다소 차이가 있는데 저는 '행복'에 중점을 두고 생각하고자 합니다. 지금부터 하는 이야기는 연구자로서가 아닌 개인적인 경험을 통해서 생각한 것입니다. 물론 나름 공부는 했지만 무엇보다 중요한 것은 책에서 얻는 지식이 아니라 감각적으로 혹은 현실적으로 느끼는 행복과 불행의 문제일 것이라고 생각합니다.

일전에 『관계성 상실의 시대: 무너져가는 일본과 세계關係性喪失の時代: 壊れてゆく日本と世界』라는 책을 썼습니다. 부제에서 알 수 있듯이 저의 눈에 비춰진 오늘날의 일본은 붕괴되고 있습니다. 이 책은 여러 문제를 다루었는데 저의 관심은 언제부터, 무엇 때문에 이렇게 이상한 나라가 되었는가에 있습니다. 뉴스를 보면 이상한 뉴스만 나옵니다. 옛날에도 이랬나요? 언제부터 이렇게 변해버린 것일까요? 결론부터 말하자면 이러한 문제의 배후에 '관계성 상실'이라는 현상이 있었던 것은 아닐까 생각합니다.

약간 과장해서 말하자면 인류 역사란 인간이 자연과의 관계를 스스로 단절해온 역사라고 할 수 있습니다. 자연에 순응하며 살던 인간은 구석기시대, 신석기시대를 거치면서 점차 지배자로서 자연 위에 군림했고 근대에 이르러서는 자연과의 관계성을 완전히 상실했습니다.

그리고 인간과의 관계성도 상실했습니다. 일찍이 인간은 부족이나 대가족 같은 큰 집단에 속해 살았지만 그러한 관계가 끊어지고 현재 남은 것이 지금의 핵가족입니다. 핵가족은 안전한 집단이 아닙니다. 저는 젊은이들의 상담 전화를 자주 받는데 갑자기 전화를 해서는 '자살미수를 했다, 환청이 들린다, 면도칼이 없으면 잠을 잘 수 없다'와 같은 이야기를 늘어놓습니다. 이러한 모습을 들여다보면 그 내면에 '가족의 붕괴'라는 문제가 있음을 알 수 있습니다. 더는 가족이 강한 유대감으로 결속된 안전한 단위가 아니라고 생각합니다.

관계성 상실의 근저에는 생명계와 우리 일상생활의 단절이라는 현실이 있습니다. 이라크전쟁을 한 번 생각해보십시오. 미군은 고도 1만m에서 원거리 로켓포로 사람을 살상합니다. 살상하는 사람은 고통으로 죽어가는 사람의 모습을 보지도 듣지도 않습니다. 마치 물건을 부수듯이 인간의 생명을 빼앗습니다. 이것은 분명히 우리가 생명계에서 멀어졌으며 생명이 물질계로 이행한다는 위험한 징조입니다. 이러한 현상은 미국뿐 아니라 일본에서도 일어납니다. 예를 들어 초등학생이 같은 초등학생을 죽입니다. 생명을 빼앗는 감각이 아니라 양배추나 무를 자르는 것과 같은 감각인 것입니다. 그렇게까지 무감각해져 버린 것입니다. 생명계와의 관계를 상실해가는 현실에 위기감을 느낍니다.

통계로 본 행복의 실감

　　　　　　　　행복에 관한 흥미로운 설문조사가 있습니다. 1958년부터 각국에서 동일한 내용으로 설문조사를 지속적으로 실시했습니다. 이 조사는 일본에서 1978년부터 시작해 현재까지 이어져왔습니다. 72쪽 행복도 설문조사를 통해 응답한 내용을 참고로 함께 토론해 봅시다.[1]

　가장 최근에 실시된 조사는 2005년이었는데 그 내용을 보면 10대, 60대, 70대의 행복지수는 높지만 20~50대는 낮았습니다. 지금의 60대는 자녀를 독립시키고 자신의 남은 인생설계가 어느 정도 분명한 세대입니다. 그러나 지금의 20~50대는 미래에 대한 불안을 안고 있습니다. 그뿐 아니라 지금 회사에 다니긴 하지만 혹시 회사가 도산하지는 않을지, 자신이 정리해고를 당하지는 않을지, 급여는 제대로 인상이 될 것인지 등에 대한 불안을 안고 살아갑니다.

　현재 60대의 일본인은 급여 수준이 대체로 상승곡선이었기 때문에 장기 융자를 얻어도 해마다 갚아야 하는 금액에 대한 부담은 점점 가벼워질 것이라고 생각했던 세대입니다. 그런데 오늘날의 젊은이에게는 이러한 방식이 전혀 통하지 않습니다. 고용인구의 33%가 비정규직이기 때문에 어제 명예퇴직을 당한다 해도 이상할 것이 없으며 오히려 여유를 부리는 사람이 더 이상합니다. 그만큼 긴박한 상태입니다.

　매우 충격적인 통계자료를 제시하겠습니다. 〈그림 2-1〉은 1958년부

---

1 옮긴이 주: 68쪽 '행복도 설문조사 집계 결과로 본 소견' 부분 참조.

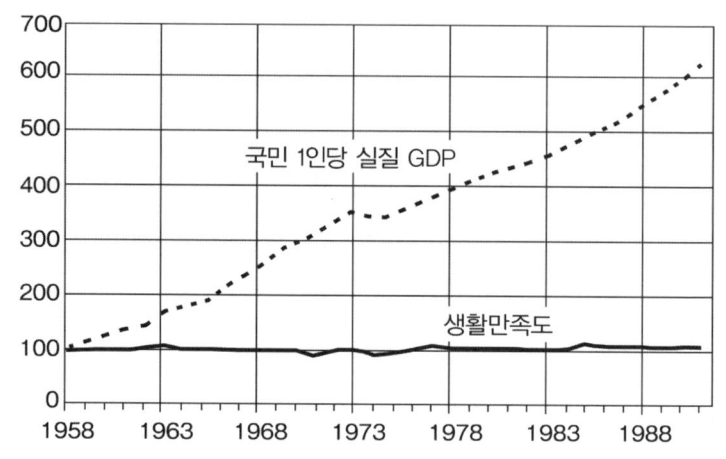

〈그림 2-1〉 일본인의 소득과 행복감(1958~1991)

주: 수치는 1958년을 100으로 보았을 때의 행복 지수를 가리킨다.
자료: Penn World Tables and World Database of Happiness를 토대로 필자 재작성.

터 1991년까지의 국민 일인당 실질 GDP를 나타낸 것입니다. '실질'이라는 것은 100엔으로 무엇을 살 수 있는지 실질적인 구매력으로 환산했다는 뜻입니다.

1958년은 일본이 아직 궁핍했던 시기로 텔레비전이나 전기세탁기도 없었고 전기냉장고처럼 모든 제품에 '전기' 자가 붙었던 시대였습니다. 1950년대와 현재 일본인의 만족도와 실질소득을 비교하면 어떨까요? 실질 구매력으로 따져본 현재 일본인의 수입은 1958년에 비해 6배가 조금 넘습니다. 그런데도 생활 전반에서 느끼는 행복감은 〈그림 2-1〉에서와 같이 전혀 상승하지 않았습니다. 왜일까요?

제2차세계대전 말, 공습으로 집은 잿더미가 되었고 저는 1945년 피난지에서 태어났습니다. 함석지붕으로 겨우 비를 피하는 판자촌 생활에 식량은 배급이었고 돈이 있다고 하더라도 살 수 있는 물건조차 없던 시절이었습니다. 전기제품도 물론 거의 없었고, 자동차는 당연히 없었으며, 자전거도 매우 귀했습니다. 그 당시에 비하면 지금은 에어컨과 세탁기, 텔레비전은 당연한 것이고 개인용 컴퓨터가 보편화되어 있습니다. 물자가 풍족할 뿐 아니라, 신칸센新幹線과 자동차를 타고 어디든지 이동할 수 있습니다. 이렇듯 세상은 풍요로워졌지만 우리의 정신은 전혀 풍요로움을 실감하지 못하는 것 같습니다.

게다가 최근에는 풍요로움을 실감하기는커녕 오히려 감소 현상이 나타났습니다. 어떤 조사에 의하면 1984년에 '매우 행복하다'와 '대체로 행복하다'라고 대답한 사람이 64.8%로 절정기였고, 2005년에는 39.4%로 급격히 감소했습니다.

정부의 발표에 의하면 이자나기 경기いざなぎ景気[2] 이래 최근까지 장기적인 호황이 계속되었다고 합니다. 근거가 무엇인지 의심스럽습니다. 사회 불안은 오히려 커지지 않았습니까? 도대체 이러한 격차를 어떻게 설명하면 좋을까요?

자기책임경제와 자살의 급증

여러분이 자동차를 운전하다가 사고를 당했다고 합시다. 우선 보험금이 청구됩니다. 부상을 당했다면 병원 치료를 받을

---

2 옮긴이 주: 1965~1970년으로 일본의 대호황기다. 이자나기는 일본 열도를 만들었다고 일컬어지는 신화 속 인물이다.

것이고, 변호사에게 의뢰해 재판을 하기도 하겠지요. 차가 없으면 불편하니 차를 다시 살 수도 있습니다. 이렇게 해서 사용한 돈이 모두 GDP에 가산되는 것입니다.

그러니 아무리 GDP가 높아져도 참된 의미에서 풍요로움과는 전혀 관계가 없는 것입니다. 오히려 마이너스 상태에 돈을 쏟아붓는 것입니다. 여기에 들어간 돈을 GDP에 가산하고 인원수로 나누니 의미가 없는 것이지요. 텔레비전에 나오는 경제학자 중에는 어용학자도 많기 때문에 그들은 그렇게 말하지 않습니다.

GDP가 상승세를 타는 동안 도대체 어떤 일이 일어났을까요? 경시청의 통계에 따르면 이제껏 연간 평균 자살자 수가 2만 5,000명 수준이었던 것이 1998년에 돌연 3만 2,000명으로 급등했습니다. 1999년에는 약 3만 4,000명이었는데 현 정부 발표로는 3만 2,000명입니다. 그렇지만 이러한 숫자를 그다지 신뢰할 수는 없습니다. 왜냐하면 경시청이 분명하게 자살이라고 인정한 것만이 이 숫자에 포함되기 때문입니다. 이 숫자는 유서가 있다거나 고인이 가족에게 자살의사를 전한 경우이고, 그 밖의 경우는 모두 자살이 아닌 사고사나 병사로 처리됩니다.

확실한 것은 그렇게 축소해도 3만 2,000~3만 4,000명이 자살을 했으며 전혀 감소하지 않았다는 것입니다. 이 숫자도 비정상입니다. 어느 정도 비정상인가 하면 세계적인 통계로 보면 일본의 자살자 수는 대체로 10만 명당 27명입니다. 국민 모두가 변호사와 정신과 의사를 주치의로 둔 스트레스 사회인 미국도 일본의 반에 불과합니다. 유럽은 일본의 1/3에 해당합니다. 아무리 풍요를 구가하고 역사상 최대의 호황이라고 말해도 이렇게 자살자 수가 많아서는 일본을 풍요로운 선진국이라고 할 수 없습니다.

왜 이렇게 자살자 수가 많은지 생각해보고자 합니다. 1997년 한신·아와지 대지진阪神·淡路大震災 때 죽은 사람이 약 5,500명입니다. 그에 반해 연간 자살자 수는 약 3만 4,000명인 것입니다. 한신·아와지 대지진도 엄청난 천재지변이었지만 생각해보면 그 여섯 배에 해당하는 사람이 매년 자살을 하는 셈입니다. 이러한 대지진이 매년 여섯 번이나 어디선가 일어나는 것이 오늘날 일본의 현실입니다. 이런 사회가 풍요로울 수는 없습니다.

자살자 수만큼 중요한 지표는 우울증 등 정신질환자의 숫자입니다. 1996년에는 43만 명, 1998년에 44만 명으로 현상을 유지하다가 21세기에 들어서 2002년에는 71만 명, 2005년에는 92만 5,000명으로 급상승해 10년 동안 2배로 증가했습니다. 우울증은 자살과 관계가 깊기 때문에 우울증의 증가는 석연치 않습니다. 게다가 이것은 병원을 방문한 환자 수만 계산한 것이므로 잠재적으로는 이보다 몇 배나 많은 사람이 우울상태에 있을 것입니다. 요컨대 현대 일본은 현재와 미래에 대한 비관적인 전망으로 우울증이 만연한 어두운 사회라고 할 수 있겠지요.

앞에서 예로 든 『관계성 상실의 시대: 무너져가는 일본과 세계』라는 책에서 그 이유에 대한 여러 가지 고찰을 시도했는데 거기에는 많은 원인이 있습니다. 가장 분명한 것은 고이즈미小泉정권의 집권 이후 자살이 현저하게 증가했다는 사실입니다. 통계적으로는 도산한 회사의 숫자에 비례합니다. 고이즈미 총리는(브레인은 다케나카 헤이조竹中平藏이지만) 생존경쟁에서 패배한 기업은 시장에서 물러나야 한다고 했습니다. 시장원리에 입각한 이른바 '신자유주의' 논리입니다. 자유경쟁에서 승리하는 사람은 좋겠지요. 'IT 귀족'[3]이 롯폰기힐스Roppongi Hills[4]에 살며 몇백억의 돈을 벌어들이는 것은 좋습니다. 그렇지만 자유경쟁을 하면 승자는 100명 중 한 명도 안 됩니다. 몇만 명, 몇십만 명에 한 사람입니다. 나머지는 패배자가 되는 것입니다. 그렇지 않고서는 승자가 몇백억의 돈을 벌 수 없습니다.

자유경쟁의 배경은 자기책임입니다. 이것이 가장 무서운 것입니다. 경제 분야의 경쟁만이 아니라 노후생활이나 건강관리도 모두 개인의 책임이라는 자기책임 원칙이 지배적입니다. 모든 측면에서 국가의 의무를 방기하고 개인의 책임으로 돌리는 것이 지금의 상황입니다. 어떻게 이런 상황에서 자신이 모든 책임을 지고 삶을 헤쳐나갈 수 있을지 불안하기 짝이 없습니다.

음악콘텐츠를 전파하는 세계적 기업 '엠티비MTV'가 15개국 5,200명을 대상으로 의식조사를 했습니다. 16~34세까지의 젊은이가 느끼는 행복도는 조사 대상국 가운데 일본이 가장 낮았습니다. 2004년 세계 평균인 34%에 비해 '현재 행복하다'라고 느끼는 일본의 젊은이는 8%였습니다. 필리핀이나, 인도네시아, 인도, 아프리카 등의 나라보다도 낮습니다. 참고로 1위는 아르헨티나였습니다. 아무래도 오늘날 일본의 젊은이는 자신의 미래에 거의 희망을 갖지 않는 것 같습니다. '앞으로 부모님보다 수입이 증가할 것이라고 생각합니까?'라는 질문에 일본 대부분의 젊은이는 '노!'라고 대답했습니다.

여러분도 들어본 적이 있으시겠지만 '야경선생님夜回り先生'이라는 별

---

3 옮긴이 주: 정보기술로 벤처기업을 일으킨 거부巨富.
4 옮긴이 주: 도쿄 중심부의 최고급 주상복합 빌딩.

명의 미즈타니 오사무水谷修 씨는 1년 반 동안 무려 16만 통의 상담메일을 젊은이로부터 받았다고 합니다. 그 대부분은 죽고 싶다는 호소였으며 손목을 긋거나 오버도스Overdose,[5] 그 밖의 온갖 자해행위를 했다는 하소연이라고 합니다.

저도 처음에는 그러한 문제를 실감하지 못했습니다. 그런데 5~6년쯤 전에 어느 학생이 찾아와서 처음에는 음악에 관한 얘기만 하더니 어느새 속마음을 터놓기 시작했습니다. 조금 주의를 기울여보니 그러한 문제가 있는 학생이 몇 명 더 있었습니다.

젊은이들은 왜 이렇게까지 괴로워하는 것일까요?

자신만의 이야기가 없는 시대

저의 성장기에 우리 세대는 순진했고 물자도 부족했고 출세하려는 생각도 못해봤지만 살다보면 나아지겠지 하는 희망만은 있었습니다.

대학원을 다닐 때 저의 상황은 비참했는데요, 부모님께 학비를 받지 못했기 때문에 아침저녁 두 끼를 빵 2조각씩, 온종일 빵 4조각만을 먹으며 생활했습니다. 영양실조로 피부는 까칠해졌고 겨울이 되면 피부의 각질이 떨어져 닦아내야 하는 상태였습니다. 물론 거처하는 방에 고타쓰[6] 이외의 난방 기구는 없었고요. 하지만 그때가 고통스러웠다는 기억

---

5 마약이나 항우울제 등을 한 번에 다량으로 섭취하는 행위.
6 옮긴이 주: 밥상 밑에 달린 부분 난방 기구.

은 전혀 없을 뿐 아니라 자랑까지 하고 싶을 정도입니다.

그 무렵 저는 여러 가지 꿈이 있었습니다. 우선은 소설가가 되고 싶었는데요, 대학 시절에는 도쿄 시내의 문학청년, 문학소녀와 함께 소설을 써서 책을 만들기도 했습니다. 탐험부에도 가입했습니다. 전문 탐험가가 되고 싶어서 전국에 있는 대학의 탐험부를 합쳐 협회를 만들려고도 했습니다. 음악가를 꿈꾸기도 했습니다. 결국 모두 좌절되었지만 말입니다.

이러한 꿈을 저는 '이야기'라고 부릅니다. 차례로 이야기를 써나갔지만 언제나 실패의 연속이었습니다. 지금 제가 이렇게 대학에서 학생을 가르치는 것은 저의 '이야기'에는 전혀 포함되지 않았던 내용입니다. 장래희망을 썼다가 지우고 또 열심히 썼습니다. 지우고 또 쓰는 동안 언제나 밝은 미래만 보였고 가난 따위는 별로 신경 쓰이지 않았습니다. '이야기'라는 것은 그런 것입니다.

오늘날 일본의 젊은이가 괴로워하는 것은 자신만의 이야기를 쓸 수 없기 때문이라고 생각합니다. 자신이 이야기의 주인공이 될 수 없으면 그때그때 닥치는 대로 살아갈 수밖에 없습니다. 이러한 현실이 큰 압박이 되어 젊은이가 마음의 병을 얻는 것이 아닐까요?

이러한 배경에는 또 하나의 문제, 즉 '큰 이야기'가 있습니다. '작은 이야기'가 자신의 미래상을 그리는 이야기라면 '큰 이야기'는 향후 일본의 미래상에 대한 이야기입니다. 제2차세계대전이 끝난 현대 일본 사회에는 어떤 '큰 이야기, 거대담론'이 있었는지 생각해봅시다.

우리 세대가 접했던 최초의 거대담론은 '소득배증론所得倍增論'입니다. 그다음에는 '열도개조론列島改造論'입니다. 결국 일본의 자민당 정부가 해온 것은 돈에 관한 이야기에 지나지 않았지요. 이러한 사회를 만들고자 하는 모두가 공유할 수 있는 가치, 그리고 전 세계에 자랑할 수 있는 이야기를 일본의 정치가는 만들어내지 못했습니다. 이것은 매우 불행한 일입니다.

저의 전공은 인도네시아 역사인데 최근까지 인도네시아의 농촌에서는 엔으로 환산해서 100~150엔 정도의 돈으로 대략 한 가족이 생활할 수 있었습니다. 우리가 아무리 간소하고 검소한 생활을 한다고 해도 세계인구의 2/3보다 훨씬 상위 수준의 생활을 하는 것입니다. 선진국인 영국도 노동자의 평균임금이 연 400만~500만 엔 정도로 일본보다 훨씬 낮습니다.

제 아들은 고등학교 1학년 때 뉴질랜드에 갔는데 거기서 영주권을 취득할 것이라고 합니다. 아들은 앞으로도 일본에서 살 생각은 없다고 했습니다. 딸은 오스트레일리아에서 사는데 딸 역시 일본으로 돌아오지 않을지도 모릅니다. 제가 놀랐던 것은 아들의 경우 뉴질랜드에서 대학을 졸업하자마자 취직할 수 없는 형편이었는데도 뉴질랜드 정부로부터 바로 실업수당을 받았다는 사실입니다. 그런데 뉴질랜드의 1인당 GDP를 조사해보면 일본의 1/2이고, 경우에 따라서는 1/3 정도라는 것입니다.

그럼 왜 이렇게 GDP가 높은 일본에서는 복지 규모가 점점 축소되고, GDP가 낮은 뉴질랜드에서는 충분한 사회보장제도가 실행되는 것일까요? 그것은 어디론가 돈이 새나가기 때문입니다. 아시는 바와 같이 사회보험청이 처리한 몇천만 명분의 연금의 행방이 묘연합니다. 그중에는 이미 사망한 사람도 있다는데 그들이 지불한 연금은 어떻게 된 것일까요? 또한 사회보험청의 실수로 보험금을 지급받지 못한 사람의 연금까지 포함된 돈이 어디론가 흘러들어가 몇백억 엔짜리 시설물로 변하는 것입니다.

'일반 회계 예산'은 국회의 심의를 거치는데 그 4배에 해당하는 거액의 돈이 재정 투자 및 융자의 형태로 지출됩니다. 그것은 연말에 갑자기 시작되는 도로 공사나 불필요한 교각의 건설, 그 밖에 정치가의 고향으로 들어가는 돈으로 제2차세계대전 이후 지금까지 일관되게 사용되어 왔습니다. 그 외상값이 지금 국민 1인당 약 700만 엔의 빚으로 남아 있는 것입니다.

이러한 곳에 돈이 흘러들어가고 꼭 필요한 복지예산과 우리의 노후 자금은 고갈되었습니다. 나는 매년 오스트레일리아에 학생을 데려가는데 오스트레일리아 사람은 60세가 되기를 기대합니다. 퇴직 후 연금 생활을 손꼽아 기다리는 것입니다. 일본에서는 어떨까요? 60세가 되면 어떻게 재취업을 할지 고민합니다. 이것은 아무리 생각해도 선진국 국민이 고민할 일은 아닙니다. 인생의 수확기여야 할 60세 이후의 생활을 이전보다 더 걱정해야 하는 것입니다. 일본은 기술적인 면에서는 선진국으로 보이지만 실은 개발도상국 국민이 훨씬 여유롭게 생활한다고 볼 수 있습니다. 우리가 느끼는 행복이라는 것은 쇼핑을 하거나 여행을 하는 것과는 그다지 관계가 없는 것 같습니다.

일본에는 행운과 불행이 모두 있었습니다. 유감스럽게도 행운을 가져온 원인이 어느 한계점을 넘었을 때 불행의 톱니바퀴가 움직이기 시작했습니다. 효율을 중시해서 효율적으로 물건을 만들기 시작했습니다. 그런데 이번에는 그것 때문에 우리의 생활이 언제나 효율에 쫓기게 되었습니다.

'나무는 하늘까지 성장할 수 없다'라는 말이 있습니다. 나무는 햇빛을 받아 성장합니다. 높이 성장하면 성장할수록 다른 식물보다 많은 햇빛을 받고 자손도 번성합니다. 그러기 위해 나무는 열심히 성장하지만 영원히 자랄 수는 없습니다. 왜냐하면 뿌리가 견디는 힘과 높이를 비교하면 어느 선에서는 지탱할 능력이 없어지는 것입니다. 자신의 성장을 지탱해준 장점이 이번에는 자신을 무너뜨리는 단점으로 바뀌는 것입니다. 즉, 성장의 원인이 어느덧 붕괴의 원인이 되는 것입니다. 지금까지 성장을 위해서 열심히 일한 것이 한계점을 넘자 이제 일본의 목을 조르는 상태가 된 것입니다.

경쟁 속에서 관계성은 성숙되지 않는다

전후 고도성장기 동안 지나치게 경쟁을 하면서 일본 사회의 인간관계에 변화가 생겼습니다. 이러한 상황이 사람을 불안하게 만든 것이겠지요. 경쟁 사회는 결코 인간관계를 풍요롭게 할 수 없습니다.

심리학자 가와이 하야오河合隼雄 씨의 형인 가와이 마사오河合雅雄라는 분이 있습니다. 그는 유인원 연구를 하던 중 흥미로운 사실을 발견했습니다. 갓 태어난 새끼원숭이는 각자 엄마원숭이에게 달라붙어 있지만 처음에는 사이좋게 잘 논다는데요. 그런데 어떤 엄마원숭이가 대장원숭이와 짝을 지으면 엄마원숭이 사이에 서열이 생기고, 그때부터 새끼원숭이 사이에도 서열이 생겨나 이전처럼 동등한 관계로 놀지 않는 답니다. 서열이 생기면 평등한 관계가 성립되지 않기 때문입니다. 점수로 순위를 가르는 일본 아이의 경우 같은 반이나 같은 마을에서 생활하더라도 그 가운데 서열이 있기 때문에 결코 대등한 관계를 맺지 못하는 것이 아닐까요?

그럼 어른의 사회는 어떨까요? 현실적으로 회사나 조직 안에 한층 더 엄격한 서열이 존재합니다. 그 안에서 대등한 인간관계는 있을 수 없으므로 인간관계는 반드시 상하관계 혹은 사무적인 관계가 됩니다. 이것은 자유경쟁이라는 명목으로 일본 사회에 침투한 서열원리의 결과입니다.

고이즈미 내각 이후 확실하게 나타난 현상 중의 하나는 자신을 대하는 부모의 모습에 여유가 없어졌다는 학생의 호소입니다. 이것은 정리해고의 진행과 거의 일치합니다. 부모가 밤낮 정리해고의 긴박감 속에서 생활하는 모습을 날마다 눈앞에서 지켜보면서 자식이 미래에 취직해서 행복해질 수 있다는 확신을 가질 수 있을까요? 그런 생각을 가지라는 것이 무리겠지요. 아이는 그러한 것을 민감하게 느낍니다.

이미 취직한 지 여러 해 되는 졸업생의 상담도 끊이지 않습니다. '상담하고 싶습니다'라는 이메일이 오면 99%가 회사를 그만두고 싶다는 이야기임을 알 수 있습니다. 올해 졸업생인 신입사원이 3년 경과하면 30% 그만둔다는 의미로 '3년 3할'이라는 말이 있습니다. 내가 보기에 그것은 후한 숫자로 여학생만 보면 40~50%에 가까운 것 같습니다.

앞서 이야기 한 것처럼 회사를 그만두는 이유는 현재 일본의 고용 인구 가운데 33%가 파견 사원이거나 아르바이트 같은 비정규직이기 때문입니다. 분명히 기업의 수익은 오르지만 그것은 일하는 사람의 풍요로움과 관계가 없습니다. 기업 수익이 상승하는 것처럼 보이는 것은 단순한 인건비 절감이 그 이유입니다. 참된 의미에서의 경영 개선이 아니라 인건비를 삭감해 이익을 창출하는 것은 얼마든지 가능한 일입니다.

정규직의 상황 또한 처절합니다. 여사원도 10~11시까지 일합니다. 여행사를 동경해서 입사한 한 학생은 잇따른 해외 관광 안내로 제대로 일본에 머무르는 날이 없습니다. 일을 하면서도 장래가 불안할 수밖에 없지요. 어떤 기업에서는 '오늘은 11시에는 퇴근합시다'라는 관내 방송이 흐른다는데 이것은 차라리 나은 편입니다. 그런 말조차 못하고 일하는 젊은이가 많이 있습니다.

정부 재정의 방만한 지출

앞에서도 언급했지만 국채가 가장 큰 문제입니다. 이것은 정부의 잘못이기도 하고 국민의 책임이기도 합니다. 일인당 약 700만 엔의 빚을 지고 그것을 차세대에게 떠넘길 뿐입니다. 언젠가 갚아야 하는 사태가 일어난다면 엄청난 일입니다. 빚을 떠안은 상황에서 허울 좋은 번영을 추구하는 것은 매우 위험한 일입니다. 오늘날 일본의 번영은 사상누각이라고밖에 설명할 수 없습니다. 빚으로 집을 짓고, 빚으로 철도를 깔고, 모든 국책 사업을 빚으로 꾸려온 것이 일본입니다. GDP는 빚으로도 점점 부풀어 오릅니다. 그러니 이러한 숫자가 얼마나 허구인지는 여러분도 잘 아실 것입니다.

정부만의 책임이 아닌 면도 있습니다. 미야자키 현宮崎県의 히가시 고쿠바루東国原 지사가 담합을 그만두겠다고 했을 때 건설업계에서는 건설회사가 20%밖에 남지 않을 것이라고 비명을 질렀습니다. 사실은 20%의 건설회사만으로도 유지될 정도의 일인데 불필요한 80%의 기업이 달라붙어 있었던 것입니다. 이들이 생존할 수 있었던 이유는 세금이 이들을 먹여 살렸기 때문입니다. 이러한 현상은 비단 미야자키 현뿐 아니라 일본 전역에서 일어납니다. 거액의 재정이 이런 식으로 방만하게 지출되는 것입니다.

또 하나 마음에 들지 않는 것은 '배려예산'을 포함한 매년 6,000억 엔 이상의 돈이 주일미군에 지출된다는 것입니다. 세계에서 이렇게 국가 예산을 쓰는 나라는 일본밖에 없습니다. 이것은 식민지와 거의 동일합니다. 일본 땅에서 미국인 병사가 문제를 일으켜도 일본의 법정에서 재판하는 것은 현실적으로 불가능합니다. 미군기지를 다른 곳으로 이전하는 경우에도 미군을 위해 테니스코트에서부터 수영장까지 딸린 주택을 지어주는 데 드는 비용을 일본 정부가 부담합니다. 이런 곳에 몇조 엔의 세금이 쓰이는 것입니다.

저는 지금 장애 아동을 돌봅니다. 장애 아동이나 장애인 가정의 부담이 급격히 증가했습니다. 장애 아동을 둔 제 친구는 「장애인자립지원법」 발효 이후 경제적 부담이 상당히 증가했다고 불만을 토로했습니다. 또한 정부 방침에 따라 노인장기요양용 침상이 몇십 %씩 감소했습니다. '개호介護난민'이라는 말대로 노인이 갈 곳이 없어지는 상태가 확대될 것으로 예상되는 것은 당연한 결과입니다.

이런 것은 우리의 마음을 무겁게 하는 주된 요소가 되었습니다. 이것도 우리가 선택한 정부가 한 행동이므로 그 책임은 우리에게도 있습니다.

관계성에 의해 비롯되는 행복

　　　　　　　　우리는 어떤 때 행복을 느낄까요? 한 예로 '복권의 행복'이라는 말이 있습니다. 수억 원에 당첨된 사람의 행복지수는 당첨된 그 순간 절정에 이르고 시간이 경과되면서 급격히 감소합니다. 왜냐하면 행복한 감정은 혼자만으로는 지속적으로 느낄 수 없기 때문입니다. 누군가와 함께 기쁨을 나누거나 자신이 얻은 행복의 일부를 다른 사람과 나누어 가질 때 비로소 우리의 행복은 지속될 수 있습니다. 스포츠복권을 사서 6억 엔에 당첨된 후 혼자 은밀하게 예금통장을 바라보면서 미소를 짓는다고 해도 그런 행복은 오래 지속되지 않습니다. 결국 인간은 타인과의 관계성 가운데에서만 행복을 느낄 수 있는 것입니다. 이것은 가족이나 집단을 이루어 사는 동물 모두에게 공통된 것입니다.

　한편 우리는 관계성이 점점 단절되어가는 사회 실태를 직시해야 합니다. 가까이에 구체적인 좋은 예가 있습니다. 나의 모친은 93세에 사회적으로 문제가 되었던 콤슨COMSN: Community Medical Systems and Network의 노인 장기 요양시설에 입소했습니다. 그 전에 어머니는 91세까지 시즈오카靜岡 현에서 혼자 살았습니다. 자랑은 아니지만 저는 20년간 신칸센으로 시즈오카 현을 왕래하며 어머니를 돌봤습니다. 그러나 저는 직장인이라 24시간 어머니와 함께 있을 수는 없었습니다. 그럼 어떻게 91세의 노인이 혼자 생활할 수 있었을까요? 그 비결은 마을공동체가 제대로 기능해 이웃의 여러 사람이 번갈아가며 돌봐주었기 때문입니다. 병이 나면 병원에 데려가주고 필요한 물건을 사다주었습니다. 이보다 더 큰 이유는 자신을 돌봐주는 사람, 응원해주는 사람이 곁에 있다는 안도감이었다고 생각합니다. 이것은 대단히 소중한 가치입니다.

앞으로의 일본 정부는 개인의 노후를 돌보지 못할 것입니다. 가장 비참한 사람은 수발을 받는 사람이겠지만 현장에서 수발을 하는 사람 역시 비참합니다. 가혹한 노동과 약 20만 엔의 월급을 받는 노인 요양 보호사가 되면 남자는 경제적인 이유로 결혼이 어려워집니다. 이러한 배경에는 저비용만을 추구하는 노인 요양 관련 제도와 공적 보조 제도가 있습니다. 60세까지 일본 국민으로서 국가와 사회에 공헌했다면 무조건 사회서비스를 받을 수 있어야 하는 것이 선진국의 모습이겠지요.

지금 제가 사는 지역에 95세에 돌아가신 노인이 있었습니다. 그런데 전통적인 마을공동체가 붕괴되어 아무도 그분을 돌보지 않았고, 자식은 서로 수발을 미루고 싸움만 했습니다. 정부의 보조가 삭감되는 것도 문제지만 지역사회 공동체의 결속력과 가족관계가 희박해지면 사는 것 자체가 힘들어집니다.

어떻게 해야 행복을 보장하는 인간관계를 잘 만들어나갈 수 있을까요?

지역에서 만드는 관계성

우리 집에서 제가 분담하는 가사 중 하나가 쓰레기 버리기입니다. 쓰레기를 버리러 나가면 이웃 아주머니나 아저씨 등 여러 사람을 만납니다. 언제부터인가 제가 먼저 인사를 하기 시작했는데 그러면 상대편도 반드시 인사를 합니다. 또 우리 집 근처에는 강이 흐르는데 둑길을 산책하면서 만나는 사람에게 인사를 하기로 했습니다.

그랬더니 상대방도 인사를 합니다.

마을공동체의 인간관계는 동네 반상회에서처럼 억지로 사람을 모아서는 안 됩니다. 저는 반상회 임원을 했던 적이 있기 때문에 이런 형태가 그다지 도움이 되지 않는다는 것을 잘 압니다. 그보다 어쨌든 가까이에 있는 이웃에게 인사를 하면서 조금씩 접근해가는 노력이 필요합니다. 어느 도둑이 말했다는데요, 도둑이 가장 꺼리는 곳은 마을 사람이 서로 인사를 하는 마을이라고 합니다. 어떤 경우에서나 인간관계를 유지하는 것이 필요합니다. 큰 노력이 필요한 것이 아닙니다. 작은 노력이 모여 지역사회가 형성되는 것입니다.

저는 8년 동안 혼자서 세 명의 아이를 길렀습니다. 취사, 세탁, 청소를 하고 게다가 대학에서 가르치는 일을 하고 논문을 쓰고 책도 냈습니다. 하루 3시간 정도밖에 자지 못하는 생활이 몇 년간 계속되었습니다. 그 무렵 적지 않은 빚을 떠안고 있었기 때문에 세 명의 아이와 저의 생활비가 주당 2,000엔 정도밖에 되지 않았습니다. 쌀이나 반찬을 살 수 없을 때도 자주 있었습니다. 그러나 2,000엔으로 생활이 가능했던 것은 이웃이 많이 도와주었기 때문입니다. 그때까지 나는 이웃에게 다소의 공헌을 했습니다. 예를 들어 제가 할 수 있는 일 가운데 하나는 유학을 희망하는 학생을 대신해서 유학 수속을 해주는 것이었습니다. 이웃이 도와준 덕분에 세 명의 아이는 영양실조에 걸리지 않고 잘 자랐고 돈이 없어도 별 걱정이 없었습니다.

정말로 좋은 이웃이 가까이 있으면 돈은 큰 문제가 되지 않습니다. 이 경험을 통해 저는 살아가기 위해 필요한 것이 얼마나 작은 것인지도 잘 알 수 있었습니다.

〈그림 2-2〉이리오모테 섬 西表島 '시치축제'

주: 축제에서는 '미륵님(미륵 彌勒보살의 변형된 모습으로 추정)'이 마을공동체의 안위를 비는 춤을
춘다. 사진의 오른쪽 안쪽에 소복을 입고 앉아 있는 여성은 무녀다.

　　이웃과 친구, 우리의 가장 소중한 재산은 인간관계입니다. 인간관계
를 위해서라면 아무리 많은 돈을 투자해도 괜찮습니다. 진정으로 신뢰
할 수 있는 친구가 있으면 그것만으로도 살아갈 수 있을 테니까요.

　　노후를 어떤 식으로 보내는가는 그 사람이 어떤 인생을 살아왔는가
와 매우 밀접한 관계가 있습니다. 예를 들어 '저는 젊을 때 이런 큰일을
하고 이렇게 위세 등등했다'라고 아무리 말해도 상대방이 '그건 젊었을
때의 일이죠'라고 한다면 끝인 것입니다. 노후가 비참하다면 그 사람의
인생은 과연 어떻게 될까요? 충실한 노후를 보내는 사람이 알찬 인생을
산 것이 아닐까요? 저는 정년퇴직 이후가 인생의 수확기라고 생각합니
다. 그런데 수확을 하려면 그 전에 그만한 전답의 손질이 필요한 것입니

다. 정년퇴직 후 대단히 충실한 삶을 영위할 것이라고 생각한다면 큰 오산입니다.

관계성을 구축하는 방법

친구를 만들고 싶을 때 쓸 수 있는 좋은 방법을 하나 가르쳐드리겠습니다. 저는 사람을 볼 때 '그렇군요 파'와 '하지만 파'로 나눕니다. '그렇군요 파'에 해당하는 사람은 다른 사람이 무슨 말을 하면 '그렇군요'라고 말하면서 상대방에게 관심을 갖습니다. 그러나 '하지만 파'는 '하지만, 그러나'라고 하면서 바로 상대방의 말에 반론을 제기하거나 의문을 나타냅니다. '그렇군요 파'는 점점 친구가 늘어나지만 '하지만 파'는 친구와 점점 멀어집니다.

표현은 별개라고 해도 친구를 사귀고 싶으면 가능한 한 '그렇군요'라고 받아들이는 태도가 중요합니다. 왜냐하면 대부분 자신에게 관심을 갖거나 자신을 알아주는 사람과 교제하고 싶어 하기 때문입니다. 이것은 여러분이 아이를 대할 때나 부부관계에서도 마찬가지입니다. 특히 아이를 대할 때는 더 신경을 써야 합니다.

우리는 다른 사람에게 받아들여질 때 비로소 행복을 느낍니다. 그렇지만 상대방에게 받아들여지기 위해서는 스스로 상대방을 받아들여야만 합니다. 제가 상대방을 받아들인 만큼 상대방도 저를 받아들입니다. 그래서 저는 항상 '그렇군요 파'로 살려고 마음먹습니다.

행복을 위한 조건은 '자아실현'입니다. 자신의 이상적인 모습과 하고 싶은 일의 실현이 우리를 행복으로 이끕니다. 일터가 자아실현의 장으로서 커다란 충족감을 가져다준다면 그것으로 충분한 것입니다. 여성이 아이를 낳아 기르는 것은 중대사입니다. 제 경우에도 육아는 정말로 힘든 일이었지만 육아에서 오는 감동은 몇 배로 컸습니다. 아이가 있는 사람은 그만큼 자아실현 욕구의 상당 부분이 충족되는 것이 아닐까요?

또 하나의 행복의 조건은 '평등'입니다. 이것은 앞서 원숭이의 사례에서도 알 수 있었던 것처럼 우리는 서열이 존재하는 집단 속에 있을 때 결코 충족감이나 행복감을 얻을 수 없습니다. 대등한 관계 속에서 깊고 진정한 인간관계가 싹트고 동시에 행복을 느낄 수 있는 것이 아닐까요?

또한 '작은 행복'을 느끼는 것이 중요합니다. 예전에는 무엇이든 이웃과 나누어 먹었습니다. 그것이 사과 1개나 귤 한 쪽 같은 작은 것일지라도 주고받으며 행복을 느꼈습니다. 그런데 지금은 그런 것으로는 전혀 만족하지 못합니다. 밤낮 TV에서 흘러나오는 광고 탓에 돈이 없으면 비참한 인간인 것처럼 느껴집니다. 우리가 만족할 수 있는 행복의 수준이 자꾸만 높아집니다. 과거에 비해 소득이 6배 이상 늘었고, 편리한 기능을 얼마든지 사용할 수 있는데 행복을 전혀 실감하지 못하는 것입니다. 작은 일에 만족하지 못하는 것이 커다란 불행을 부릅니다.

예를 들어 조금 전에 도시락을 사들고 자전거를 타고 비탈길을 올라오다보니까 한 쌍의 꿩과 어린 꿩 다섯 마리가 길을 건넜습니다. 이것을 보았을 때의 행복감은 정말 말로 표현할 수 없었습니다! 우리 집에는 고양이 이마만큼 좁은 마당[7]이 있는데 거기에 지금 산딸기가 몇백 알이 달려

---

7 옮긴이 주: 서민 생활을 상징하는 관용적 표현.

있습니다. 조금 있으면 잼을 만들 생각인데 이것이 저에게는 행복입니다. 토마토 열매가 열리고 점점 자라는 것을 보는 것도 행복입니다.

행복의 조건이란 '행복의 총량이 채워지지 않으면 곧바로 불행해진다'라는 말처럼 표리의 관계에 있습니다. 불행의 배경에는 관계성의 상실과 고독이 있습니다.

아이치愛知 현 나가쿠테長久手 정에 '아이치 태양의 마을'이라는 훌륭한 시설이 있습니다. 여기에는 양로원, 탁아소, 유치원과 복지학교가 있는데 1층에는 노인이 살고 2층에는 직장여성이 사는 연립주택 몇 가구가 한 세트인 매우 흥미로운 시설입니다. 시설의 설립자는 대기업에 다니다 갑자기 그만두고 이러한 시설을 만들기 시작했다고 합니다. 그의 말에 따르면 세상에는 시간에 쫓기는 사람과 쫓기지 않는 사람이 있다고 합니다. 고령화가 진행되는 일본에서 시간이 충분한 노인의 충실한 시간 활용이 중요한 문제가 된다고 합니다. 지금은 열심히 일하는 사람이 세상의 주목을 받지만 진짜 문제는 시간이 충분한 사람입니다. 예를 들어 양로원 같은 곳에 가면 하루 세 끼 식사 시간 이외에 할 일이 없는 사람이 많이 있습니다. '아이치 태양의 마을'에서는 이런 사람들과 충실한 시간을 보낼 수 있도록 아동과 노인을 연결하는 프로그램을 운영합니다.

인간에게 가장 무서운 것은 고독입니다. 테레사 수녀Mother Teresa of Calcutta가 미국을 방문했을 때 그녀는 "나는 굶주림을 달래러 미국에 왔습니다. 그렇지만 미국에서의 굶주림은 빵 한 조각을 요구하는 굶주림이 아닙니다. 사랑에 대한 절망적인 갈증입니다"라고 말했습니다. 미국인이 얼마나 고독에 괴로워하며 사람의 애정에 굶주리는지 그녀는 간파했던 것입니다.

돈이 아무리 많아도 나를 사랑하는 사람이 없고 내가 사랑할 사람이 없다면 행복은 지속되지 않습니다. 또한 우리는 다른 사람을 위해 무엇인가 할 수 있을 때 감동과 행복을 느낍니다. 그런 것을 쌓아가면서 조금씩 고독으로부터 해방되어갑니다. 기쁨, 슬픔, 괴로움을 함께 나눌 수 있는 사람이 주변에 얼마나 있는지가 최종적으로 그 사람의 행복의 척도가 됩니다.

'행복도 설문조사' 집계 결과로 본 소견

설문조사 결과의 개요

행복도 설문조사 응답자 중 가장 많은 수를 차지하는 세대는 60대와 70대로 전체의 80%입니다(〈표 2-1〉 참조). 이러한 표본의 특성상 이번 설문조사 결과는 일본의 일반적인 상황을 반영하는 것은 아닙니다.

행복에 관한 전반적인 평가(〈표 2-2〉)를 보면 전체의 80% 이상이 '매우 행복하다'라고 답했는데 여기에 '대체로 행복하다'를 합하면 약 90%가 현재 행복감을 느낀다고 답한 것입니다. 이것은 응답자의 대부분이 이미 육아를 마치고 생활 전선에서 물러난 연금 수급자며 현대 일본에서 비교적 풍족한 계층인 것을 시사합니다. 게다가 응답자가 대학의 공개강좌에 출석할 만큼 여유가 있는 사람이라는 점도 상관관계가 있다고 생각됩니다.

〈표 2-1〉 응답자의 연령대별·성별 구성

(단위: 명)

	10대	20대	30대	40대	50대	60대	70대	80대	합계
남성	0	0	1	1	3	18	30	2	55
여성	1	2	1	2	4	12	10	0	32
합계	1	2	2	3	7	30	40	2	87

〈표 2-2〉 최근 생활 전반을 보았을 때 당신의 행복지수는 어느 정도입니까?

	응답자 수	비율(%)
매우 행복하다	4	4.5
대체로 행복하다	72	83.0
어느 쪽도 아니다	7	8.0
별로 행복하지 않다	4	4.5
전혀 행복하지 않다	0	0.0
합계	87	100.0

〈표 2-3〉 만약 현재의 행복지수를 10단계로 표시한다면 당신은 몇 단계입니까?

단계	응답자 수	비율(%)	득점*
1	0	0.0	0
2	1	1.2	2
3	3	3.5	9
4	6	6.9	24
5	7	8.0	35
6	15	17.2	90
7	22	25.3	154
8	24	27.6	192
9	7	8.0	63
10	2	2.3	20
합계	87	100.0	589
득점평균	-	-	6.77

* 단계에 따라 1점에서 10점까지 있으며 단계 수×응답자 수가 각각 단계의 합계가 된다.

<표 2-4> 현재보다 미래가 더 행복할 것이라고 생각합니까?

	응답자 수	비율(%)
그렇다	11	12.7
그렇지 않다	53	60.9
모른다	23	26.4
합계	87	100.0

<표 2-5> 행복의 조건으로 가장 중요한 것은 무엇이라고 생각합니까?

	응답자 수	비율(%)
돈	3	3.2
건강	51	53.1
가족·친구·이웃 간의 친밀한 관계	32	33.7
여유로운 시간	4	4.7
기타*	5	5.3
합계	95**	100.0

* 마음, 일, 자신의 정신적 성장, 평화와 자신감, 목표가 있을 때 등의 응답이 있었다.
** 중복으로 답한 사람이 있어서 전체 응답자 수인 87명보다 더 많이 집계되었다. 여기에서는 분모를 95로 계산해 소수점 이하 두 자릿수에서 반올림했다. 나머지는 최대치로 조정해 합계를 100으로 했다.

　　행복의 정도를 10단계로 표시한 <표 2-3>에서도 알 수 있듯이 80%의 응답자(6~10단계)가 평균 이상의 행복감을 느꼈습니다. 그중 '대체로 행복하다'라고 생각하는 비율(6~8단계)은 전체의 70%를 차지하는데 이것은 <표 2-2>의 수치와 거의 비슷하다고 할 수 있습니다.

　　이상의 수치에서 볼 때 응답자의 대부분이 현재 생활에 만족하고 행복감을 느낀다고 말할 수 있습니다. 그러나 현재보다 미래가 더 행복할 것이라고 생각하냐는 질문에 '그렇게 생각한다'라고 응답한 사람은 불과 13% 미만에 지나지 않았고 대부분은 미래에 회의적·비관적이었습니다(<표 2-4> 참조). 그 원인으로 자민당의 복지 정책의 횡포를 지적했는데 이것이 많은 사람을 불안하게 한다고 생각됩니다.

마지막으로 '행복의 조건으로서 가장 중요한 것은 무엇인가'라는 질문에 대한 응답(〈표 2-5〉)으로 절반 이상이 '건강'을 꼽아 가장 많은 점수를 차지했습니다. '돈'이라고 대답한 사람이 불과 세 명밖에 되지 않는 것은 응답자의 대부분이 중·노년층이기 때문에 당장 돈에는 궁색하지 않고, 당면한 최대의 불안요소가 건강이기 때문일 것입니다. '건강'에 이어 가장 많은 수를 차지한 것은 '가족·친구·이웃 간의 친밀한 관계'인데 이는 전체의 약 1/3을 차지했습니다. 개인 건강에 대한 높은 관심은 이해할 수 있지만 오히려 돈보다 인간관계의 중요성을 느낀다는 사실은 꽤 흥미롭습니다.

남성의 경우 은퇴 후 현역 시절의 회사나 직장의 인간관계로부터 멀어져 가정과 지역사회로 돌아와 보니 인간관계가 자신의 행복의 중요한 요소임을 절실하게 느꼈음을 시사합니다. 여성은 가족이나 지역사회에서 남성보다 풍요로운 인간관계를 구축했음을 알 수 있습니다. 그러나 배우자가 먼저 사망했을 경우와 몸이 불편해질 것을 생각하면 역시 인간관계가 행복의 중요한 요인임에는 변함이 없는 것으로 나타났습니다.

행복도 설문조사

1. '최근 당신의 생활 전반을 보았을 때 당신의 행복지수는 어느 정도입니까'.

전체적으로 보았을 때 '① 매우 행복하다, ② 대체로 행복하다, ③ 어느 쪽도 아니다, ④ 별로 행복하지 않다, ⑤ 전혀 행복하지 않다' 중에서 어느 것에 가까운지 깊이 생각하지 말고 직감적으로 체크해주십시오.

2. '만약 현재의 행복지수를 10단계로 표시한다면 당신은 몇 단계입니까?'.

이것도 깊이 생각하지 말고 직감적으로 체크해주세요. 대체로 이 정도라고 생각하는 범위 내에서 쓰셔도 괜찮습니다.

3. '현재보다 미래가 더 행복할 것이라고 생각합니까?'.

'① 그렇다, ② 그렇지 않다, ③ 모른다'로 대답해주십시오. 이것도 역시 직감적으로 선택하면 됩니다. 노후에 누군가 돌봐줄 사람이 있을 것 같다든가 하는 개인적인 것이라도 좋으니 선택해주십시오.

4. '행복의 조건으로 가장 중요한 것은 무엇이라고 생각합니까?'.

'① 돈, ② 건강, ③ 가족·친구·이웃 간의 친밀한 관계, ④ 여유로운 시간' 중에서 선택하시고 만약 그 밖의 내용이 있으면 직접 기입해주십시오.

다 쓰셨으면 종이를 내려놓으십시오. 집계한 후 일본 전체 평균과 비교해보려고 합니다.

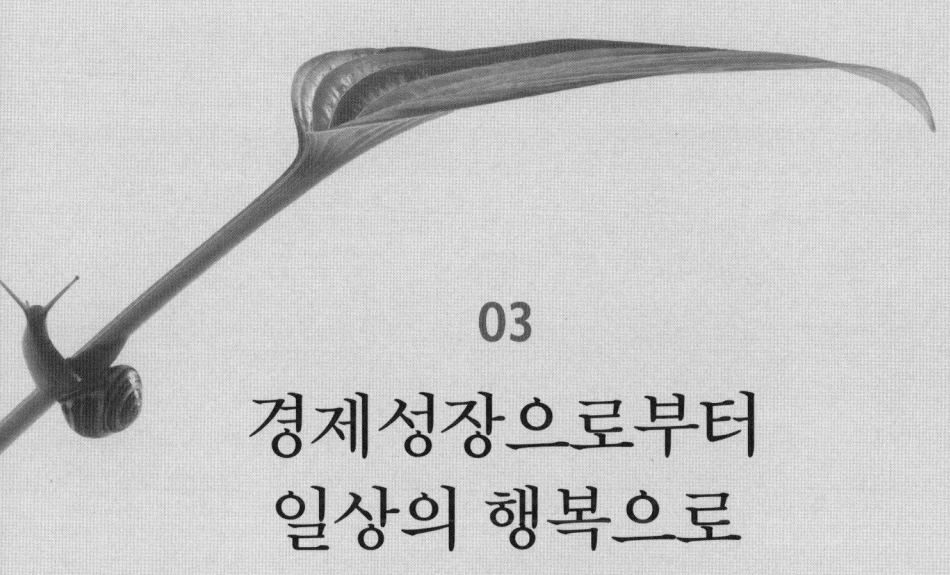

03

경제성장으로부터
일상의 행복으로

GDP 경제학을 재고한다

—

사카타 유스케

사카타 유스케 坂田裕輔

환경경제학자이자 긴키대학近畿大學 경제학부 교수다. 현지조사를 바탕으로 경제학의 새로운 가능성을 모색하며 주된 연구대상은 쓰레기 문제와 기후변화 문제다. 경제학은 생활과 밀접한 것이어야 한다는 생각에서 '슬로이야기모임'이라는 세미나와 스터디그룹을 주최해 생활 속의 지혜를 발견하는 운동을 한다. 저서로는『ごみの環境經濟學』(晃洋書房, 2005),『ごみ問題と循環型社會』(晃洋書房, 2007)가 있으며 비정부기구NGO인 슬로 비지니스 스쿨과 지구환경을 생각하는 전국시민회의CASA에서 활동 중이다.

두 가지 삶의 선택

지금부터 삶의 두 가지 방식에 관한 이야기를 하고자 합니다.

첫 번째는 종착점을 모르고 장애물을 하나씩 피해가는 삶입니다. 종착점을 모르면 언제 끝날지도 모릅니다. 돌이 날아오면 그 돌을 피하면서 일단 계속 전진하는 삶입니다. 경제성장이 바로 여기에 해당합니다. 끝없는 성장을 위해 전진합니다. 이때 부딪히는 장애물은 공해, 식량 문제, 인구폭발, 지구온난화 등입니다. 이 밖에도 여러 가지 무서운 일이 많이 일어납니다. 이런 문제를 어느 정도 피한다고 하더라도 어디로 갈지 모르기 때문에 여전히 불안하기는 마찬가지입니다.

두 번째는 종착점이 보이기 때문에 그곳을 향해 가려고 하며 그러기 위해서는 이 돌을 치워야 한다거나 이쪽 길을 선택하면 된다는 것을 아는 삶입니다.

우리는 어떠한 상태일 때 행복할까요? 행복해지기 위해서 지금 어떤 노력을 기울여야 할지 생각해보는 것이 좋겠습니다. 종착점에 도달하지 못한다고 해도 그 지점을 알면 지금 어디쯤에 있는지, 코스에서 벗어나지 않았는지는 알 수 있을 것입니다.

지금부터 할 이야기의 궁극적인 목표는 이 종착점의 설정 방법에 관한 것입니다.

저는 대학에서 환경경제학을 가르치면서 지방자치단체의 쓰레기 처리 정책을 연구합니다. 쓰레기의 유료화와 분리수거, 처리 방법의 개선을 통해 다수의 행복을 증진하는 방법을 연구합니다. 최근에는 재활용을 해도 헛수고라고 말씀하시는 분이 있습니다. 그래서 '어떻게 하면 좋을까요'라고 물으면 '쓰레기를 줄여라'라고 대답합니다. 그러나 쓰레기를 줄일 수 없기 때문에 재활용을 하는 것이지요. 쓰레기 줄이기가 먼저냐 재활용이 먼저냐 하는 논의는 난해한 문제입니다. 그리고 그런 논의보다 궁극적으로 어떤 세상을 목표로 할 것인가를 먼저 생각하는 것이 좋습니다.

오늘날 우리가 속한 세계는 대량생산, 대량소비, 대량폐기의 사회입니다. 여기에서 문제는 그 배경이 되는 대량채굴 사회와 그 종착점인 대량재활용 사회입니다. 삼림을 파괴하고 광산 개발로 자원을 대량으로 획득합니다. 그리고 그것을 상품화합니다. 많이 팔기 위해서는 많이 버릴 수밖에 없습니다. 버리고 싶어서가 아니라 버릴 수밖에 없는 것입니다. 그러다보면 버릴 곳이 없어집니다. 이러한 시스템을 유지하는 방법이 대량재활용 사회인 것입니다. 이제는 어쨌든 원래대로 되돌려야 합니다. 이대로 가면 결국 굉장히 고통스러운 사회가 될 테니까요.

환경 문제를 해결하겠다고 하면서 '시간이 없으니까 일단 현재 할 수 있는 일'부터 착수하면 단순하고 근시안적인 대책에 머무는 것입니다. 그러니 어떻게 하면 문제를 해결할 수 있는지, 어떤 사회를 만들고 싶은지 멈춰 서서 좀 더 제대로 생각하지 않으면 어느 쪽으로도 향할 수 없습니다.

지속 가능성이란 신뢰할 수 있는 미래가 있는 것

유엔 UN이 제정한 '밀레니엄 개발 목표'라는 것이 있습니다. 2015년까지 빈곤, 교육, 젠더, 아동보건, 임산부, 질병, 지속 가능성 sustainability, 글로벌 파트너십 등 여덟 가지 분야에서 목표 수치를 설정해 지구환경과 인류 생활을 개선하자는 구상입니다. 빈곤, 교육, 젠더, 건강은 기존에 있던 테마인데 이것은 모두가 보편적으로 잘살 수 있게 하자는 것입니다. 그중에서도 지속 가능성이라는 말에 주목하고자 합니다.

덧붙여 말하자면 글로벌 파트너십은 행정, 시민, 기업 등 다양한 주체가 상호 이해를 바탕으로 대등한 입장에서 관계를 심화하자는 생각입니다. 선진국 국민이 '불쌍한 개발도상국 국민'을 돕는 것이 아니라 같은 눈높이에서 서로 협력하자는 것입니다. 또한 이것은 인간에게만 해당되는 것이 아니라 기업과 같은 무기체도 사회의 구성체로 간주합니다. 향후 파트너십 범위가 인간 이외의 생물까지로 확대되길 바랍니다.

'지속 가능성'이라는 말은 어려운 말이 아닙니다. 손자의 손자에 해당하는 세대의 삶을 한 번 상상해보십시오. 행복할 것 같습니까? 겨울에 티셔츠 차림은 아닙니까? 생선과 채소를 먹습니까? 진공팩에 들어 있는 음식을 열어 스푼으로 떠먹지는 않습니까? 지금 우리가 즐겁게 사는 것처럼 100년 후, 200년 후의 사람이 지금보다 더 좋은 환경에서 즐겁게 살 수 있을 것이라고, 다시 말해서 미래가 밝을 것이라는 믿음을 가질 수 있는 것이 바로 지속 가능성입니다.

제가 이런 연구와 활동을 하는 이유는 미래에 손자에게서 '할아버지가 젊었을 때는 행복했다, 즐거웠다고 항상 말하면서 왜 그런 환경을 남겨놓지 않았나요'라는 말은 절대로 듣고 싶지 않기 때문입니다. '적어도 할 만큼 노력은 했다'라고 말해주고 싶습니다. '우리가 물려받은 것을 다음 세대에게도 남겨주기 위해서 지금 할 수 있는 일을 제대로 하자', 이것이 지속 가능성을 이야기하는 동기입니다. 지금과 똑같은 편리한 세상이 지속되어야 한다거나 이를 위해 인류의 존속을 최우선으로 해야 한다는 문제가 아닙니다. 우리가 물려받은 것을 다음 세대에게도 남기고 싶은지 아닌지에 대한 의사결정, 가치 판단에 관한 문제입니다.

여담이지만 가치 판단을 하지 않는 '과학으로서의 경제학'이 최근 경제학의 주류입니다. 이러한 현상의 뿌리에는 이과 계통의 학문에 대한 무한한 신뢰가 있는 것이 아닐까 생각됩니다. 그렇기 때문에 현재 경제학의 대부분은 지속 가능성의 문제를 제대로 이야기하지 못하는 것입니다.

다음 세대로의 전수를 중요하게 여기는 것을 '세대 간 평등'이라고 합니다. 이 말은 우리에게 이전 세대로부터 물려받은 것을 보존하는 책임이 있으며 이 책임은 현 세대와 차세대가 동일하게 나누어 가져야 한다는 뜻입니다.

세계의 상황은 악화되고 있는가

저는 1971년생입니다. 오사카大阪 부 사카이堺 시 태생으로 어릴 적 3년간은 히가시오사카東大阪 시에서 살았습니다. 저의 어린 시절 기억에 남아 있는 강江이란 탁하고 거품이 이는 모습입니다.

네 살이었는데도 왠지 모르게 강에 빠지면 반드시 죽을 것만 같았습니다. 기억 속의 하늘도 언제나 구름이 낀 흐린 하늘입니다. 대기오염이었던 것이지요.

지금 근무하는 대학이 마침 히가시오사카 시에 있습니다. 처음에는 오염된 예전 모습을 상상했지만 막상 30년 만에 다시 와보니 오염은 되었어도 강에서 거품이 날 정도는 아니었고 파란 하늘도 볼 수 있었습니다.

최근 30년 동안 도시환경은 좋아졌습니다. 유황산화물 등도 검출 기준치 이하입니다. 디젤PM, 즉 디젤자동차에서 나오는 미세입자가 문제시되기는 했지만 눈에 띄는 부분은 많이 개선되었습니다. 이렇듯 주변 환경은 좋아졌을지 모르나 거시적으로 화학물질, 지구온난화, 열대우림 등의 문제는 여전히 제기됩니다.

하루 1달러 이하의 생활을 절대빈곤이라고 하는데 이런 생활을 하는 사람이 현재 11억 명 정도 됩니다. 그런데 이 숫자가 줄고 있는데요, 특히 동아시아에서의 절대빈곤의 수치는 1945년 이후 대폭 감소되었습니다. 전체적으로 보면 아프리카의 일부 지역 등을 제외하고는 나아진 것입니다.

1990년 이후 홍수나 가뭄 등과 같은 극단적인 기후현상이 증가했습니다. 이는 지구온난화 현상의 대표적인 징조입니다. 지구온난화는 단순한 평균기온의 상승이 아니라 기후패턴의 변화를 의미합니다. 최근에는 '기후변화'라는 말도 확산되었는데 이것이 문제의 핵심입니다. 일직선상에서 현재의 기후패턴이 새로운 기후로 이행하는 것이 아니라 유동적으로 이행되기 때문에 언제 어디에서 무슨 일이 일어날지 예측 불가능합니다. 기후변화는 분명히 일어납니다. 이산화탄소는 대기 중에

방출되어 90년간 대기 중에 머뭅니다. 90년 전부터 계속되어왔기 때문에 그 영향력이 현재까지 미칩니다. 따라서 예방은 이미 어려운 일이고 현재 할 수 있는 일은 통제 가능한 영역에서 희생을 조금이라도 줄이는 방법을 찾는 것입니다. 이를 위해 각 연구기관과 정부, 여러 단체에서 열심히 활동하는 것입니다.

행복의 실감에는 한계가 있다

산업혁명 이후 세계는 성장을 거듭해왔습니다. 성장이라고 할 때 떠오르는 것은 대개 GDP이지요. 국내에서 생산된 부가가치의 총액 혹은 국내에서 발생한 소득, 총수입이라고 할 수 있습니다. 우리는 GDP를 행복 혹은 성장의 기준으로 생각해왔습니다.

그리고 개발도상국에서의 행복의 기준 중 하나는 평균수명입니다. 평균수명이 40~50세밖에 되지 않는 곳에 사는 사람은 70~80세까지 살고 싶을 것입니다. 우리 부모님은 60대지만 통계적으로 20년은 더 사실 것이라고 예상할 수 있습니다. 그런데 개발도상국에서는 평균수명이 50~60세이기 때문에 30세 정도의 사람이라면 앞으로 10년쯤 후에는 인생을 정리해야 한다고 생각할 것입니다.

절대적인 빈곤과 빈부격차의 문제도 있습니다. 경제학자들은 예전부터 격차가 있었는지 혹은 데이터로 검증 가능한지에 대한 논의를 하는데 저는 이것은 빗나간 논의라는 생각이 듭니다. 문제는 숫자라기보다 막연한 불안감이기 때문입니다. 아무리 노력해도 나아지지 않을 것이라는 불안감이 확산되는 것이 문제지요.

1820~1830년경까지 세계 경제는 2000년 가까운 세월 동안 성장하지 못했습니다. 1820~1830년경부터 경제성장이 시작되어 1945년을 경계로 급격한 변화를 보였습니다. 1950년경까지 GDP의 증가, 유아사망률 감소, 평균수명의 연장이 두드러졌습니다. 이러한 시대가 한동안 계속되었는데요, 경제학자도 돈이면 뭐든 가능하다고 믿었던 시대였습니다. 그러나 어느 수준을 넘어서니까 그다음부터는 GDP가 늘어나도 할 수 있는 일이 별로 없어졌습니다. 그 이후부터 GDP는 단순한 숫자가 되어버렸습니다.

연간 수입이 1억~2억 엔이나 되는 정보기술IT 벤처기업의 오너가 더 많은 소득을 올리려고 노력합니다. 왜냐하면 그들은 소득이 사회적 평가의 기준이라고 생각하기 때문입니다. 우리 사회에서는 이미 돈이 자존심과 사회적 지위를 확인하는 증표가 되어버렸습니다. 이것은 국가에서도 마찬가지입니다. 돈으로 무엇을 할 수 있는지가 아니라 얼마나 소유하는지 얼마나 늘어났는지가 중요한 것입니다.

1950년경부터 지금까지 일본의 GDP는 8배 증가했습니다. 이 무렵부터 일본인의 행복도를 측정한 설문조사가 있습니다.[1] 이것은 10단계 평가로서 1단계가 '매우 불행하다'이고, 10단계가 '매우 행복하다'인데 응답자의 대부분이 6단계에 머물러 큰 변화가 없습니다. 1950년대에도 6단계, 2000년도에도 역시 6단계입니다. 인간이 느끼는 행복이란 뭐 그런 것입니다. 북유럽은 5단계나 4.5단계입니다. 라틴아메리카 국가에서

---

1 옮긴이 주: 제2장 72쪽 행복도 설문조사[B. Frey and A. Stutzer, *Happiness of Economics* (Princeton University Press, 2001), p.9 참조].

는 8단계인 경우도 있는데 이 경우에는 국민성의 영향이 있습니다. 이렇 듯 행복의 수준을 측정하기란 좀처럼 쉬운 일이 아닙니다.

자원, 자본과 경제활동

GDP는 한 국가의 1년간의 '경제적 활력'을 나타 냅니다. 1년 동안의 자본 흐름과 소득 창출의 정도를 나타내는 것입니 다. GDP는 소득의 크기, 즉 양이 기준입니다. 풍요로움은 돈 이외의 다 양한 가치와 서비스의 양, 질 전체를 포함합니다. 풍요로움은 다양하기 때문에 객관적인 관찰이 불가능합니다. 금전 이외의 것을 포함한 우리 의 소유물과 서비스 전체가 '풍요로움'이라고 한다면 그것을 느끼는 것, 인식하는 것이 '행복'입니다.

국가에는 자산과 자원이 있습니다. 토지, 예금, 경험, 환경, 여러 종류 가 있습니다. 경험은 인적자원에 해당하는데 이는 국가의 큰 자산입니 다. 인류가 축적해온 경험은 그 무엇과도 바꿀 수 없습니다. 하드웨어 가 갖추어졌다고 해도 그것을 사용하는 사람이 없으면 아무 소용이 없 는 것입니다. 기후나 경제를 예측할 수 없는 시대에는 처음부터 매뉴얼 을 만들어온 사람의 경험이 활용되는 것입니다. 경험의 축적이 있는 나 라와 없는 나라는 완전히 다를 것입니다. 인적자원 중에 전형적인 것이 바로 교육 수준인데요, 예를 들어 경제발전에 가장 효율성이 높은 교육 수준의 지표는 초등교육 단계의 문맹률이라고 합니다.

이런 것이 유형자산입니다. 유형자산이 있어야 이것을 활용해 무엇인가를 할 수 있습니다. 예를 들면 토지를 이용해 먹을거리를 만들거나, 자신의 경험을 바탕으로 일을 하거나, 다양한 방법으로 자본을 활용해 창출된 서비스나 먹을거리 등의 생산물, 일의 성과를 얻을 수 있습니다. 그중 경제적인 활동으로 얻을 수 있는 것이 GDP입니다. 자산을 잘 활용하면 높은 GDP를 얻을 수 있고 그렇지 못하면 같은 자산이라고 해도 소득은 감소합니다. 물론 원래부터 자산이 매우 적은 국가는 GDP도 적고 자산이 많은 국가는 GDP도 크겠지만요.

경제활동 이외의 활동을 '비경제활동'이라고 하는데 가정생활, 커뮤니티 활동 등도 자산입니다. 돈을 들여 디즈니랜드에 가면 경제활동이지만 근처의 공원에서 시간을 보내거나 친구와 야구놀이를 한다면 비경제활동입니다. 둘 다 자산이 만들어내는 활동입니다. 이것은 '금전적 활동'과 '비금전적 활동'이라고도 하는데 이런 두 가지 활동이 있기 때문에 우리의 자산이 균형적으로 활용되는 것입니다.

두 가지 성장

GDP 성장률이 제로라면 큰일이라는 생각이 들겠지요. 그런데 일본의 작년 GDP는 500조 엔이었습니다. 1년간 제로 성장이었다면 올해의 GDP는 얼마일까요? 500조 엔입니다. 여러분, 작년에 500조 엔 GDP로 힘든 생활을 했습니까? 그렇지 않지요. 제로성장의 어디가 문제일까요? -3%라고 해도 별로 심각하지 않을 것입니다.

경제불황이 오면 은행은 채권을 포기하고 그것을 국민의 세금으로 거두어들입니다. 경기가 나빠지면 큰일이라고 호들갑을 떨어도 정말 큰일은 일어나지 않습니다. 손해를 보는 것은 호황기라 하더라도 특별히 나아질 것도 없이 세금만 꼬박꼬박 내야 하는 일반인, 도산한 회사의 사장, 종업원입니다. 연 수입이 1,000만 엔을 가볍게 넘는 은행원의 월급도 그대로입니다. '이대로 방치하면 국가 도산 사태에 이를지도 모른다'라는 이야기가 나오기 무섭게 바로 전례 없는 호황기로 들어서는 것이 경제입니다.

경제성장에는 두 종류가 있습니다. 첫 번째는 건전한 성장입니다. 성장이란 GDP가 성장하는 것을 의미하는데 소득의 일부를 저축하고 그것을 투자해 다리나 공장을 만들거나 집을 짓거나 삼림을 키우는 것입니다. 그래서 자산을 확대해나갑니다. 그러면 거기에서 얻어지는 소득이 증가합니다. 또다시 저축을 하고 재투자를 합니다. 이러한 순환을 건전한 성장이라고 합니다. 건전한 성장은 매년 자산이 증식하기 때문에 여기에서 창출되는 경제활동 규모도 커집니다. 더불어 경제활동뿐 아니라 비경제적인 활동도 증가한다고 볼 수 있습니다.

이에 반해 두 번째 성장은 자산이 만들어내는 또 다른 활동, 다양한 비경제적 활동을 돈으로 환산하는 것입니다. 요컨대 돈과 관계없는 다양한 활동을 사업화합니다. 모두 집에서 밥을 먹던 것을 외식서비스로 대체하는 것입니다. 가정에서 노인을 간병하던 것을 마을공동체가 못하니 지금은 돈을 지불하고 서비스를 맡깁니다. 아이의 경우도 그렇습니다. 마을공동체에서 키우면 되는데 탁아소를 만들 수밖에 없어졌습니다.

생각해보면 서비스란 GDP와 비경제활동을 합한 것으로 이루어져 있습니다. 그렇기 때문에 돈을 지불하는 서비스도 있고 돈을 지불하지 않고 받을 수 있는 서비스도 있습니다. 이들의 합이 바로 우리가 누리는 풍요로운 삶인 것이지요.

경제학은 행복을 논하는 학문인가

경제학은 GDP를 다루는 학문, 돈에 관한 학문입니다. 또한 경제학자는 경기나 경제성장을 논하는 사람으로 인식되기 때문에 행복이라든지 풍요로움에 관해 말을 하면 이상하게 생각합니다. 그러나 경제학의 목적은 인류를 좀 더 행복하게 하기 위함이므로 경제성장만이 중요한 것은 아닙니다. 인류를 행복하게 하기 위해 지금 우리가 가진 자산 가운데 이용 가능한 자원을 효율적으로 배분하는 것, 그리고 가능한 범위에서 자산을 늘리는 것이 경제학의 역할입니다. 모두가 행복해질 수 있을 만큼 물자가 풍족하다면 얼마든지 모두가 행복할 수 있을 것입니다. 모두에게 떡을 나누어 주면 되는 것입니다. 그러나 한 사람에게 나누어 줄 수 있는 양에는 한계가 있습니다. 2,000명에게 나누어 주는 것도 쉬운 일이 아닙니다. 시간이나 재료의 한계도 있습니다. 예를 들어 오늘 2,000명에게 떡을 나누어 주기 위해 상점에 가서 '지금 바로 떡 2,000개를 만들어 달라' 하고 주문하는 것도 무리입니다. 시간, 돈, 재료라는 한정된 자원으로 모두를 행복하게 하기 위해 어떻게 하면 좋을까 하는 생각을 하며 온갖 지혜를 짜냅니다. 추첨으로 정하거나 크기를 줄이거나 대화로 정신적인 만족을 주는 등 기타 여러 방법이 있을 것입니다. 그렇듯 한정된 자원의 분배를 고민하는 것이 경제학입니다.

  그럼 한정된 자원 중에서 가장 부족하다고 느끼는 것이 무엇일까요? 바로 돈입니다. 음식물은 어느 정도 있으면 만족합니다. 배가 부르다거나 1년 치 식량이 비축될 경우에는 만족합니다. 그러나 돈은 가지면 가질수록 더 갖고 싶어집니다. 그래서 사람이 가장 부족하다고 느끼는 것이 바로 돈입니다. 돈을 분배하지 않으면 많은 사람이 불행을 느끼기 때문에 제대로 분배해야 합니다. 그것이 경제학을 돈의 학문이라고 부르는 가장 큰 이유인 것입니다.

  다만 한정된 자원을 효율적으로 분배할 때 지켜야 할 기준이 두 가지 있습니다. '효율성'과 '공정성'입니다. 경제학자에게는 '냉정한 사고'와 '따뜻한 마음'의 균형이 필수적입니다. 부족한 것은 부족하다고 인정해야 합니다. 즉, 전원을 모두 만족시킬 수는 없습니다. 우선 그 상황을 이해해야 합니다. 그 가운데서 어느 정도 규칙은 정하지만 구제할 방법이 없는 어려운 사람이라거나 아무리 생각해도 이 사람이 손해를 보는 것은 이상하다는 경우가 있으면 어떻게든 도움을 주기 위해 고민을 계속하는 것이 공정성, 즉 따뜻한 마음입니다.

  이렇게 제대로 균형 있게 생각하는 경제학자와 냉철한 머리만 가진 경제학자 두 부류가 있습니다. 일본에서 쌀을 생산하는 것은 비효율적이기 때문에 그만두어야 한다고 주장하는 학자가 있는데 그런 사람은 농사짓는 사람의 마음을 모릅니다. 분명히 여러분도 그것은 효율적이지 않다고 생각할 것입니다. 현재 일본의 농가는 아무리 따져도 적자입니다. 할아버지가 제발 부탁한다고 하니 어쩔 수 없이 한다는 식입니다. 제 친구 부모님은 논에 생활 폐수가 흘러들어오는 바람에 수질이 나빠져서 생산한 쌀을 전부 농협에 판답니다. 가격이 싸기 때문에 기계 값 등을 따지면 적자랍니다. 게다가 자기 식구를 위해서는 따로 좋은 쌀을 사 먹는답니다. 왜 그렇게까지 해야 하는지 이해가 되지 않았지만 최근 들어 겨우 그분의 마음을 이해할 수 있었습니다. 논은 일가一家의 역사와 추억이 담긴 삶의 터전이고 이들에게는 이를 계승해나가야 할 의무가 있기 때문입니다. 돈으로 환산할 수 없다고 해서 사람의 마음, 즉 정서적인 부분을 무시한다면 진정한 의미의 경제학은 성립되지 않는 것이지요.

일본이 농업을 포기하는 것이 효율적이라는 논리는 실업 문제, 환경 문제, 인간이 태어나 성장하는 장소 등을 생각하면 그렇게 간단한 문제가 아닙니다. 여러 가지를 고려하면 아마 비용은 들어도 농업을 제대로 하는 편이 효율적이라는 결론이 나올지도 모릅니다. 개인적으로는 그 쪽이 더 효율적일 것이라고 생각합니다.

행복의 기준이란 무엇인가

행복에 관한 문제는 저 같은 경제학자가 다루기 힘든 주제인데요. 스위스의 학자 브루노 프라이Bruno S. Frey와 알로이스 스터처Alois Stutzer가 인간이 어떤 때 행복을 느끼는지 조사한 것을 보면[2] 첫 번째는 소득이고, 두 번째는 가정생활이었습니다. 결혼 여부와 자녀

---

2 B. Frey and A. Stutzer, *Happiness of Economics*. 행복을 경제학적 관점에서 분석했으며 최근 이와 유사한 연구가 증가하고 있다[옮긴이 주: 알로이스 스터처·브루노 프라이, 『경제학 행복을 말하다』, 김민주 옮김(예문, 2008)].

의 유무도 영향이 있는 것 같습니다. 독신과 이혼한 사람은 행복도가 낮다는 통계수치가 나와 있습니다. 그리고 직업, 즉 사회적 지위입니다. 정치 참여도의 영향력도 크다고 합니다. 어디까지나 이것은 하나의 조사 결과입니다. 이혼해서 홀가분하다고 느끼는 사람도 있으니까요.

다른 것은 대충 이해가 되지만 정치 참여라는 것은 그 파급 효과 때문에 중요합니다. 다시 말하면 자신의 생각이 정책에 반영되고 사회를 변화시킬 수 있다는 실감을 갖는 것, 혹은 그런 가능성이 사람을 행복으로 이끈다는 것입니다.

결과가 좋지 못해도 자신이 선택한 것이기 때문에 어쩔 수 없다고 생각합니다. 그러나 내가 모르는 곳에서 일방적으로 정책이 결정되고 그 결과 세상이 더 살기 어려워진다면 희망이 없어지는 것입니다. 그런 의미에서 정치 참여가 행복도에 영향을 준다고 할 수 있습니다.

개발도상국에서도 정치적 선택이 중요합니다. '민주주의는 나중에 하자, 경제가 성장할 때까지 우선은 먹고 살게 해줄 테니 강력한 지도자 밑에서 언론의 자유 없이 인내하자'가 개발도상국의 발전 논리입니다. 개발도상국에서는 흔히 이런 선택을 하는데요, 그러나 노벨상을 수상한 경제학자 아마르티아 센Amartya Sen은 그렇게 해서는 국민이 행복해질 수 없다고 했습니다.

'목적은 수단을 정당화하지 않는다'라는 말이 있습니다. 성장을 위해서라면 인권을 침해해도 된다는 논리는 인정할 수 없다고 생각합니다. 아무리 국가가 성장을 해도 짓밟힌 인권은 회복되지 않고 마음의 상처도 치유되지 않습니다. 그런 의미에서 같은 개발도상국이라도 선택에 따라 국민의 행복수준은 달라질 수 있습니다.

　마지막으로 행복의 기준이 되는 것은 하나의 인격체로 인정받는 것, 사회에 필요한 존재라는 실감입니다. '이제 당신 같은 사람은 필요 없어'가 아니라 하루 한 번씩 누군가로부터 '고마워요'라는 말을 듣는 것은 매우 중요합니다. 개발도상국 국민에게 의욕을 불어넣는 것은 하늘에서 음식이 떨어져서 '마음껏 먹어라'라는 것이 아니라 자신이 만든 물건을 사가는 사람이 '참 좋네요. 더 주세요'라고 말할 때일 것입니다. 그리고 조촐하지만 스스로 생계를 유지하며 소비자로서, 생산자로서 인정받는 것도 중요합니다. '너는 돈이 없을 테니까 내가 대신 내준다'와 같은 식의 사회복지가 아니라 '궁핍하지만 능력이 되는 만큼 지불하라'라고 손님으로서 인정해주는 것이 행복을 실감하게 하는 것입니다.

　소득은 행복의 요소이지만 그다지 중요하지 않아 보입니다. 어느 정도의 소득이면 만족할까요? 흥미로운 사실은 소득이 너무 많아도 만족하지 못한다는 것입니다. 중요한 포인트는 옆집보다 많은 것입니다. 그렇기 때문에 어려운 것입니다. 아무리 돈이 있어도 주변에 아는 사람이 모두 부자라면 행복할 수 없다는 것이죠. 행복은 상대적인 것이고 객관적으로 계산할 수 없는 것입니다.

개발도상국의 경우 언제 죽을지도 모를 궁핍함으로부터 이제 좀 살 것 같다는 수준으로 생활이 향상되었을 때 사회적으로 풍요로움을 느낄지도 모릅니다. 그러나 동시에 그 단계에서 사람이 행복하냐 하면 그것은 또 다른 문제입니다. 아무리 물량 공세로 개발도상국을 풍요롭게 하고 빈곤을 퇴치한다고 해도 그들이 행복할지는 알 수 없는 것입니다.

앞서 언급한 두 가지 성장의 종류와 마찬가지로 지금까지 돈을 들이지 않았던 것을 금전으로 환산한 경우도 있으며 돈이 없어도 어떻게든 살 수 있었던 이전과 달리 소득이 10배로 늘었는데도 먹고 살기 힘든 경우도 있습니다. 이러한 것을 생각하면 행복의 수준을 평가하는 것은 어려운 일입니다.

어떤 범위에서 행복의 수준을 평가하느냐에 따라 달라집니다. 앞서 일본, 북유럽, 라틴아메리카는 다르다고 말했습니다. 일본 국내에서도 간사이關西 지방, 주부中部 지방, 간토關東 지방이 다릅니다. 도호쿠東北 지방3도 다르지요. 규슈九州 지방은 더 다릅니다. 규슈에는 옛날에 굶어 죽는 사람이 한 명도 없었다고 합니다. 착취를 당했던 고통스러운 역사도 있었지만 바다에 나가면 물고기가 있고 산에 가면 열매가 있고 채소도

---

3 옮긴이 주: 일본 동북부 지방으로 농업의 중심지다.

어디에나 자라나고 말이지요.

제가 만난 규슈 사람은 '(자연환경 덕분에) 일하지 않아도 되었는데 어느덧 그럴 수 없게 변해버렸다'라고 말했습니다. 일할 필요성을 느끼지 않았는데 부지런히 일해서 돈을 더 벌자고 도시인이 와서 도로를 놓아 주었다는 것입니다.

이렇듯 지역의 차이도 있지만 궁극적으로는 개인의 차이입니다. 일류 대학을 나와 좋은 회사에 들어가는 것이 최선이라고 하지만 그렇다고 해서 그것을 실현한 사람이 모두 행복하냐 하면 그렇지 않습니다. '나는 예술가가 되고 싶었다'라고 말하는 사람이나, '나는 의사가 아니라 회사경영자가 되고 싶었다'라고 말하는 사람도 있을 것입니다. 부모나 사회, 주위 사람이 바라는 모습대로 성공을 해도 그 사람이 행복할 것이라는 보장은 어디에도 없습니다. 어떤 관점에서 바라보느냐에 따라 행복의 조건은 달라집니다.

행복의 요소

가정, 사회 참여 등 행복을 느끼는 요인을 앞서 언급했습니다. 어떤 공동체에 속해 있는지, 친구는 있는지, 돈은 넉넉한지, 다시 말해서 우리가 살아가는 데 필요한 기본 자원과 자산이 확실한지의 여부가 하나의 기준이 됩니다. 그러나 이것만으로는 충분하지 않습니다.

안전함, 안도감이 필요합니다. 지금 아무리 돈이 있어도 내년에 실업자가 될지도 모른다거나, 이전 책임자의 손해 배상이 나에게 청구되면 어쩌지 등을 걱정한다면 제대로 일을 할 수 없을 것입니다. 오늘날 우리 사회는 풍요로워진 것 같지만 안전함과 안도감을 느끼지 못하는 사람이 많습니다. 이렇게 해도 되는 건지 싶을 정도로 오늘날의 사회는 사람을 불안하게 합니다.

제가 만일 대학에서 교수직을 박탈당한다면 대충 2개월 정도 후에 큰 일이 일어날 것이라고 생각합니다. 도시인은 저축이 바닥나면 집에서 살 수 없습니다. 시골이라면 저축한 돈이 없어도 나름대로 어떻게든 살게 마련입니다. 채소는 밭에 나가면 있고 아니면 누군가 그냥 주기도 할 것입니다. 오늘날 도시인의 생활에는 안전함, 안도감이 없습니다. 이것도 행복의 중요한 요소입니다.

GDP를 대체할 수 있는 지표는 무엇인가

GDP를 경제발전의 척도로 이해하기 쉽지만 이 경우 사회적 자본에 대한 고려가 부족하다고 알려져 있습니다. 그래서 최근에는 GDP를 대체하는 최선의 평가 지표인 '그린 GDP Green GDP'라는, 환경을 고려한 소득지수로 GDP를 보정補正하자는 주장이 생겨났습니다.

지구온난화로 해수면이 최대 60cm까지 상승한다고 합니다. 현재는 만조 시 제방의 높이와 해수면의 차이가 60cm는 되니까 해수면이 상승해도 아무런 문제가 없다고 생각할 수 있습니다. 그러나 그렇지 않습니다. 왜냐하면 해일이 일어나기 때문입니다. 해일을 견딜 수 있을 정도로 제방을 높이기 위해서는 몇백억 엔이 들고, 이것은 공공사업에 해당합니다. 공공사업을 벌인 결과 GDP가 몇백억 엔이 올랐다고 합시다. 그렇게 되면 국가는 풍요로워진 것일까요? 그렇지 않습니다.

이런 것을 '방어적 지출'이라 하는데 향후 발생할 수 있는 문제를 예방하기 위한, 혹은 문제가 발생했을 때 대처하기 위한 지출을 말합니다. 이러한 지출이 발생하면 할수록 GDP는 상승하고 국가는 풍요로워진 것처럼 보입니다. 그러나 여기서 발생한 초과분은 지금까지 무시해온 환경 피해 등을 회복하는 데 쓰였으므로 결과적으로 풍요로워졌다고 할 수 없습니다. 이런 것을 모두 제거하고 조정한 것이 '그린 GDP'입니다.

또한 유엔이 제정한 인간개발지표, 환경 비정부기구NGO인 '지구의 친구Frends of the Earth'가 발표한 '지구행복도지수Happy Planet Index', 세계자연보호기금WWF의 '에콜로지컬 풋프린트Ecological Footprint'가 있습니다. '생태 발자국'이라고 번역되는 에콜로지컬 풋프린트는 현재 인간의 삶을 유지하는 데 어느 정도의 면적이 필요한지를 계산한 것입니다. 현재는 대략 2.4입니다. 지구가 2.4개가 있어야 오늘날 인류의 삶을 유지할 수 있다는 이야기입니다. 그러나 지구는 단 1개뿐입니다. 1.4개 분량을 지금까지 지구가 축적해두었던 자원이라고 했을 때 이것을 다 써버리고 1.4개 분량을 넘어섰다는 것입니다. 자원이 아무리 많아도 언젠가는 고갈될 것입니다. 그러나 1 이하의 수준에서 살면 매년 식물이 태양에너지를 비축해 모두가 나누어 사용할 수 있을 것입니다. 풋프린트가 1이면 현상 유지가 되겠지만 1.2라면 매년 0.2씩 탕진하는 것이 됩니다. 나아가 인류 전체가 선진국과 같은 생활을 한다면 지구가 6~7개는 필요할 것이라고 합니다. 이렇게 계산하는 것이 에콜로지컬 풋프린트입니다. 이것은 현재의 생활이 행복한지의 여부를 묻는 것이 아니라 현재의 생활이 지속 가능한지를 평가하는 지표입니다.

GDP를 없애고 그린 GDP로 하자거나 에콜로지컬 풋프린트로 하자는 의견도 있습니다. 그러나 그린 GDP를 선택한 후에도 상승, 혹은 하락했다는 말을 반복한다면 의미가 없습니다.

더 이해하기 쉬운 숫자도 있습니다. 작년에 비해 판매가 10% 증가했다거나 1초에 2.5명이 기아로 사망했다는 표현입니다. 하나의 숫자로 현재의 경제상태나 사회를 표현하려는 것이 단일지표입니다. 그러나 단 하나의 지표로 세상을 보거나 안다고 생각하는 것은 매우 위험한 발상입니다. 요컨대 하나로 묶는다는 것은 묶을 수 없는 것을 무시하고 무리하게 만들어진 발상이기 때문입니다.

예를 들면 대학을 선택할 때 학력편차치學力偏差値[4]만으로 선택하는 사람이 있을까요? 만일 자녀가 갈 대학을 학력편차치로만 결정했더니 오키나와 현에 있는 대학이 나왔다고 합시다. 도쿄에서 오키나와까지 가려면 교통비가 너무 많이 들기 때문에 대학생이 된 자녀는 도쿄의 부모 집에 오지 못합니다. 오랫동안 만나지 못하는 것은 부모도 바라는 바가 아닙니다. 그러니 학력편차치를 기준으로 어쩔 수 없는 선택을 하는 상황이 된다면 곤란하겠지요. 학력편차치만이 아니라 자신이 사는 지역을 고려하라고 말하고 싶습니다. 이 지역에 사는데 인근에 대학도 많다고 생각해봅시다. 그럼 가장 가까운 대학의 의학부에 갈지, 먼 곳으로

---

4 옮긴이 주: 학력 검사 결과를 표준편차로 환산한 것으로 일본 대학 입시의 기준 점수다.

갈지 선택할 수 있습니다. 또한 학부도 생각해야 하고 교수도 선택해야 합니다. 또 하나 중요한 것은 수업료입니다. 수업료가 비싸도 장학금이 있는 곳으로 갈지, 아니면 싼 곳으로 갈지 선택해야 합니다. 학비가 싸다고 자신과 맞지 않는 대학을 가면 안 되니까 돈에 치중하지 말고 학교를 우선적으로 선택하고 그다음에 학비를 고려하는 식의 선택이 필요합니다.

단일지표라는 것은 우선 누군가가 학력편차치로 합격선을 정하고 '네 능력, 즉 네 성적은 이 정도니까 여기가 적당하다'라는 식으로 정해버리는 것입니다. 단일지표는 알기 쉽다는 장점이 있지만 무서운 기준이기도 합니다.

최근에는 '다속성 평가'라는 것을 이용합니다. 경제학은 '효용'을 풍요로움이나 행복의 수준으로 분석합니다. 효용은 소비 수준으로 평가되는 것이 일반적입니다. 이에 비해 소득, 여가, 주변 환경이나 지속 가능성, 안전함, 안도감을 함께 고려해 평가하자는 것이 다속성 평가입니다.

위치는 도쿄이고, 학생의 수준은 이 정도이고, 수업료는 어느 정도인지도 판단해야 합니다. 물론 교육내용도 중요하겠지요. 이것을 하나로 정리해버리는 것이 아니라 다양한 관점에서 가장 좋은 것을 선택하려는 것이 다속성 평가입니다. 그렇기 때문에 '당신은 행복한가요'라고 물었을 때 이런 점은 행복하지만 이런 점은 행복하지 않다고 말하는데요, 소득은 올랐지만 환경은 나빠졌을 수 있지요. 이러한 얘기가 가능한 것이 다속성 평가입니다.

예를 들어 소득은 올랐지만 환경은 나빠졌고 여가는 늘어났다는 이야기는 왠지 지속 가능성에는 도움이 되지 않는 것 같은 생각이 듭니다.

그래서 '결국 좋다는 거야, 싫다는 거야 어느 쪽이야'라고 생각하겠죠. '어느 쪽이야!'라는 것은 이해하기 어렵다는 것인데요, 실은 이것이 바로 현실세계에 산다는 증거입니다. 어림잡아 30% 정도 행복해졌다고 말한다면 이 어림잡는 것에 반드시 누락되는 부분이 따릅니다. 이렇듯 누락될 수도 있다는 발상이 현대사회의 문제, 사회 병리 현상을 조장했다고 생각합니다. 누락된 것이란 아마도 사회의 윤택함, 풍요로움일 것입니다. 그것을 마구 생략하거나 돈으로 환산한 것이 현대사회라고 생각합니다. 이해하기 어렵겠지만 다속성 평가를 기억해야 합니다.

이 책의 주제이기도 한 부탄의 전 국왕이 제창했던 국민총행복GNH 지수가 있습니다. 일본의 풍요로움을 GNH로 환산하면 얼마가 된다는 이야기가 아닙니다. 행복의 척도라는 것은 숫자로는 좀처럼 표현할 수 없고 숫자로 표현한다고 해도 두서너 가지 정도 있을 것이며 말이 아니면 표현할 수 없는 부분도 있을 것입니다. GDP는 한마디로 표현할 수 있는데 GNH는 한마디로 표현할 수 없기 때문에 안 된다는 것이 아니라 행복의 기준을 '모르기' 때문에 더 중요한 것을 포함하는 것이라고 생각해봅시다.

한계를 안다는 것

또 한 가지 생각하고자 하는 것은 어디까지 행복하면 좋을지, 어디까지 풍요로우면 되는지의 문제입니다. GDP를 대체하는 풍요로움이나 행복의 지표를 만든다고 해도 아마 어디까지라는 한계는 없을 것입니다. 크면 클수록 좋다는 생각이지요. 유일하게 에콜로지컬 풋프린트만 '지구 1개의 분량'이라는 균형에 맞는 수준이 정해져 있습니다.

소득도 많으면 많을수록 좋다고 말하지만 IT 기업의 오너도 실제는 연 수입 5,000만 엔이면 충분하다는 이야기가 있습니다. 그러나 돈에 더욱 욕심이 나서 점점 더 많은 수입을 원하지요. 지표도 어느 정도까지라는 기준을 만들어야 합니다. 그러기 위해서는 많으면 많을수록 좋다는 식의 '욕망'의 본질을 인정해야겠지요. 아무래도 인간은 더 많이 가지고 싶어 하기 마련입니다. 이것은 어쩔 수 없는 본능입니다.

'만족을 안다知足'라는 말은 불교에서 사용되어왔습니다. 그러나 이 말도 종교적으로나 윤리적으로나 여러 문제가 있었던 탓에 (일본에서는) 제2차세계대전을 전후로 금기시되었습니다. '지금 이런 일을 한다'라고 학생에게 말했더니 '왠지 종교 냄새가 나요, 선생님'이라고 하더군요. 엉겁결에 '종교가 아니야'라고 했지만 종교가 특별히 나쁜 것은 아니지요. '종교 냄새가 난다'라는 학생의 말도 이상하고 '종교가 아니야'라고 말한 저도 이상합니다.

구체적인 종교를 가지지 않은 사람이 있을지도 모르지만 실은 각자 마음속에 어떤 종류든 신앙심이 있기 때문에 도를 넘지 않는 선에서, 혹은 해서 좋은 것과 나쁜 것을 자신이 안다는 의미에서 (만족을 안다는 것은) 하나의 기준이 됩니다.

부족하다는 이유로 더욱 욕심을 내는 것이 아니라 어느 정도의 선에서 만족하면 마음의 평안을 얻을 수 있습니다. 부족하더라도 이 정도에서 만족해야지 하는 것이 아마도 종교의 역할이었을 것입니다. 그것을

'종교 냄새가 난다'라고 싫어하니 현대의 일본 사회는 욕망을 통제할 수 없는 상태가 된 것입니다. 계속 비탈길을 굴러가는 셈입니다. 욕망이 욕망을 낳는 상황인 것입니다.

만족이 없는 상황에서 목표가 실현되면 어떻게 될까요? 예전에 '소득 증배계획'이라는 것이 있었습니다. 소득이 증대되었을 때 일본인은 만족했을까요? 아니요, 오히려 '좀 더 많이 달라'라는 반응을 보였습니다. 이것이 가능해졌으니까 저것도 달라는 것입니다. 경영 목표 역시 마찬가지입니다. 매년 전년 대비 몇 %는 성장해야 한다는 목표를 세우고 그것이 달성되면 다음 목표를 제시하는 것입니다.

마지막으로 제가 좋아하는 19세기 말 프랑스인 목사님인 샤를르 바그네르Charles Wagner의 『소박한 생활La Vie Simple』이라는 책을 소개하겠습니다. 다음은 이 책의 7장에 있는 '소박한 즐거움'의 한 구절입니다.

행복과 돈 ― 사람은 이것을 새의 두 날개라고 믿네.
슬프도다. 이것은 큰 착각인 것을!
행복은 세상의 참으로 소중한 모든 것과 마찬가지로
살 수도 팔 수도 없는 것.
행복을 위해서는 스스로 행복해하지 않으면 안 되나니.

예를 들어 모처럼 디즈니랜드에 가거나 자연을 접해도 즐길 줄 모르는 사람이 있습니다. 왠지 의욕이 생기지 않는 사람입니다. 디즈니랜드에 가면 모두 머리에 이상한 것을 쓰고 다니는 것이 즐거운 듯 보이지요. 그런데 의욕이 없는 사람은 부러워만 할 뿐 그것을 즐길 생각을 하지 않습니다. 그러나 일단 즐기기 시작하면 그처럼 즐거운 일이 없습니다. 즐기는 법을 아는 것, 그것은 행복과 풍요로움을 실감하는 하나의 방법입니다.

가치관을 관찰하는 방법도 있습니다. 자신의 상황을 알고 양에서 질로 기준을 전환한다거나 남들이 하는 것을 어느 정도는 따라서 해야겠지만 자기 스스로 판단의 기준을 정한다거나 혹은 부족한 것이 많아도 그 안에서 즐길 줄 아는 것이 매우 중요합니다. 자신을 있는 그대로 드러내면 끝장이라는 생각으로 스스로를 궁지에 몰아넣는 사람도 있지만 이제 그만 둡시다. 좀 더 자신을 너그럽게 바라봅시다. 열심히 노력하니까 괜찮다고 격려합시다.

또 한 가지 중요한 것은 자신의 가치관을 관찰할 수 있는 상태를 만드는 것입니다. 가치관을 관찰할 수 있는 상태라는 것은 '나는 이런 세상이 좋다'라고 생각하는 상태를 말하지만 생각만으로 세상은 변하지 않습니다. 그것을 다른 사람이 알 수 있도록 하는 것입니다. '너도 그렇니? 나도 그래. 아무한테도 말하지 않았지만.' 이렇게 가치관을 공유하는 것이 중요합니다.

그것을 실천할 수 있는 방법이 몇 가지 있는데 그중 하나는 역시 정치입니다. 정치라고 하면 이것도 종교와 마찬가지로 왠지 모두 무서워하거나 싫어하지만 정치 채널은 보통사람이 사회에 대한 의견을 말하는 기본적인 통로입니다. 그리고 소비경제의 사회에는 또 하나의 채널이 있는데 바로 소비자 행동입니다. 같은 종류의 물건을 살 때에도 이것은 환경에 좋은 것, 이것은 공정무역 상품, 이것은 유기농작물 등과 같이 의식하며 소비하는 것입니다. 소비자의 의식 있는 소비와 여러 기업의 참가 및 정부의 지원으로 점차 세상은 변화될 것입니다.

이러한 채널을 키워나가는 것은 중요한 일입니다. 이를 위해서 '이것이 좋겠다'라고 생각한다면 행동으로 옮겨야 합니다. 지금까지 그렇게 해오지 않았기 때문에 우리는 무턱대고 싼 것을 구매했습니다. 한 달에 한 번이라도 좋으니 제대로 된 물건을 구입합시다. 더 많이 팔렸으면 좋겠다고 생각하는 것을 삽시다. 그렇게 하지 않으면 세상은 변하지 않습니다.

쓰지 신이치 교수와의 대담

쓰지: 앞서 말씀하신 것 가운데 '궁극적으로 어떠한 사회를 구현하고 싶은지 비전을 가지고 선택하는 것이 중요하다'라는 말씀이 있었습니다. '인생'의 설계가 아니라 '어떠한 사회를' 만들어야 한다는 것을 의도하셨다면 그 이유를 들려주십시오.

사카타: 저는 개인의 삶이 환경에 크게 영향을 받는다고 생각합니다. 따라서 나 홀로 무엇인가를 하려고 해도 좀처럼 잘 되지 않는 것이 있습니다. 예를 들면 저는 환경 문제 중에서 쓰레기 문제를 해결하려고 합니다. 어느 날 대형마트에서 물건을 산 후 비닐봉투가 필요 없는데도 멍하게 서 있는 바람에 말하는 것을 잊어버려 쓸데없이 받은 적이 있었습니다. 비닐봉투를 사용하기 싫어서 옆에 놔두었는데 어떤 아주머니가 봉투를 슬쩍 가져가더니 '받지 않으면 손해에요'라며 저에게 들으라는 듯이 말하면서 가져가 버렸습니다. 이런 사회환경에서는 아무리 혼자서

비닐봉투를 쓰지 않겠다고 해도 별 의미가 없겠다고 생각했습니다.

그러나 사회는 변할 수 있다고 생각합니다. 내가 생각한 것을 표현하면 찬동하는 사람이 나타나고 그러면서 점점 변화되어가는 것입니다. 50년 정도는 걸릴 것이라고 생각하지만 긴 안목으로 보면 조금씩 좋아지는 것입니다. 그날을 위해서 우선 어느 방향으로 갈 것인지를 생각하는 것이 중요합니다.

쓰지: 사회 전체가 하나의 비전을 가지자고 말해도 좀처럼 어려운 것이 현실입니다. 비전을 갖는다고 할 때 주체는 사회구성원 한 사람 한 사람이라는 말씀이십니까?

시카타: 비전을 가진 개인과 그러한 개인이 모인 단체가 취사선택의 과정을 통해 하나의 비전을 갖는 것입니다. 좋은 의미에서 비전의 경쟁이지요. 그리고 그것이 사회 전체의 방향을 정해나가는 것입니다. 각 개인의 비전이 집단의 비전이 되고 궁극적으로는 그것이 사회 전체의 운동으로 연결될 것입니다. 사회 전체가 하나의 비전을 공유하는 것은 효율적이라고 생각하지만 좀 부정적인 생각도 듭니다. 환경파시즘이라는 말이 있습니다. 환경 문제를 생각하지 않는 사람은 인간도 아니라는 발상인데 이것도 왠지 위험한 생각이지요.

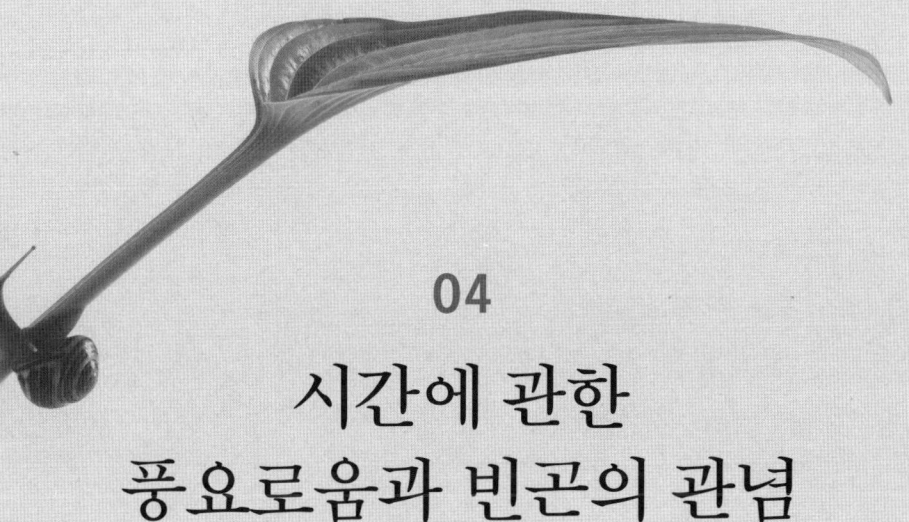

04

시간에 관한
풍요로움과 빈곤의 관념

'시간 없다'라는 사회에 대한 의문 제기

—

니시모토 이쿠코

니시모토 이쿠코西本郁子

필리핀에 체재하면서 시간의식의 사회적 차이에 관심을 갖기 시작했고, 현재 영국에서 박사논문을 집필 중이다. 도쿄대학東京大學 첨단과학기술연구센터 협력연구원으로 국제일본문화연구센터에서 시간의 역사에 관한 공동연구에 참여하면서 사이타마대학埼玉大學, 메이지가쿠인대학明治學院大學에서 강사로 근무한다. 취미로 시계와 시간을 모티브로 한 우표 수집을 시작했으며 저서로는『時間意識の近代』(法政大學出版局, 2006), 공저로『遲刻の誕生: 近代日本における時間意識の形成』(三元社, 2001) 등이 있다.

사회의 가속화 현상

지금부터 '시간'이라는 관점에서 이야기를 하려고 합니다.

쓰지 신이치辻信一 선생님의 저서 『슬로 이즈 뷰티풀Slow is Beautiful』과 시마무라 나쓰島村菜津 씨의 『슬로푸드Slow Food』는 모두 '슬로'라는 단어가 키워드입니다. 20세기 말에서 21세기에 걸쳐 '슬로'라는 문제가 제기되었습니다. 마침 이 시기는 컴퓨터와 인터넷이 보급되면서 일본 사회가 변화된 때이기도 합니다. 사회의 속도는 빨라졌습니다. 우리가 일상생활에서 새로운 속도에 직면해 고통을 느낄 때 이 두 분은 어느 누구보다 앞서 이 문제를 정확하게 지적하셨습니다.

저도 두 분의 책을 매우 흥미롭게 읽었습니다. 지금까지 시간의 역사에 대한 연구를 해온 사람으로서 많은 관심을 공유했습니다. 사회의 속도를 생각하는 동안 하나의 의문점이 머리에 떠올랐습니다. "오늘날 이처럼 '슬로'를 주창하는 것은 역사적으로 새로운 현상일까? 20세기 말부터 일본 사회가 급격히 변화한 것은 분명하지만 가속도가 붙었다고 느낀다면 우리는 지금 매우 특이한 경험을 하는 것일까? 우리는 사상 최초의 가속화 사건의 목격자일까?"라는 의문입니다.

결론부터 말하자면 사실은 우리가 처음이 아니었습니다. 역사를 거슬러 올라가 살펴보면 '여유를 가졌으면 좋겠다'라는 말이 이전 시대에

---

* 이 장에서 인용한 문헌은 읽기 쉽게 현대어로 표기했습니다. 또한 도판과 우표는 세이코시계 자료관에 근무하는 우표수집가 구시다 히토시串田均 씨로부터 자문 및 자료 제공을 받은 것입니다. 다시 한 번 감사드립니다.

<그림 4-1> 후지산타로

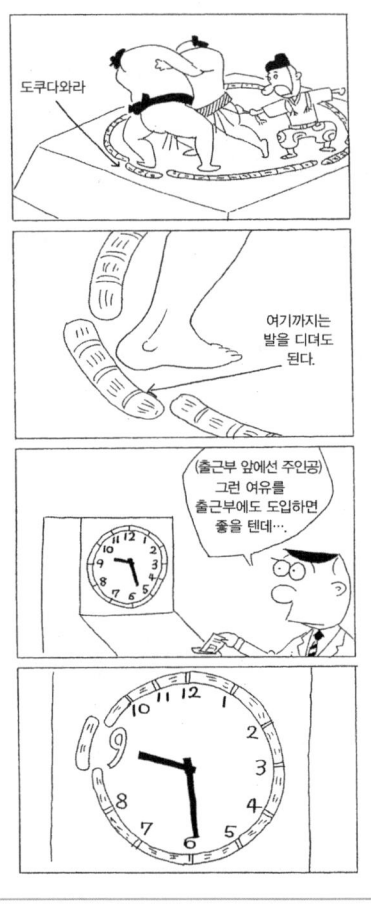

도쿠다와라

여기까지는
발을 디뎌도
된다.

(출근부 앞에선 주인공)
그런 여유를
출근부에도 도입하면
좋을 텐데…

도 있었습니다. 예를 들면 1970년대입니다. 한 예로 신문에 게재된 만화를 소개하겠습니다. 여러분도 잘 아시다시피 1975년 9월 26일자 ≪아사히신문≫에 게재된 사토 산페이サトウ サンペイ의 '후지산타로フジ三太郎'입니다.

스모의 도효, 즉 스모판에는 완전한 원이 아니라 '도쿠다와라'라는 밖으로 튀어나온 부분이 있습니다. 이것은 스모판에서 동서남북을 표시하는 기능을 합니다. 거기까지는 발을 디뎌도 됩니다. 주인공은 도쿠다와라를 시간에 도입하는 착상을 한 것입니다. 회사의 근무시간을 아침 9시 정각으로 정해놓기보다 조금은 여유를 두는 것이 좋지 않을까 하고 말입니다. 이것은 국기国技인 스모를 힌트 삼아 우리의 마음을 잘 대변해주었습니다.

최근에 '좁은 일본에서 어디를 그렇게 서둘러 가는가'라는 교통 안전 표어나 '천천히 가자, 우리는'이라는 텔레비전 광고가 유행했습니다. 기억하시는 분이 많을 것입니다.

그리고 잊지 말아야 하는 것이 1973년 출간된 미카엘 엔데Michael Ende[1]의 『모모Momo』입니다. 이 훌륭한 책은 일본에서도 많은 독자의 공감을 불러일으켰습니다. 외래어인 '슬로'는 아니었지만 '천천히', '느긋하게', '여유'를 요구하는 목소리가 있었습니다.

저의 의문은 또다시 늘어났습니다. 그럼, 사회가 급속하게 움직이는 현상은 20세기 후반에만 해당되는 것일까? 그전에도 있었습니다. 역사를 좀 더 거슬러 올라가 보면 일본의 역사, 특히 에도江戸시대 말기부터 메이지明治시대 이후 오늘날까지 의외로 많은 곳에서 사회가 급속하게 움직이는 것을 염려하고 비판했던 평론가의 목소리가 들려옵니다. '이래서는 안 된다', '좀 더 천천히 가는 방법은 없는 것일까'와 같은 말을 여러 곳에서 들을 수 있습니다.

왜 사회의 속도는 점점 빨라지는 것일까요? 물론 오늘날 우리 사회의 속도를 숫자로 측정해서 에도시대나 메이지시대, 또는 1945년 이전과 비교한다면 아마 지금이 가장 빠르겠지요. 그러나 역사를 되돌아보면 과거에도 과거 나름의, 그전 시대에는 없었던 속도가 있었습니다. 새로운 속도에 도달하면 사람은 항상 당혹감에 휩싸입니다. 오늘날 언뜻 보기에 에도시대는 '슬로'한 사회였을 것이라 생각합니다. 그러나 당시 사람의 입장에서 보면 반드시 그렇지만은 않습니다. 오규 소라이荻生徂徠[2]는 『정담政談』이라는 저서에서 '바쁜 풍속'이 만연한 당시의 사회를 몇 가지 예를 들어 비판했습니다. 에도시대 중기의 일입니다. 그러니까 에도시대의 사회상을 무조건 미화하거나 단순화하지 않도록 주의해야 합니다.

---

1 옮긴이 주: 독일의 작가이자 비평가.
2 옮긴이 주: 유학자, 정치사상가.

지금부터 몇 가지 자료를 소개하면서 역사, 특히 메이지시대 이후를 돌아보고 이전 시대에 나타났던 과속화와 그에 대한 불만이나 비판을 고찰하고자 합니다. 과거를 통해 현재의 상황을 조금이라도 깊이 이해할 수 있기를 바랍니다.

'시간 엄수'라는 숨 막힘

우리 사회는 왜 이렇게 바쁘고 사회의 속도는 왜 자꾸만 빨라질까요? 몇 가지 원인이 있는데 그중 하나를 소개하겠습니다. 시간 약속을 하면 그 약속을 지켜야 합니다. 어느 정도의 엄밀함이 요구되느냐가 포인트입니다. 오늘 이 강의도 1시 15분에 시작한다고 사전에 몇 번이나 말씀드렸습니다. 다시 말하면 지각하지 말라고 거듭 당부한 것입니다. 실제로 15분 정각에 시작했습니다. 그뿐 아니라 역에서 대학까지의 마을버스 시간표도 사전에 첨부해드렸습니다. 버스는 11시 35분 혹은 12시 15분과 같이 정해진 시간에 정확하게 출발합니다. 우리는 매우 정확하게 움직이는 사회에 살고 있습니다.

우리 사회는 시계를 기준으로 정확하게 움직입니다. 마치 사회 전체가 하나의 거대한 시계가 되어버린 것 같습니다. 특히 열차시각표의 정확함은 세계 어디에서도 유례를 찾아볼 수 없을 정도임을 여러분은 잘 알고 계실 것입니다. 이렇듯 시간을 엄수한다는 것은 바로 '바쁨, 시간 없음'의 원인이 됩니다. 사회생활의 규칙이자 매너로서 시간약속을 지키는 것은 당연한 일이기 때문입니다. 5분이나 10분이라도 늦으면 겸연

찍어지기 때문에 그렇게 되지 않도록 신경을 쓰고, 그것이 우리를 숨 막히게 하는 원인이 됩니다.

'시간 엄수'라는 말이 있습니다. 영어로는 '펑츄얼리티punctuality'라고 합니다. 이 '펑츄얼리티'라는 단어는 원래 라틴어인 '펑텀punctum'이라는 말에서 유래했습니다. '점'이라는 뜻입니다. 시간의 축 위에 있는 작은 한 점을 목표로 행동하려는 것이다 보니 당연히 시간 엄수는 어려운 것입니다.

여담인데 마쓰모토 세이초松本清張라는 작가를 잘 아시지요. 제가 전에 다녔던 도쿄 스기나미杉並 구에 있는 중학교 뒤쪽에 그분의 저택이 있었는데 와후쿠和服 차림으로 역 앞을 산책하던 마쓰모토 씨와 부딪힐 뻔했던 일이 떠오릅니다. 대표작 가운데『점과 선点と線』이라는 작품이 있습니다. 오늘날 소설이나 텔레비전 드라마로 인기가 있는 '철도 미스테리'라는 장르의 선구적인 작품입니다. 1950년대, 아직 신칸센新幹線이 없었던 시대의 도쿄역에 플랫폼이 보이는 '공백'의 4분이 있고, 불과 몇 분 되지 않는 시간이 알리바이가 되거나 사건의 열쇠가 됩니다. 열차 운행이 정확하다는 전제하에 가능한 스토리인 이 작품의 제목에 '점'이라는 말이 있는 것도 정확한 시각과 관계가 있겠지요. 매우 흥미로운 발상입니다.

시간의 '점'을 좀 더 완만하게 표현하면 '대帶', 즉 시간대라고 표현할 수 있는데 시간을 일정한 폭(간격)을 지닌 것으로 받아들인다면 여유로운 사회가 될 것입니다.

그런데 시간 엄수를 요구하기 시작하면서 시간의 폭이 점점 좁아져서 한 점에 해당하는 '이 시간에 오라'거나 일을 '이 시간까지 끝내'라고 요구하는 사회가 되고 말았습니다. 점을 세는 방법도 1분 혹은 더 세밀하게 '초' 단위를 요구합니다. 시간 엄수를 요구하는 환경이 '바쁨, 시간

없음'을 가속화하는 원인이 아닐까요?

일본 사회의 '바쁨'을 증명한 실험

이처럼 1970년대에 이미 일본 사회가 가속화되었음을 알 수 있습니다. 또 하나 예를 들어보겠습니다. 일본 사회와 다른 사회를 비교했을 때 일본이 어느 정도 빠를까요? 이것을 1980년대 전반기에 검증한 사람이 있습니다. 원래는 심리학 전문 잡지에 발표되었는데 그 논문의 영어 문장이 매우 읽기 쉬워 거의 그대로 고등학교 교과서에 실렸습니다.

미국의 연구자가 일본, 미국, 영국, 이탈리아, 타이완, 인도네시아 6개국의 생활 속도를 3개의 지표에 따라 비교했습니다. 각 국가의 대도시와 중간 규모의 도시 두 곳을 측정했습니다. 일본에서는 도쿄와 센다이仙臺입니다.

조사 기준은 첫째, 은행에 있는 시계의 정확함이고 둘째, 사람이 거리를 걷는 속도 셋째, 우체국에서 자주 사용되는 우표를 한 장 살 때 액수가 큰 지폐를 내고 거스름돈을 받는 데 걸리는 속도로 정했습니다. 그 결과 세 가지 모두 일본이 가장 빨랐음이 증명되었습니다. 종합 순위 2위가 미국, 3위는 영국, 그다음이 이탈리아와 타이완 순이었습니다. 최하위인 인도네시아는 거의 측정이 불가능했습니다. 예를 들어 우체국에 가면 밖에서 기다리는 사람이 말을 겁니다. 연구자가 미국사람인 것을 알고 '내 친척이 미국에 있는데 ······'라고 말을 거는 식입니다. 거의 실험을 할 수 있는 상황이 아니었습니다. 어쨌든 이 결과로 보면 국가에 따라 일의 능률과 속도에 차이가 있음이 명료해졌습니다. 그리고 일본은 그 당시에도 속도가 빠른 사회였음이 객관적으로 증명되었습니다.

이 연구자가 나중에 좀 더 규모가 큰 조사에 착수해서 조사대상을 40여 개국으로 확대했습니다. 대상 국가 수가 증가하고 보니 일본의 순위도 약간 떨어졌습니다. 1위는 스위스였습니다. 전통적으로 시계 산업이 유명하다는 사실에서 시계와 사회의 속도가 어느 정도 관련이 있을지도 모르겠습니다. 그다음은 아일랜드이고, 다음이 독일입니다. 모두가 공업국가라는 점에서 상위를 차지한 것은 대충 이해가 갑니다. 4위는 일본입니다. 좀 의외였던 것은 5위가 이탈리아라는 점입니다.

이 조사를 실시한 사람에 따르면 이 차이는 불과 얼마 되지 않기 때문에 일본이 유럽의 국가와 비교했을 때 많이 늦은 것은 아니라는 것입니다. 예를 들어 일본에서는 우체국에서 우표를 사면 따로 부탁하지 않아도 정중하게 봉투에 넣어 주지요. 그러한 부가적인 서비스가 있는 것은 일본뿐이고, 유럽에서는 그런 서비스가 없다는 점을 감안한다면 별반 차이가 없다는 것입니다. 1990년대에 들어서도 변함없이 일본 사회의 속도는 상당히 빠른 것으로 증명된 것입니다.

시간의 문화와 공업

일본에서 가속화가 진행된 배경에는 새로운 과학기술의 발전이 있습니다. '적시 관리Just in Time', 다른 말로 표현하면 '도요타의 생산방식'이 자동차 산업계에서 표준화된 것입니다. 1950년대에 개발되어 이후 개량을 거듭하다가 각광을 받은 것이 1970년대 초 석유 파동기 때부터입니다.

석유 파동 때문에 세계적으로 경기가 침체된 가운데 일본만이 독보적으로 앞서나갔습니다. 그 원동력이 무엇인지 찾는 도중 주목을 받은 것이 철저하게 불합리와 낭비를 없앤 도요타의 생산방식이었습니다. 생산 공정 가운데 사정상 불량품이 나오는 것은 피할 수 없지만 가능한 한 손실을 줄이고, 불량품이 나오면 즉각 수리하는 시스템으로 고품질의 일본 제품의 우수성을 세계에 알릴 수 있었습니다. 단, 실제 그러한 시스템하에서 일하는 사람에게는 그것이 잔혹한 작업임은 종종 지적되었습니다.

철저하게 낭비를 없애고 각각의 공정에 걸리는 시간을 1, 2초 단위로 줄여 한 대당 시간을 단축한 결과 몇백 대 몇만 대의 자동차를 생산하는 데 걸리는 시간을 대폭 줄일 수 있었던 것이지요. 이러한 시스템이 자동차 산업뿐 아니라 다른 산업 분야와 사무작업에까지 응용되었습니다. 이전까지는 약간의 휴식 시간이나 자투리 시간 등 일종의 여유 시간이 있었지만 도요타의 생산방식은 그러한 시간을 작업에서 철저히 배제해 직접적인 이익을 창출하는 작업만으로 이루어지도록 했습니다. 이렇듯 공장과 회사의 일은 밀도 높고 고통스러운 '바쁜' 일이 되었고, 사회 전반의 속도도 빨라졌습니다.

계절에 따라 달랐던 에도시대의 시간

좀 더 옛날로 거슬러 올라가 봅시다. 일본 사회는 언제부터 이렇게 속도가 빨라진 것일까요?

시계를 사용한 것이 역시 가장 큰 원인입니다. 사회 전반으로 시계의 사용이 확대된 시기는 메이지시대입니다. 오늘날 우리가 사용하는 시각의 제도, 즉 몇 시 몇 분이라는 표기 방법은 1873년(메이지 6년)부터 시작되었습니다.

드라마를 통해 잘 아시겠지만 1873년 이전까지는 초목도 잠자는 한밤중의 시각을 '우시미쓰도키丑三つ時',³ 새벽에 해가 뜨는 시각을 '아케무쓰明け六つ',⁴ 반대로 해가 지는 시각을 '구레무쓰暮れ六つ'⁵라고 표현했습니다.

오늘날의 시각 시스템을 '정시법'이라 하고 에도시대의 시각 시스템을 '부정시법'이라고 합니다. 정시법이라는 것은 1~2시, 2~3시처럼 시간 간격이 균등한 구조를 말합니다. 그럼 부정시법이란 무엇일까요?

몇 년 전, 도쿄의 어떤 유명 사립중학교의 입학시험에 '부정시법이었던 에도시대의 모습을 간단하게 정리한 후 오늘날 사용하는 정시법의 시점에서 에도시대 부정시법의 특징을 서술하시오'라는 문제가 출제되었습니다. 중학교 입시이므로 초등학생이 푸는 문제로서는 매우 어려운 수준이었지요.

간단하게 답을 말하자면 '계절에 따라 시간의 길이가 변한다'라는 것

---

3 옮긴이 주: 오전 2~3시 사이.
4 옮긴이 주: 오전 6시경.
5 옮긴이 주: 오후 6시경.

입니다. 일출부터 일몰까지의 시간을 6등분해 지금의 약 2시간에 해당하는 시간을 '잇토키 一刻'라고 불렀습니다. 여름에는 일출이 빠른 날이 많지만 겨울은 반대로 그런 날이 적습니다. 여름과 겨울의 일조시간이 다르지만 둘 다 6등분합니다. 계절이 바뀜에 따라 하루의 길이가 변하기 때문에 잇토키는 1년을 통틀어 정해진 길이가 없었습니다.

당시에는 몇 시 몇 분이라는 세분화된 시간감각도 없었고 시계는 있었지만 실생활과 거의 관계가 없었습니다. 일출시각과 태양이 가장 높이 떠 있는 정오, 일몰시각, 이렇게 세 가지만 존재했습니다. 이 정도로 시간에 대한 감각은 무뎠고, 밝을 때 일하고 어두워지면 쉬는 리듬으로 생활했습니다. 예를 들어 점심을 먹는 것은 배가 고플 때지 12시가 되었기 때문에 점심을 먹어야 한다는 사회가 아니었습니다.

이러한 모습을 영국외교관의 통역사로 일하면서 곳곳을 여행하던 어네스트 사토Ernest M. Satow가 그의 여행기에 적어놓았습니다.

당시 일반인은 시계를 갖지 않았고 또한 시간 엄수라는 인식도 없었다. 2시에 초대받아도 1시에 가거나 3시에 가는 경우도 있고 더 늦게 가는 경우도 있었다. 실제 일본의 시각은 2주마다 그 길이가 바뀌기 때문에 일출, 정오, 일몰, 한밤중을 빼면 정확한 시간 알기를 기대하는 것은 매우 어려운 일이다.

'2주마다 길이가 변한다'라는 것은 틀림없는 부정시법입니다. 그 부정시법에 맞춘 시계가 있었습니다. 와토케이 和時計 혹은 다이묘 도케이 大名時計라는 것인데 이러한 시계는 시간의 길이를 추로 조절합니다. 와토케이란 〈그림 4-2〉와 같은 것인데 〈그림 4-2〉는 세이코시계 자료관에 소장된 니초텐푸 망루형 알람 시계二挺天符目覚付櫓時計와 우타카와 도요쿠니歌川豊国가 그린 니시키에錦繪,[6] 추신구라팔경忠臣蔵八景의 일부를 합성한 것입니다. 그 추의 위치는 2주일에 한 번씩 바뀌었습니다. 그렇기 때문에 사토는 일본의 시각을 이와 같이 설명했던 것입니다. 그럼 일반인은 어떻게 시각을 알았을까요? 절에서 치는 '지쇼時鐘' 혹은 '도키노가네時の鐘'라

〈그림 4-2〉 2004년 발행된 와토케이가 그려진 우표

는 종소리로 시간을 알 수 있었습니다. 그러한 시계가 있다고 해도 몇 시 몇 분이라는 개념은 없던 생활이었습니다. 그래서 사토도 마을 밖으로 나가면 자신의 시계를 보지 않는 한 시간을 아는 것은 어려운 일이라고 불평했던 것입니다.

여기에 변화가 생긴 것은 1873년 이후 메이지시대가 되고 나서입니다. 유럽의 기계식 시계가 수입되고, 누구나 볼 수 있는 공공장소에 시계탑이 세워지는 한편 회중시계나 손목시계도 서서히 보급되기 시작했습니다. 물론 이러한 시계는 매우 비싸기 때문에 살 수 있는 사람은 극히 일부의 부자뿐이었습니다.

---

6 옮긴이 주: 에도시대에 유행했던 다색 판화.

외국인이 본 일본인의 시간감각

사토의 여행기 중 일부분을 소개하겠습니다. 에도
시대 말기에서 메이지시대에 걸쳐 많은 유럽인이 일본을 방문해 남긴 기
행문 중 특히 시간을 언급한 부분만 살펴보겠습니다.

예를 들면 에드워드 모스Edward Morse[7]라는 미국인이 일본에 왔습니
다. 그는 오모리패총大森貝塚을 발견한 사람으로서 교과서뿐 아니라 교
양서적에서도 자주 접할 수 있는 인물입니다. 그는 1877년 새로운 시각
제도를 도입한 지 몇 년이 지난 후 일본에 왔는데도 일본 사회의 속도가
서구와 완전히 다른 것에 매우 놀랐다는 기록이 있습니다.

인력거가 맹렬한 속도로 달리는데 사람은 그것을 피하려고도 하지
않았답니다. 이런 경우 미국인이라면 기민하게 움직이는데 일본인의
반응이 상당히 늦은 것에 모스는 놀랐습니다. 자신의 생명이 위협을 받
을 때조차 반응이 느린 일본인이기 때문에 일본인과 함께 일을 한다면
상당한 인내심이 필요할 것이라고 스스로에게 다짐했습니다.

그런데 함께 행동하는 조수에 관해서는 '그들은 나를 위해서는 뭐든
지 즐겁게 일하지만 시간의 가치는 전혀 모른다. 이것이 동양식이라고
생각하지만 그렇다고 해도 애가 탄다'라고 언급했습니다. 일종의 노여
움 같은 것을 노골적으로 드러냈습니다.

이처럼 모스는 그때까지 자신이 생활했던 미국 사회의 모습과 많이
달랐기 때문에 느긋한 일본인의 행동에 안절부절못했습니다. 그는 그

---

7 옮긴이 주: 동물학자로서 연구를 위해 일본을 방문했다.

차이를 깨닫고 '미국에 있으면 우리는 일만 생각하고 서둘러 도로를 걷고 밀폐된 차를 타기 때문에 시야가 좁다'라고 했습니다. 미국은 이미 자동차를 타고 이동하는 속도 중심의 사회가 되어 있었습니다. 고도로 자본주의가 발달한 공업국이었던 것이지요. 그러한 미국 사회에서 온 모스에게 일본인이 느긋하게 비추어지는 것은 당연한 일이었을 것입니다.

바질 홀 챔버레인Basil Hall Chamberlain이라는 영국인은 1873년 마침 개역改曆을 하던 해에 일본에 왔습니다. 일본 역사상 중요한 인물로서 유럽에 일본어와 일본 문화를 소개하는 데 매우 큰 역할을 했습니다. 몇 권에 달하는 일본 문화와 일본어 관련 저작물을 집필하는 한편 외국인을 위한 일본 안내서, 즉 오늘날의 가이드북과 같은 책도 썼습니다. 일본의 인구, 기후풍토, 지리 등에 대한 객관적인 기술과 일본인을 접할 때 가져야 할 마음가짐 같은 것을 기술한 한 구절이 있습니다.

성미가 급해서는 안 된다. 일본인은 외국인의 뒤에서 힐끔힐끔 쳐다보거나 웃거나 할 것이다. 이 나라에서는 모든 것이 금방 진행되지 않는다. 1시간 정도는 문제 되지 않는다. '곧'이라는 사전적인 뜻의 '다다이마ただいま'는 지금부터 크리스마스까지의 시간을 의미하는 경우도 있다.

여기서 말하는 '지금'이 어느 때를 가리키는지, 10월인지 11월인지 알 수 없지만 어쨌든 상당히 비아냥거린 문장임에는 틀림이 없습니다.

좀 더 소개하자면 메이지시대뿐 아니라 다이쇼大正시대와 쇼와昭和시대에 들어와서도 여전히 외국인에게 일본은 느긋하고 안온한 나라로 비춰졌던 것 같습니다. 캐서린 샘슨Catherine Sansom이라는 영국인이 있습니다. 남편 조지 샘슨George Bailey Sansom은 외교관이었다가 후에 역사가가 되어 1931년 일본에 관한 뛰어난 역사서인 『일본문화사Japan: A Short Cultural History』를 썼습니다. 샘슨은 쇼와시대 초기에 일본의 열차시각이 꽤 정확했다고 기록했습니다. 그래도 그녀는 '일본도 서양문명의 영향을 받아 점점 더 많은 사람이 시간에 쫓기듯 생활하는데 여전히 느긋하게 보이는 일본인이 많다는 것이 신기할 따름입니다'라고 일본인을 호의적으로 봤습니다. 전반적으로 일본인에게 이렇게 따뜻한 눈길을 주지만 급한 용무가 있을 때에도 그럴 수만은 없기 때문에 '일본에서는 무엇을 하더라도 천천히 해야 합니다. 영국에서처럼 빨리 하려고 해도 소용이 없습니다. 서둘러 하려고 하면 여기저기에서 흘겨봅니다. 영미식의 빠른 속도로 일을 하려고 하면 일본인은 낭패를 보고, 우리는 피곤에 지칩니다'라고 당혹감을 고백했습니다.

그뿐 아니라 1961년 고도 경제성장기에 들어간 시기에도 로버트 스미스 Robert Smith라는 인류학자가 일본 농촌에는 느긋한 생활이 남아 있다고 기록했습니다.

메이지시대의 문인이 본 시간의 가속화

지금까지 서구인이 일본을 어떻게 보았는지를 말씀드렸습니다. 이제 관점을 바꾸어 메이지시대의 일본인이 일본 사회를 어떻게 보았는지 고찰해보고자 합니다. 살펴보면 노골적으로 일본 사회의 속도감에 위기의식을 드러낸 문장이 많았음을 알 수 있습니다.

지금까지 살펴본 서구인의 감상과는 대조적으로 마음속 절규 같은 것이 느껴져 깜짝 놀랐습니다. 앞서 서구인이 일본에 온 시기는 주로 에도시대 말기와 메이지시대 초기였는데 반해 지금부터 소개해드릴 일본 작가 이시카와 다쿠보쿠石川啄木는 메이지시대 말기에 활동했다는 차이점이 있습니다. 샘슨이나 스미스가 20세기에 들어와서도 비슷한 감상을 털어놓은 것과 비교한다면 메이지시대 말기의 작가 이시카와 다쿠보쿠의 "오늘날 신문이나 잡지에서 자주 볼 수 있는 '근대적'이라는 말은 '성급하다'라는 뜻에 지나지 않는다고 말할 수 있다"라는 말에 귀 기울일 만합니다. 일본인 전체의 행동을 이시카와 다쿠보쿠는 '성급하다'라는 말로 표현한 것입니다. 또한 "같은 시점에서 '우리 근대인은'이라는 말을 '우리 성급한 사람은'으로 해석해야 그 사람이 말하고자 하는 내용을 비교적 정확하고 쉽게 받아들일 수 있는 경우가 많다"라는 말은 오늘날에도 자연스럽게 수긍이 가는 문장이라는 생각이 듭니다. 사회 전체가 빠른 속도에 휩쓸려가는 모습을 훌륭하게 지적한 문장이라고 생각합니다.

근대화로 비롯된 시간감각의 변화와 스트레스

메이지시대와 다이쇼시대의 작가 가운데 시간에 대한 언급 횟수가 유난히 많은 사람이 나쓰메 소세키夏目漱石입니다. 아시는 바와 같이 그는 영국에서 유학했던 경험이 있습니다. 당시 영국은 대영제국이었습니다. 매우 수준 높은 경제력을 갖췄기 때문에 일본과의 차이를 크게 실감했을 것입니다. 그러한 일본이 맹렬한 기세로 서양을 따라가려고 무모할 정도의 빠른 속도로 변화하는 것을 보았을 것입니다.

이러한 공포감이 잘 표현된 것이 '현대일본의 개화'라는 강연입니다. 다음은 일본의 근대화에 대한 나쓰메 소세키의 관점이 잘 드러난 유명한 문장입니다.

> 서양에서 100년이나 걸려 마침내 이루어낸 오늘날의 문명개화를 일본인은 10년으로 줄이려고, 게다가 내실 없다는 비난을 면하고자 누가 봐도 내발적이라고 인정할 만한 근거를 만들어내려 하니 이 또한 중차대한 실수를 면하지 못할 것이 분명하다.

일본은 메이지시대에 단기간에 무리하게 서양을 따라가려고 했습니다. 그는 체력이나 능력 모두 서구인을 따라가지 못하는 일본인이 서양을 따라 하다가는 '한 번 실패하면 재기불능의 신경쇠약'에 걸려 '숨이 끊어질 듯 길가에서 신음'할 것이라고 우려했습니다.

오늘날 '신경쇠약'이라면 고작 트럼프놀이에나 이름이 남아 있을 정도지만[8] 당시 신경쇠약은 엄연한 병으로 나쓰메 소세키도 신경쇠약에 시달렸다고 합니다. 메이지·다이쇼시대의 지식인과 문인, 그리고 일반인도 마찬가지였습니다. 당시의 신문을 보면 신경쇠약에 잘 듣는다는 약품 광고가 눈에 띕니다. 아마도 오늘날의 '스트레스'에 가까운 용어였겠지요. 신경쇠약 때문에 일을 할 수 없다거나 일상생활도 어려웠다니까요. 우리가 아는 우울증, 과로사, 과로사 증후군 등과 같은 병명과 비

---

8 옮긴이 주: 사전적 의미는 ① 신경중, ② 일본에서 유행하는 트럼프놀이다.

교하면 이해하기 쉬울 것입니다. 오늘날에 뒤지지 않을 정도로 당시에
도 힘든 상황이 있었다는 것을 알 수 있습니다.

이후에 이와 비슷한 현상을 요사노 아키코与謝野晶子도 목격합니다.

> 능률, 능률이라 하면서 '바쁜' 생활만 강조하면 사람은 피폐하고 쇠약해져 결
> 국은 그 능력을 상실할 것이다.

이것은 「망중한忙中の閑」이라는 수필에서 인용한 것입니다. 그녀는 같
은 해 「너무 바쁜 생활忙しすぎる生活」이라는 수필도 썼는데 이 수필에서
는 당시의 분위기가 전해집니다. 일본인은 젊은이건 오랜 경력자나 하
층노동자건 회사와 정부 조직에 속한 사람이건 어떤 일에 종사하건 상관
없이 모두 일중독이라는 겁니다. 잠깐의 시간이라도 내서 피곤을 풀 수
있는 여유를 가질 수도 있을 텐데 그 시간이 허락되지 않는다는 것은 오
늘날 우리의 모습과 같아 대단히 흥미로운 지적이라고 생각합니다.

능률주의와 그에 대한 반발

이 시기에 요사노가 지적한 '능률'의 문제에 제가
지적 호기심을 느끼는 이유는 앞서도 소개했지만 'Just in Time'과 관계
가 있습니다. 산업 시스템의 원형으로서 '과학적 관리방법'이라는 것이
있습니다. 19세기 말~20세기에 걸쳐 미국의 프레드릭 테일러Frederick
Taylor가 중심이 되어 개발한 시스템입니다.

예를 들어 공장에서는 금속을 깎는 작업이 있습니다. 테일러는 그러한 작업을 누가 하더라도 동일하고 효율적이며 시간이 덜 드는 방법이 있을 것이라고 생각했습니다. 실제로 다양한 작업자를 관찰하고 작업에 걸리는 시간을 스톱워치로 측정했습니다. 그리고 작업에 '불필요하다'라고 생각되는 동작을 찾아내 그 부분을 삭제하고 적절한 작업시간을 정해 일을 할당했습니다.

1920년대 중반 이러한 과학적 관리방법이 일본에도 수입되었습니다. 공장에서 시간, 공정의 절감과 능률을 최우선으로 하기 시작한 것입니다.

제조 기계의 속도는 빨라지고 작업 능률이 우선시되는 한편 휴식시간은 점점 줄어들면서 몸도 마음도 무리를 강요당했습니다.

사회가 가속화되면서 여기에 의문을 던지거나 다른 방법을 제안하는 사람이 나타났습니다.

다니자키 준이치로谷崎潤一郎[9]의 여행스타일을 살펴봅시다. 이 시기에 열차 속도는 점점 빨라지고, 급행열차를 이용하는 사람도 많아졌습니다. 사람이 왜 빠른 열차를 타고 싶어 할지, 그 이유를 설명하기 위해 다니자키는 조금은 불편해보이는 여행법을 제안합니다. 매 역마다 정차하는 완행열차를 타라고 말입니다. 경치를 보는 것과 여행지의 아름다운 꽃을 감상하는 것이 목적이니까 일부러 무리하게 속도를 내는 급행열차를 타지 않아도 좋지 않느냐는 것입니다. 완행열차를 타고 가도 고작 30분 정도 차이인데 차분하게 경치를 감상하고 느긋하게 쉴 수 있는

---

9 옮긴이 주: 대문호이자 문명 비평가인 나쓰메 소세키를 제외한 앞서 언급한 인물이 모두 좌파지식인인 것에 반해 다니자키는 우파이며 천재적 감수성을 지닌 인물이다. 따라서 인용문을 보면 저자의 균형감각을 신뢰할 수 있다.

여행을 하면 좋지 않겠느냐고 말입니다. 시간에 대한 인내력이 점차 상실되는 가운데 완행열차를 타는 것은 하나의 정신수양이 된다며 다니자키가 농담 섞인 말로 이와 같은 여행을 권했습니다.

다음은 전쟁이 끝난 1950년대의 일입니다. 전쟁 피해 복구에 가속도가 붙던 시대를 간파한 사람이 야나기 무네요시柳宗悅[10]입니다. 그는 「시계가 없는 생활時計のない暮らし」이라는 수필을 남겼습니다.

시계 때문에 뭐든지 빠른 속도의 문화가 촉진되었다. 무턱대고 속도를 높이라고 말하며 열차를 예로 든다. 일전에 흥미로운 이야기를 들었다. 조선에 급행열차가 생기고 급행권을 발매했을 때 어떤 조선인이 그 불합리성을 비웃었다. 그 이유가 열차가 빨리 달리면 느긋하게 경치를 볼 수 없으며 여유롭게 기차를 탈 수 없는 여행에 돈을 더 내 급행권을 사는 것은 불합리하다는 것이다. 듣는 사람들은 웃었지만 일리 있는 말이다.

여행을 떠나고 기차를 타는 즐거움은 앞서 소개한 다니자키와 어딘가 닮은 점이 있는 것 같습니다. 야나기는 또 이렇게 말합니다.

노가쿠能楽[11]의 느린 템포는 마음이 급한 근대인[12]에게는 나타날 수 없다. 옛날 음악에는 레가토, 아다지오, 안단테가 많지만 근대음악에는 프레스토가 많다.

---

10 옮긴이 주: 민예운동가로 일제의 광화문 해체 반대 운동을 주도하고 조선 민예품의 우수성을 널리 알렸다.
11 옮긴이 주: 일본 중세의 전통가면극.
12 옮긴이 주: 일본어의 '근대'는 종종 '현대'의 의미로 해석된다.

음악을 잘 아시는 분은 이러한 표현에 익숙하시겠지만 레가토는 엄밀히 말하면 템포라기보다 '매끄럽게 하라'라는 음악의 감정 표현인데요, 어쨌든 여기에서 언급한 용어가 모두 느린 연주법이지요. 최근에는 '치유'를 위한 음악이 유행하는데 어떤 템포의 곡을 선호하는지는 사회적 배경, 시대분위기와 밀접한 관계가 있는 것 같습니다. 야나기는 이러한 점에 민감했기 때문에 또한 다음과 같은 글을 남겼습니다.

시계 문화의 결과다. 뭐든지 속도를 높이는 것으로 행복이 보장될 수 있을까? 그렇기 때문에 때때로 '산중무력일山中無曆日'[13] 같은 생활을 되돌아볼 필요가 있을 것이다. 동양식의 시계가 없는 생활도 큰 의미가 있다. 단지 웃어 넘길 일이 아니다.

예전에 일본인은 유럽인에게 '늦다'라거나 '둔하다'라는 말을 상당히 많이 들었습니다. 그러나 그러한 관점이 이때부터 역전되었습니다. 1960년대 후반이 되면서 해외로 나가는 일본인이 증가했는데 일본인은 유럽사회의 속도가 너무 늦은 것에 놀라고 안절부절못했습니다. 단지 70년 만에 일본인과 유럽인은 서로의 사회를 보는 눈이 크게 바뀌어버린 것을 알아차린 것입니다.

1970년대 말에 출간된 쓰쓰이 야스타카筒井康隆의 『급류急流』라는 작품이 있습니다. '시간이 가는 것이 빠르다'라는 비유를 패러디한 단편인데요, 시계침이 돌아가는 것처럼 사회의 다양한 현상이 가속화되고 결

---

13 옮긴이 주: 일본의 다도와 선불교에서 자주 인용된다. 산속에서 달력도 없이 사는 생활, 즉 소소한 세상사에 구애 받지 않는 큰 뜻을 품은 인격체의 삶을 나타낸 말이다(唐詩選, 16세기).

국 인간이 그 속도를 따라가지 못하는 것을 묘사했습니다. 이것은 정말이지 1970년대의 분위기가 고스란히 전해지는 글입니다.

19세기에도 있었던 과로사

이번에는 조금 다른 각도에서 19~20세기 초 서구사회의 모습을 살펴보고자 합니다. 앞에서도 언급한 모스는 일본에서 초조함을 느꼈는데요, 서구사회로 눈을 돌린 순간 그 이유가 무엇인지 자각했습니다. 그 가운데는 중노동의 문제도 있었습니다.

윌리엄 래스본 그레그W. R. Greg라는 영국의 평론가는 영국 사회의 가속화에 위기감을 느꼈습니다. 그레그는 '19세기 후반의 가장 두드러진 특징은 속도'라고 직접적으로 말했습니다. 1850년대부터 약 10년마다 글을 남겼는데요, '우리는 더욱 분주해지고 더욱 속도를 낸다', '전반적으로 거의 모든 직업에서 우리는 매우 분주하고 그 속도도 빠르다'라고 하면서 영국인이 '매우 바쁜 생활'에 쫓겼다는 사실을 강조합니다.

또한 그레그는 건강 문제를 언급합니다. 실제 영국의 의학 잡지에 '돌연사'라는 말이 나오는데 이 말을 인용하면서 사람이 바쁜 나머지 과로로 쓰러지거나 죽기까지 한다고 호소했습니다. 일본인은 뇌혈관에 관련된 병으로 쓰러지는 경우가 많았는데 영국에서는 심장질환 환자가 증가했다고 보고했습니다.

미국도 이와 비슷한 상황이 있었습니다. '불과 25년 만에 우리의 생활 속도가 가속화되었다'라고 지적하는 사람이 나타났습니다. 영국에서 반세기 동안 이루어진 변화가 미국에서는 불과 그의 반, 단지 25년 사이에 진행되었다는 것입니다. 흥미로운 사실은 그러한 경고를 한 사람이 정신과의사였다는 점입니다. 신경쇠약이라는 병명 자체는 그 전부터 있었지만 나쓰메 소세키가 말하는 것과 같은 의미의 신경쇠약이라는 병은 미국에서는 1860년대에 등장했습니다.

미국도 이 무렵 사회의 속도가 빨라졌습니다. 그 이유로 새로운 과학기술의 등장을 들 수 있습니다. 전신, 우편, 철도 등 오늘날에는 너무나 당연한 것이 당시에는 완전히 새로운 기술이었습니다. 새로운 통신, 운수업이 사회의 속도를 변화시켰습니다. 그리고 그 변화에 적응하지 못한 사람과 무리하게 변화의 속도를 쫓아가던 사람이 이런 병에 시달렸던 것이겠지요. 아마 그것은 우리가 1980년대 후반~1990년대에 걸쳐 컴퓨터가 사무실에 들어왔을 때 느꼈던 스트레스와 비교할 수 있을 것입니다. 컴퓨터 조작에 익숙해져야 하며 점점 일을 빨리 처리해야 한다는 새로운 요구에 대한 압박감을 '테크노 스트레스'라고 하기도 했었지요.

이러한 영국과 미국의 사정을 잘 알았던 사람이 허버트 스펜서Herbert Spencer입니다. 메이지시대 일본을 방문하기도 했던 영국의 저명한 철학자인데요, 그는 어느 날 초대를 받아 미국에 갔다가 깜짝 놀랍니다. '어떤 모임에서든 일에 대한 압박으로 신경이 극도로 쇠약해진 사람, 과로로 사망하거나 재기불능의 상태가 된 사람, 혹은 건강을 회복하는 데 장시간이 필요한 사람의 이름을 말하는 사람을 만났다'라는 것입니다. 영국에도 비슷한 상황은 있었지만 미국의 상태가 심각한 것을 보고 그는 대단히 쇼크를 받았습니다. 그런데 스펜서가 놀랐다는 사실이 우리를 더 놀라게 합니다. 왜냐하면 스펜서는 유명한 '적자생존適者生存', 즉 사회 진화에 적응한 사람은 살아남고 그렇지 못한 사람은 낙오자가 된다는 것을 주장한 인물이기 때문입니다. 사회에 적응한 사람이 살아남는다면 당연히 적응하지 못한 사람이 생긴다는 것도 예상했을 것입니다. 아마도 스펜서는 그러한 끔찍한 결말을 처음부터 배제했던 것 같습니다. 공포스러운 일은 생각하고 싶지 않았던 것이겠지요. 그렇기 때문에 미국의 현실에 놀랐던 것입니다.

독일의 경제사학자인 베르너 좀바르트Werner Sombart는 20세기를 대표하는 사회학자 막스 베버Max Weber의 선배에 해당하는 사람입니다. 그도 독일 및 다른 유럽의 국가와 미국 사회의 속도가 빨라졌음을 알았던 사람입니다. 그는 자동차와 열차, 증기선의 속도가 단축되었다는 뉴스를 듣고 기뻐하는, 남보다 먼저 속보를 들으면 가슴이 뛰는 근대인의 묘한 정신 구조를 훌륭하게 지적했습니다. 가속화되는 사회에 속한 사람의 모습을 묘사한 구절을 인용해보겠습니다.

모든 날, 모든 세월, 생애의 모든 시간을 일에 바친다. 이 시간 동안 모든 능력이 극단적으로 혹사당한다. 광기가 서린 눈빛으로 일에 임하는 사람이 이 시대에 새로이 출현했다. 항상 극도의 긴장 때문에 붕괴 직전의 상태인 것이 기업가이고, 노동자. 이것이 근대 경제인의 일반상식이 되었다. 그들은 항상 흥분 상태에 있으며 항상 조급하다. 속도! 속도! 이것이 근대인의 신조가 되었다. 이런 과도한 업무가 얼마나 육체를 파괴하고 정신을 붕괴시키는가는 알려진 바와 같다.

1980년대 말~1990년대에 과로사過勞死라는 말이 널리 알려졌습니다. 그 당시 과로사란 오로지 경제발전만을 위해 가혹한 노동을 하는 일본

특유의 현상이라는 논조가 지배적이었습니다. 그러나 거슬러 올라가면 19세기 후반~20세기 초의 서구사회에도 심장병이나 신경쇠약과 같은 병이 있었음을 알 수 있습니다. 1990년대부터 21세기에 들어와서 서구의 연구자도 과거 서구에도 과로사가 있었다고 인정하기 시작했습니다. 시간을 단축할 수 있는 과학기술이 발전함에 따라 소유를 지상 최고의 가치로 여겼고, 돈을 쫓는 무리한 생활을 했을 때 인간의 육체가 어떻게 병드는지 이미 좀바르트가 지적했습니다. 20세기 초에 쓰인 문장인 '모든 날, 모든 세월, 생애의 모든 시간을 일에 바친다'라는 부분을 읽다 보면 '24시간 싸울 수 있습니까'라는 표현이 자양강장제 광고에 나오는 오늘날 일본의 모습을 예견한 것 같다는 생각이 듭니다.

시간의 '허비'와 풍요로움

1926년에 쓰인 카렐 차페크Karel Čapek의 「아메리카니즘에 대하여On Americanism」라는 에세이를 소개하겠습니다. 차페크는 체코 출신의 작가로 '로봇Robot'이라는 말을 처음 만들어낸 사람입니다. 그에게는 화가인 형 요세프 Josef가 있었는데 죽어라 일만 하는 기계 같은 인간을 '로봇'이라고 명명한 아이디어를 형에게서 얻었습니다.

차페크는 강렬한 위기감에 휩싸였습니다. 이대로 가다가 유럽은 미국처럼 될 것이다. 모든 것에 앞서 능률이 우선시되는 사회가 될 것이라는 위기감이었습니다. 여기에는 역시 앞서 언급했던 과학적 관리방법의 영향력이 동유럽까지 미친 점도 작용했습니다. 「아메리카니즘에 대하여」의 한 구절을 살펴봅시다.

　속도! 속도! 이것은 대서양 저편에서 우리를 부르는 새로운 복음입니다. 부자가 되고 싶으면 자신의 업무속도와 생산량을 신장시키시오! 쓸데없는 수다와 휴식을 그만두고 자기가 맡은 일을 서두르시오!

　차페크는 유럽에는 미국에 없는 가치관을 존중하는 전통이 있고 그것이 유럽의 독자적인 문화를 형성해왔다고 생각했습니다. 유럽은 오늘날까지 모든 것이 천천히 만들어졌는데 각지의 대성당과 철학 체계가 그 대표적인 예라고 말합니다. 그뿐 아니라 차페크는 유럽이 시간을 헛되이 사용해왔다고 말합니다. 그리고 '거기에서부터 바로 유럽의 무한한 풍요로움과 생산성이 비롯되었다'라고 했습니다. 더욱 흥미로운 사실은 한 사람의 인생도 마찬가지라고 생각했다는 점입니다. 그는 '인생에 대한 온전한 평가를 위해 어느 정도의 나태함이 필요하다'라고 말합니다. 유머 넘치는 차페크의 말은 우리에게 희망과 용기를 북돋아줍니다.

　지금까지 자료를 소개하면서 가속화되는 시간, 바쁨, 서두름을 살펴보았습니다. 이를 통해 우리 자신을 돌아보고자 했습니다.

　차페크 식으로 말해서 우리는 어떤 시간을 '허비'할 때 풍요로움을 실감할 수 있을까요? 그 대답은 아마도 각자 다르겠지요. 하지만 우리에게 이 문제를 생각해볼 기회가 없었던 것은 아닐까요?

　일전에 어느 신문기자와 이야기를 나눌 기회가 있었습니다. 그 신문기자를 M이라고 부르겠습니다. 30세가 된 M은 평소에 8개 정도의 기삿거리로 머릿속이 가득하고 분주한 일상을 보냅니다. 그런 M에게 다음과 같은 질문을 했습니다.

만약 1개월 동안 시간을 마음대로 쓸 수 있고 일이나 돈 걱정은 하지 않아도 된다면 무엇을 하고 싶습니까?

이렇게 말하면 실례가 될지도 모르겠지만 떨떠름한 M의 얼굴은 꽤 볼만했습니다.

'뭐요? 모르겠어요!'라고 말하고는 급히 몸을 일으키는가 싶더니 다시 소파에 앉아버렸습니다. 골똘히 생각에 잠긴 채 대답이 없습니다.

'그럼 일주일이라면 어떨까요?'라고 질문의 내용을 바꿔보았지만 그는 여전히 침묵했습니다. 잠시 시간이 흐른 뒤 겨우 대답을 했지만 M의 대답은 '하루가 주어진다면 방 청소를 하고 싶어요……'였습니다.

우리는 일을 잘하는 데 필요한 교육은 충분히 받았습니다. 대학에는 대부분 노동철학을 가르치는 강의가 있습니다. 그에 비하면 여가와 자유로운 시간의 사용법을 생각할 기회는 전혀 없었던 것 같습니다. M의 경우와 같이 갑자기 생각지도 않았던 질문을 받았을 때 대답이 궁해지는 것도 무리가 아닙니다.

일이 즐거우면 더 바랄 것이 없겠지만 일 이외에 하고 싶은 것이 있다면 우리의 인생은 더욱 즐거워질 것입니다.

현재 노동시간의 기준은 8시간입니다. 이것은 미국에서 일어난 노동운동의 산물입니다. 노동시간을 8시간으로 제한하자는 운동이 일어났을 때 미국의 노동자는 다음과 같은 슬로건을 내걸었습니다. '8시간 노동, 8시간 휴식, 8시간은 우리가 소망하는 것을 위해'라고 말입니다. 여기에서 말하는 '소망하는 것'의 원문은 'what we will'입니다. 'will'이라는 동사에는 '결의한다, 뜻을 바친다'라는 강한 울림이 있습니다. 단순하게 욕망을 충족하는 것과는 다른, 좀 더 깊고 의미 있는 무엇인가가 있음을 시사하는 말입니다.

자유로운 시간에 무엇을 하고 싶나요? 우리에게는 자유롭게 '의사를 결정할 수 있는' 즐거움을 누릴 권리가 있습니다.

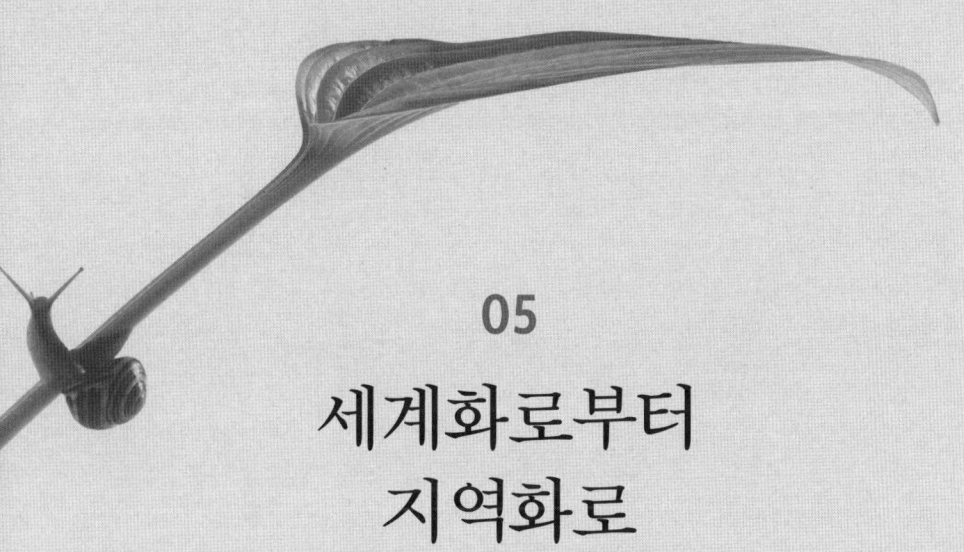

05

세계화로부터
지역화로

라다크에서 배운 행복의 길

—

헬레나 노르베리-호지

헬레나 노르베리-호지|Helena Norberg-Hodge

스웨덴 출신의 언어학자이자 환경운동가로서 생태와 문화를 위한 국제협회|ISEC: International Society for Ecology and Culture 대표다. 1975년 티베트의 라다크 지역에서 필드워크를 통해 '라다크어·영어사전'을 집필했다. 1986년 지속 가능하며 공정한 지구공동체 사회의 실현에 공헌한 인물에게 수여되는 바른생활상|The Right Livelihood Awards을 수상했다. 한국에서 『오래된 미래 라다크로부터 배우다』로 출간된 저서 *Ancient Futures: Learning from Ladakh*는 30여 개 언어로도 번역되었으며 현재 라다크 관련 활동을 계속하면서 세계화에 대한 문제 제기와 계몽운동을 한다.

행복이란 무엇인가

이번 공개강의의 수강생에는 1학년이 많다고 들었습니다. 15년쯤 전에도 여러분의 선배를 대상으로 강의할 기회가 있었는데 그것은 씁쓸한 기억으로 남아 있습니다. 그 이유는 수년 후 다시 스탠퍼드대학교 캠퍼스에서 그 학생들을 만났을 때 4학년이 된 그 학생들이 다음과 같이 말했기 때문입니다.

"그때는 선생님의 말씀을 신뢰했지만 졸업을 앞둔 지금, 현실을 알고 나니 동의할 수 없습니다"라고 말이지요.

여러분은 4학년이 되어도 오늘 제가 들려드리는 이야기를 그때의 그 학생처럼 느끼지 않았으면 좋겠다고 생각할 따름입니다.

저는 지금부터 인간의 행복을 이야기하려고 합니다. 이것은 일반적으로 대학에서는 가르쳐주지 않는 주제이지요. 더불어 여러분은 이 자리에서 단지 저의 말을 듣고만 있어서는 안 된다고 당부하고 싶습니다. 여러분 각자의 내면에서 잠자는 마음의 소리에 귀 기울이시길 바랍니다.

'인간의 행복이란 무엇인가'라는 매우 근원적인 문제에 관한 생각을 발전시켜나가는 첫걸음, 그 첫 번째 키워드로서 개발과 발전을 살펴보고자 합니다. 제가 라다크에서 목격한 것은 개발이나 발전으로 사람이 행복해지는 것이 아니라 오히려 불행의 길로 들어서는 과정이었습니다 '개발'이나 '발전'이 본질적으로 무엇을 의미해야 하는지 우리는 라다크 사람을 통해 역설적으로 배울 수 있었습니다.

제가 쓴 책 『오래된 미래 라다크로부터 배우다Ancient Futures: Learning from Ladakh』에서도 언급했듯이 발전이란 진보라는 명분하에 사회를 개

혁하는 것을 의미합니다. 그리고 그 정도를 측정하기 위해 사용되는 척도가 GDP와 GNP이지요. 그러나 제가 라다크에서 본 것은 GDP와 GNP라는 척도가 사람의 사고방식과 생활, 사회의 존재양식, 심지어 생태환경까지 모두 오히려 잘못된 방향으로 이끈다는 사실이었습니다.

GDP의 구조

경제개발 혹은 경제발전이라는 개념이 라다크에 도입되기 전 라다크 사람은 매우 크고 아름다운 라다크의 전통가옥에서 살았습니다. 일본도 마찬가지이지만 라다크의 전통가옥은 모두 그 지역에서 나는 자원을 사용해 그 땅에서 생명을 이어나가는 사람이 직접 손으로 만든 것이었습니다. 그러니까 돈은 필요 없었지요. 재료가 주로 흙과 돌이었으니까요. 라다크에는 흙과 돌이 많기 때문에 얼마든지 쓸 수 있었습니다.

그러나 이제 더는 흙과 돌로 집을 짓지 않습니다. 어째서 이런 일이 일어났는지를 이해하기 위해서는 전체상을 알아야 합니다. 즉, 라다크에서 개발과 발전을 앞세움으로써 일어난 일련의 사건을 살펴보아야 합니다.

우선 정부는 경제발전이라는 명목하에 이른바 근대적인 교육기관을 만들었습니다. 그곳에서는 학생에게 전통가옥을 만드는 방법을 가르치지 않습니다. 그 대신 서구사회를 비롯한 전 세계 어디서든 같은 재료를 사용하는 세계적인 기준에 맞는 방법을 배웁니다. 외국의 재료를 사용해 외국의 기술로 집을 짓는 것입니다.

이렇게 되면 돈이 많이 듭니다. 어디서나 손쉽게 구할 수 있는 재료를 사용해서 집을 지었던 지금까지와는 달리 현지에서 조달 불가능한 재료를 사용할 수밖에 없어진 것입니다. 이로써 전통가옥을 떠나 좁고 흉물스러운 집으로 이사합니다. 그러나 이러한 과정을 통해 GDP는 오릅니다.

여러분, 생각해보십시오. 이것이 진보인가요? 이것을 발전이라고 부를 수 있습니까?

그런데 바로 라다크 사람 스스로가 이러한 일련의 과정을 환영하는 것처럼 보였다는 것입니다. 왜일까요? 이러한 현상을 이해하기 위해서도 전체상을 파악할 필요가 있습니다.

개발 과정에는 지방에서 도시로 이동하는 이른바 도시화 현상이 반드시 동반됩니다. 도시는 지방과 달리 흙과 돌을 쉽게 구할 수 없습니다. 재료가 있다고 해도 교육이 전통과 단절되어 있으므로 전통가옥 짓는 방법을 모르는 것입니다. 재료도 없고 기술도 없는 희소성, 이것이 키워드입니다. 재료와 함께 기술의 희소성이 인위적으로 만들어지는 것입니다.

이러한 과정 가운데 시간에도 변화가 일어납니다. 도시에서는 좀 더 빠르게 시간이 흘러갑니다. 좀 더 많은 것을 좀 더 짧은 시간 안에 만들어내려고 서로 경쟁합니다. 그 결과 자기 시간은 없어지고 점점 더 바빠집니다. 전통 방식으로 흙집을 지을 시간도 더는 없습니다. 그리하여 자원에 대한 접근성이 떨어짐과 동시에 누구에게나 풍부했던 시간 또한 잃고 마는 것입니다. 이와 같은 과정에서 또 하나의 중요한 일이 일어납니다. 그것은 교육을 통해서 전통가옥과 고유의 재료, 언어 등 그들 자신

　의 문화를 열등한 것, 뒤처지고 모양새 안 나는 것으로 느끼는 것입니다.

　　개발, 발전이란 이름 아래 사람은 집을 짓는 자원을 잃고, 전통기술을 잃고, 시간을 잃고, 자존심을 잃었습니다. 한편 금전적인 차원에서 따져 보면 이러한 변화는 사회가 좀 더 많은 돈을 필요로 한다는 것을 의미합니다. 즉, 돈을 위해서 더 많이 일한다는 것입니다. GNP, GDP의 증가를 기준으로 한다면 틀림없이 개발과 발전은 이루어지는 것이지요.

노예제도에서부터 시작된 세계화

　　　　　우리는 개발이라든지 발전이라든지 진보라는 말의 의미를 근본적으로 다시 생각해볼 필요가 있지 않을까요? 왜냐하면 많은 사람이 전보다 궁핍해지고, 열등감을 안고 살고, 점점 불행해진다면 그것을 발전이나 진보라고 부르는 것은 이상하니까요.

오늘날의 세계 경제 구조를 이해하기 위해서는 우선 2,300년 전의 세계가 어떻게 움직였는지를 살펴보아야 합니다. 역사적으로 현재의 시스템은 실은 노예제도에서 비롯되었습니다. 아프리카, 미국, 아시아에서 일어났던 일을 생각해보십시오. 군사력을 바탕으로 현지인의 생산기반을 무너뜨리고 유럽을 위한 생산으로 전환했습니다. 그것에 저항하는 사람은 살해당했습니다. 이제껏 자급자족을 위해 쌀을 재배하거나 물고기를 잡던 몇백만, 몇천만의 사람이 자신의 삶의 터전으로부터 유리되어 강제로 광산이나 커피농장, 카카오농장에서 일했던 것입니다.

이후 커다란 전환점은 제2차세계대전 무렵 일어났습니다. 무력으로 강제 노역을 부리는 것이 아니라 오히려 예전에는 노예나 하던 일을 스스로 나서서 하는 기묘한 시스템이 나타났습니다. 사람은 지배와 피지배의 관계를 자신 안에 내면화했고, 폭력으로 협박당하지 않고도 스스로 예속되었습니다. 새로운 노예제도라고 할 수 있겠지요.

오늘날 서구사회에 부는 제3세계에 대한 노예적 지배와 착취의 역사 없이는 결코 불가능했습니다. 옛 노예제도가 노골적인 무력으로 유지되었던 것에 비해 현대 노예제도의 특징은 남반구의 개발도상국이 북반구의 선진국에 진 채무, 즉 돈의 힘으로 유지된다는 데 있습니다.

2개의 경제: 자립인가 의존인가

　　　　　　개발, 발전을 이해하기에 가장 좋은 방법은 경제
의 양면을 분명히 구별하는 것입니다. 하나는 스스로가 전통적인 다양
한 작물을 만들어 생존을 유지하는 구조로서의 경제이고, 또 하나는 특
정 작물을 상품으로 생산해서 해외에 팔기 위한 경제입니다. 이 둘은 모
두 '경제'라고 표기되지만 서로 완전히 이질적입니다.

　첫 번째 방식의 경제가 자신의 입을 것과 먹을 것, 건축자재를 그 지
역에서 얻는다고 해도 제각각 뿔뿔이 흩어져 자급자족하는 것만을 의미
하지는 않습니다. 하나의 지역이 통합된 전체로서 자립적인 경제 공동
체를 이루는 것입니다.

　한편 전 세계의 재계와 정치 지도자는 두 번째 방식의 경제를 더 세
계적인 규모로 성장시켜 왔습니다. GDP의 증대야말로 풍요로운 삶의
척도라고 주장하는 것이지요. 하지만 이러한 과정을 통해 각 지역민은
자립 기반을 잃어가고, 외부 의존도는 높아집니다. 먹을 것과 입을 것,
살 집을 스스로 해결할 수 없고 외부의 경제시스템에 의존할 수밖에 없
는 것이 경제개발의 이면입니다.

　지금도 세계는 무역자유화만이 최선인 양 믿습니다. 이러한 자유화
를 배후에서 조종하는 것이 자본인데요, 우리가 내는 세금이 교묘하게
사용되는 것입니다. 자유무역을 자국에 유리하게 추진하기 위해서 정
부의 돈, 결국은 우리의 세금이 보조금이나 조성금의 형태로 여러 곳에
보기 좋게 뿌려지는 것입니다.

　무역 진흥이라는 명목하에 각국 정부는 자국의 농장과 공장에서 좀

더 신속하게 대량으로 물건을 만들어 더 멀리까지 내다 팔 수 있도록 세금을 사용합니다. 농업과 공업뿐이 아닙니다. 이러한 생산을 지원하는 에너지 관련 산업도 필요합니다. 또한 먼 곳까지 제품을 운반하기 위한 교통수단의 개발을 위해 공항, 조선, 항만 도로를 정비하거나 건설하는 데 엄청난 돈을 사용함으로써 세계적 규모의 무역자유화를 지지합니다.

그 결과 어떤 일이 일어났을까요? 그것은 라다크뿐 아니라 전 세계에서 발생했습니다. 전통방식으로 만들어지던 현지의 제품이 지구 반대편의 농장이나 공장에서 대량생산된 것보다 가격이 비싼 이상한 현상입니다. 현지에서 화학비료도 사용하지 않고 자연 그대로 생산된 쌀이 해외에서 수입한 쌀보다 비싼 물건이 되고 마는 것입니다.

이러한 현상을 저는 세계 각지에서 목격해왔습니다. 예를 들어 몽골에서 버터를 사려고 해도 현지에서 생산된 버터를 더는 찾을 수 없습니다. 2,500만 마리의 가축이 있다는데 그곳에서 독일제 버터가 팔리는 것입니다.

라다크에서도 예전에는 어느 집에서나 버터를 만들었습니다. 그런데 오늘날에는 인도로부터 히말라야를 넘어 5일이나 걸려 수입되는 버터가 그 지역 버터의 1/2 가격으로 팔립니다.

제가 사는 영국에서도 마찬가지입니다. 영국은 원래 매우 양질의 버터와 우유를 생산하는 나라였지만 아득히 먼 뉴질랜드에서 온 버터가 1/3 가격으로 팔립니다.

상식적으로 생각하면 지역에서 자연스럽게 생산된 물건이 싼 것이 당연하지요. 그러나 현실은 그렇지 않습니다. 이러한 시스템을 간파해야 합니다. 즉, 전 세계에 퍼진 생산유통 시스템의 각 요소에 다량의 자금이 투입된다는 사실입니다. 그 때문에 수입품의 값이 싸지는 기묘한 일이 벌어지는 것입니다.

인프라 본연의 특성을 포함해 경제 시스템 전체가 그러한 방대한 자금의 사용에 좌우된다는 돈의 마술을 이해하는 것이 매우 중요합니다.

경쟁의 끝에 행복은 있는 것인가

원래 글로벌 경제의 특징 가운데 하나는 소비자와 생산자를 멀리 동떨어진 존재로 만든다는 것입니다. 그리고 또 하나의 특징은 세계적으로 더 많은 인구를 도시에 집중시키는 것입니다. 이렇게 되면 도시민이 소비하는 재생 불가능한 자원의 양은 계속 증가합니다. 이러한 면에서 도시화와 세계화에는 밀접한 관계가 있습니다.

이 작은 별, 지구 위에는 많은 인간이 살고 있습니다. 그러니 인간 사회를 어떻게 조직할 것인지가 문제입니다. 조직화의 방식으로서 세계화는 분명히 지속 불가능한 어리석은 방식입니다. 생산자와 소비자의 거리를 계속해서 넓혀가면서 생산자 쪽에서 더 많은 물건, 게다가 단일 품종으로 물건을 만들어내는 것입니다. 그리고 이러한 생산방식을 유지하기 위해서는 더 많은 화석연료, 테크놀로지, 화학약품, 농약과 화학비료 등 대부분 석유로부터 얻어지는 것을 사용해야 합니다. 그 결과 환경에 더 많은 부하를 주는 생산방식이 고착화되는 것입니다.

세계화의 또 하나의 측면으로 작은 회사를 차례로 합병하는 현상이 있습니다. 그 결과 회사의 수가 줄어드는 것과 동시에 일자리도 감소합

니다. 줄어든 일자리를 차지하기 위해 경쟁이 더 심화되기 때문에 사람의 생활은 당연히 점점 빨라지고 바빠지는 것입니다.

경쟁의 격화는 아이에게도 심각한 영향을 줍니다. 지금 세계 곳곳의 어머니는 아이가 태어나기 전부터 그 아이가 어느 유치원에 가고 어떤 학교에 가면 좋을지 고민합니다. 좋은 학교에 들어가지 못하면 좋은 회사에 취직할 수 없을 것이라는 걱정에서 비롯된 것이지요. 내가 태어난 스웨덴도 그렇고 미국도 일본도 라다크도 그렇습니다. 모든 나라에서 아이는 더 큰 압박을 받으며 삽니다. 더 많이 공부해서 시험에 합격하고 좋은 학교에 가서 좋은 직장에 취직해야 한다는 식으로 더욱 자신의 시간을 경쟁에 이기는 데 쏟아붓는 것입니다.

이 경쟁은 도대체 무엇을 위한 것입니까? 물론 살아가기 위해 필요하기 때문입니다. 오늘날 우리는 먹을 것, 입을 것, 살 집 등 기본적인 것을 충족하기 위해서조차 격렬하게 경쟁을 해야 하는 세상에 삽니다. 이러한 가혹한 경쟁의 끝에서 과연 행복을 찾을 수 있을까요? 아니요. 이경쟁 때문에 온 세상은 더욱 불행해지지 않았습니까!

예전에는 낙원과 다름없던 라다크에서조차 지금은 10대 청소년이 자살을 합니다. 내가 일 년 중 가장 많은 시간을 보내는 미국, 영국, 오스트레일리아에서는 지금 청소년 우울증이 급속히 증가해 많은 아이가 약을 처방받습니다. 미국에서는 주인이 너무 바쁜 탓에 돌봄을 받지 못해 스트레스가 높아진 애완견에게 항우울제를 투여한다고 합니다.

우리 한 사람 한 사람이 떠안고 살아가는 삶의 고통, 절망감, 스트레스와 글로벌 경제 간의 관계가 보이시는지요? 이러한 연결고리가 보인다면 이제 우리는 인류를 불행으로 이끄는 이 구조를 바꾸어나가야 합니다.

강요되는 열등감

오늘날 전 세계 청소년이 존경하는 사람, '저렇게 살고 싶다'라고 생각하는 역할모델은 그들의 주변인물이나 같은 문화권 안의 인물이 아니라 글로벌 경제 시스템에서 활약하는, 세계적인 지명도를 가진 인물입니다. 이들의 상당수는 텔레비전, 영화, 광고 등에 등장합니다. 아시아와 아프리카의 청소년이 '저들처럼 되고 싶다', '그녀와 같이 살고 싶다'라고 동경하는 인물은 대부분 서구의 백인입니다. 라다크에서도 그렇고 일본에서도 그러한 경향이 강한 것을 저도 눈으로 확

<그림 5-3> 라다크의 일상

인했습니다. 이것은 전 세계적인 경향입니다. 이미 지역사회 내에서 역할모델을 찾아내는 것은 쉽지 않아졌습니다. 자신이 속한 지역의 어른으로부터 문화적인 가치관이나 삶의 지혜를 배워 성장해가는 전통이 무너진 것입니다.

제가 처음 라다크를 방문한 1975년경, 라다크의 사람은 매우 자부심이 강하고 건전하고 행복해보였습니다. 자신의 피부색은 제대로 된 색인지, 눈의 모양은 괜찮은지, 키가 너무 작은 것은 아닌지 등으로 고민하지 않았습니다. 그러나 세계화에 노출된 후 그들의 미의식은 크게 바뀌어버렸습니다. 오늘날 라다크의 사람은 자신의 피부색이나 눈의 형태나 키에 매우 강한 열등감을 갖습니다.

세계적으로 활약하는 백인을 기준으로 삼아 '그와 같이 되고 싶다'라고 동경하는 것은 위험합니다. 왜? 결국 아무리 노력해도 될 수 없으니까요. 금발이며 푸른 눈이며 흰 피부, 그것은 도달할 수 없는 목표입니다.

그럼 미국이나 스웨덴 사람은 금발에 푸른 눈에 흰 피부를 가지고 태어났으니까 행복하다고 할 수 있을까요?

스웨덴에서는 5세 아동의 대부분이 자신의 몸을 몹시 싫어하며 더 마르고 싶다고 고민합니다. 그리고 10세가 되면 가슴이 커지지 않는다거나, 코가 너무 크다거나, 입술이 너무 작다는 등의 이런저런 고민으로 성형수술을 받는 사례가 급속도로 증가했습니다.

여기서도 GDP나 GNP로 측정되는 경제성장의 구조가 보이시지요? 사람이 불행하면 불행한 만큼 항우울제의 수요가 증가하고 자신의 몸을 싫어하면 할수록 성형수술이 증가해 GDP는 올라갑니다. 반대로 만약 우리가 자신에게 만족하고 불만도 없고 행복하면 GDP는 오르지 않는 것입니다. 즉, 경제성장이라는 것은 사람의 불행에 비례해 증가하는 것입니다. 그리고 글로벌 경제는 사람을 불행하게 만듦으로써 더 '풍요로워'지는 구조인 것입니다.

따지자면 끝이 없습니다. 물이 오염되어 수도나 강의 물을 마실 수 없으면 GDP의 수치는 오르기 때문에 경제발전 차원에서는 좋은 일입니다. 왜냐하면 대신 미네랄워터를 사야 하기 때문입니다. 또 예를 들어 당신이 귀가했더니 집에 도둑이 들어 텔레비전과 스테레오, 개인용 컴퓨터를 모두 도둑맞았다고 상상해보세요. 이것은 당신에게는 괴로운 일이겠지만 경제발전 차원에서는 잘된 일입니다. 새로운 물건을 또 사야 GDP가 오르기 때문이지요.

결국 글로벌 경제란 소비지상주의입니다. 어쨌든 물건을 가능한 한 많이 만들고, 파는 것입니다. 그것을 소비자가 가능한 한 많이 사고, 그

양을 점점 늘려가는 것이지요. 글로벌 경제의 구조는 그렇게 구성되어 있습니다.

세계화로부터 지역화로

어두운 이야기만 했으니 밝은 이야기를 합시다.

지금은 글로벌 경제의 양상에 의문을 제기하는 사람의 비율이 세계 곳곳에서 분명히 증가하는 추세입니다. 곳곳에서 몇백만, 몇천만의 농민이 글로벌 경제에 분명한 반대 의견을 내세우기 시작했습니다. 미국이나 오스트레일리아, 영국에서는 자신의 사회적 성취를 희생해서라도 삶의 질을 높일 수 있는 선택을 하겠다는 사람의 비율이 30%에 달한다는 조사결과도 있습니다.

앞서 이야기했던 세계적인 역할모델의 필두라고 할 수 있는 브래드 피트Brad Pitt, 레오나르도 디카프리오Leonardo Dicaprio 등의 할리우드 스타조차 글로벌 경제의 두려움을 알아차리고 자신의 삶을 성찰하는 움직임을 보였습니다. 그리고 할리우드에서도 글로벌 경제의 주역인 대기업을 통렬하게 비판하는 영화를 만들기 시작했습니다.

또한 글로벌 경제를 단지 비판하는 것만이 아니라 많은 사람이 지역화regionalization의 길을 선택해 지역을 살리는 방향으로 움직입니다. 이것이 제가 여러분에게 소개할 수 있는 진정한 의미에서의 밝은 이야기입니다.

가치관의 전환이 전 세계에서 일어났습니다. 지금까지의 GDP나 GNP

라는 기준의 모순을 깨닫고 국민총행복GNH이라는 새로운 가치관의 척도와 함께 진정진보지표GPI¹라는 지표도 제안되었습니다. 그 밖에도 지금까지의 사회 시스템을 대신하는 대안 모델이 곳곳에서 모색되었습니다.

이와 같은 흐름 가운데 특히 중요하다고 생각하는 것이 지역화입니다. 현대인이 행복과 불행을 느끼는 정서상태가 경제 구조와 밀접한 관련이 있다는 사실은 분명하지만 저는 세계화에서 지역화로 경제 구조가 바뀌는 정도에 따라 사람이 더 행복해질 수 있다고 믿습니다.

우선 지역화는 비용이 적게 듭니다. 그리고 재생 불가능한 에너지의 소비를 줄일 수 있습니다. 또한 지역의 고용이 증가하고 좀 더 많은 사람이 좋아하는 일에 종사할 수 있습니다. 삶의 질 향상이라는 목표를 위해서도 지역화가 훨씬 더 빠르고 간단한 방법입니다. 지역화를 통해 전 세계는 하나의 지역이 세계화를 위해 격심한 경쟁 가운데 격전을 벌이는 것보다 훨씬 더 편하게 같은 목표에 다다를 수 있고 좀 더 행복한 사회를 구현할 수 있습니다.

또한 지역화는 환경 문제 해결의 열쇠이기도 합니다. 푸드 마일리지Food Mileage라는 발상이 있습니다. 모든 음식물에는 그것이 식탁에 오르기까지의 거리(마일리지)가 있습니다. 음식뿐이 아닙니다. 건축자재에는 빌딩 마일리지라는 것이 있는데요, 지구 반대편으로부터 여러분 손에 들어오기까지는 몹시 긴 마일리지가 소모됩니다. 그만큼 에너지를 소비하고 이산화탄소를 많이 배출하고 지구환경에 큰 부하를 주는 것입

---

1 미국의 비정부기구NGO인 진보의 재정의Redifining Progress가 GDP를 대신하는 지표로 개발해 공표했다(www.rprogress.org/sustainabillity_indicators/genuine_progress_indicator.htm).

니다. 그러니까 마일리지가 긴 물건을 많이 소비하는 생활을 지역에서 생산되는 짧은 마일리지의 물건을 소비하는 생활로 바꾸어가야 합니다. 음식과 함께 건축자재나 에너지의 지역화도 특히 중요합니다.

인간의 행복에 관해서는 많은 연구가 축적되어 있는데요, 무엇보다 중요한 것은 지역사회입니다. 현대병에는 알코올중독, 약물중독, 우울 증 등이 있는데 이러한 병을 치료할 때 가장 유효한 것은 사람이 모여 서로 도우면서 위안을 얻는 것이라고 알려져 있습니다.

또 하나 인간이 행복하게 살기 위해 중요한 조건은 자연계, 생태계와 의 연결고리를 되찾는 것입니다. 제가 지역화와 지역 경제를 강조하는 것은 그것이 사람에게 지역사회와의 관계 회복과 동시에 자연과의 관계 회복을 가져다주기 때문입니다. 즉, 지역화야말로 지속 가능성에 이르 는 지름길임을 깨닫고 지역화를 통해 지금까지의 경제 시스템을 대신하 는 '행복의 경제학'을 추구해야 할 것입니다.

그러면 이를 위해 우리 한 사람 한 사람이 할 수 있는 일은 무엇일까 요? 여러 가지가 있습니다. 무엇보다 중요한 것은 우선 자신부터 배우 고 익혀서 그것을 다른 사람과 공유하는 것입니다. 그리고 지혜를 모아 서로 협력하면서 생활 속에서 실천 가능한 것부터 세계화가 아닌 지역 화의 방향으로 바꿔나가는 것입니다.

지역 경제 시스템을 구축하는 데는 시간이 걸릴지도 모릅니다. 하지만 여러분은 오늘 이곳에서부터 출발할 수 있습니다. 같은 뜻, 공동의 목표 를 가진 사람끼리 작은 지역사회를 만드는 것에서부터 시작해보십시오.

그 예로 여러분에게 추천하고 싶은 것은 로컬푸드 운동입니다. 자신 의 식생활을 조금씩 바꾸는 것에서부터 지역의 경제적인 자립을 위한 첫걸음이 시작됩니다. 또 지금까지의 '불행의 경제'를 대신하는 '행복의 경제' 또한 거기서부터 시작될 것입니다.[2]

그리고 또 하나, 가능한 한 많은 시간을 자연 속에서 보내고 자연과의 연결고리를 되찾으시길 바랍니다.

이러한 일이 어려울 것이라고 생각하십니까? 괜찮습니다. 이 두 가지 일을 할 수 있다면 당신은 반드시 지금보다 행복하다고 느낄 수 있을 것입니다. 제가 보증합니다.

세계 곳곳을 여행하면서 좀 더 나은 미래가 온다고 믿고 이를 위해 노력하는 사람은 그렇지 않은 사람보다 더욱 충실한 하루하루를 보내며 더 행복해하는 것 같다고 느꼈습니다. 우리 삶의 최종 목표는 평화롭고 지속 가능하고 행복한 사회를 만드는 것입니다. 자신에게 가능한 범위에서 앞서 언급한 미래를 향한 다양한 활동을 해보시길 바랍니다. 여러분 자신의 충족감과 행복감이 높아지는 것을 느낄 수 있을 것입니다. 여러분, 기쁨이 넘치는 인생을 사시길 바랍니다.

쓰지 신이치 교수와의 대담

쓰지: 오늘 헬레나 씨가 이곳에 와계신 것처럼 전 세계를 이동하는 자유도 세계화의 결과물 중 하나라고 생각하는데요, 세계화의 긍정적인 면을 어떻게 활용하면 전 지구적 차원에서 '오래된 미래'를 목표 삼아

---

2 『食と農から暮らしを變える 社會を變える ― 行動のためのヒント集』(NPO法人開発
　と未来工房, 2006) 참조.

나아갈 수 있을까요?

헬레나: 경제의 글로벌화는 국제적인 교류·협력과는 분명히 구별할 필요가 있습니다. 현재 각국의 정부가 추진하는 것은 글로벌 기업이 자유롭게 활동할 수 있는 환경을 정비하는 것입니다. 그 이후에 파생되는 것은 경쟁의 스트레스로부터 오는 불행, 파괴, 전쟁이지요. 기업이 인수합병M&A을 통해 몸집을 키우고 전 세계 경제를 석권하고 한층 경쟁을 심화하는 것과 평화를 추구하는 사람의 대화·교류·상호협력은 서로 이질적인 것이라고 치부해버리는 편이 좋지 않을까요?

이런 시대이기 때문에 이제껏 해왔던 것보다 더 진정한 의미에서 문화 간의 대화, 지역 간의 대화가 필요하다고 생각합니다.

제가 라다크에 있을 때 이런 일이 있었습니다.

앞서 세계화의 결과로 라다크의 사람이 열등감을 안고 살아갔다는 이야기를 했지요. 신체적 외모뿐이 아닙니다. 텔레비전과 영화에서 보는 광고의 영향으로 청소년은 점차 자신의 문화가 뒤처졌다고 생각하고 스스로의 라이프스타일이 시대착오적이라는 열등감을 가졌습니다. 이 열등감 가운데는 영어를 구사할 수 없다는 사실도 포함됩니다. 그리고 시골 사람의 대화 가운데 '우리는 말도 못하는 당나귀같이 어리석다'라는 표현이 나타났습니다.

저는 이러한 사태를 목격하고 외부인으로서 책임의식이 들어 라다크 사람이 서양을 제대로 이해할 수 있도록 도와야겠다는 데 생각이 미쳤습니다. 저는 "어째서 외지인과 영어로 대화할 수 없다고 당신이 열등감을 가지는 것이지요? 오히려 여기에 오는 사람이 라다크어를 배우면 되지 않습니까"하고 말했습니다. 그러자 라다크 사람은 놀라며 "꼭 우리 아이에게 이런 이야기를 해주세요. 또 라다크에 다시 오셔서 그 말씀을 전해주세요"라고 말했습니다.

또한 서구세계에서는 이미 금지된 석면, 디디티DDT 등의 위험성에 대한 정보도 없이 이것이 급격한 근대화의 물결에 휩쓸려 라다크에 유입되었습니다. 석유가 도입된 후 생활상이 크게 변했지만 여기에 어떤 문제가 있는지 이제껏 알려지지 않았습니다. 라다크는 또한 오늘날 '선진국'에서 문제시되는 농약의 위험성에 노출되어 있습니다. 아프리카나 남아메리카, 인도 등 전 세계의 마을에서 일어나는 것과 같은 일이 말입니다.

제가 주장하고 싶은 것은 이른바 선진국, 특히 유용한 정보에 접근하기 쉬운 도시 거주자가 솔선해 남반구의 사람과 커뮤니케이션을 해야 한다는 것입니다. 그리고 그들이 필요로 하는 정보를 제공해야 합니다. 한편으로 북반구의 선진국은 스스로의 삶의 방식이 지속 불가능하다는 것을 자각하고 남반구 개발도상국의 라이프스타일을 배우고 그 가운데에서 지속 가능한 길로 나아가기 위한 힌트를 찾아야만 합니다.

이것이 진정한 의미에서의 국제교류며 협력관계 아닐까요? 이러한 남과 북, 도시와 농촌, 지역 상호 간의 커뮤니케이션을 활발히 함으로써 우리 사회 종래의 시스템으로 인간이 행복하지 못했던 이유를 알 수 있을 것입니다. 그리고 이를 대신하는, 모두가 행복하며 지속 가능한 사회로 나아가는 길이 점차 선명하게 보이겠지요.

쓰지: 오늘날 세계 곳곳에서 경제의 글로벌화가 추진되는 근원적인

원인은 무엇이라고 생각하십니까? 인간 본연의 소유욕일까요?

 헬레나: 많은 사람이 세계화를 일종의 진화론적이며 불가피한 숙명적 진화의 과정이라고 생각합니다. 또한 소유욕이라든지 탐욕이 인간의 본성이라는 생각도 있습니다. 그러나 저는 이러한 생각 모두에 반대합니다.

 앞서 이야기한 것과 같은 과정을 제대로 직시하면 거기에는 단순한 탐욕이라든지 혹은 진화라는 말로는 도저히 설명할 수 없는 문제의식이 자리 잡고 있다는 것을 알 수 있습니다.

 무역자유화, 규제의 철폐, 이를 위한 예산의 배분 등은 다분히 의도적인 것입니다. 결코 본능대로 행해지는 것이 아닙니다. 그러한 거대한 돈의 흐름이, 예를 들어 코카콜라가 아프리카에서 막대한 광고를 전개하는 배경이 됩니다.

 저의 지인인 줄리엣 쇼어Juliet B. Schor가 2004년 『물건을 사기 위해서 태어났다Born to Buy: The Commercialized Child and the New Consumer Culture』라는 빈정대는 듯한 제목의 책을 출간했습니다. 사실은 누구도 태어날 때부터 소비자는 아닐 것입니다. 소비자가 되도록 교육받고 소비자로 만들어지는 인위적인 과정이 있는 것이지요. 광고는 단순히 제품의 매력을 창출해내는 것만이 아닙니다. 오히려 자신에 대한 깊은 불만이나 자기부정을 이식함으로써 소비를 부추긴다는 점을 반드시 이해해야 합니다.

 쓰지: 저도 기본적으로는 헬레나 씨가 말하는 이른바 지속 가능한 개발에 전면적으로 찬동하고 그것을 연구하지만 지금은 매우 비관적인 견

해를 갖고 있습니다. 왜냐하면 세계적으로 마이너리티, 이른바 가장 궁핍한 사람을 제외하고 중산층에 속한 사람은 누구나 아이팟 ipod과 컴퓨터를 갖고 싶어 합니다. 일본인처럼 여러 가지 물건을 갖고 싶어 하고 가능하면 자동차를 갖고 싶다고 생각하지요. 이러한 흐름을 이제는 멈출 수 없습니다. 우리가 아무리 지속 가능한 개발이라는 것이 있다고 이야기를 해도 그것은 일본처럼 앞서 개발된 나라니까 말할 수 있는 것이고, 개발도상국의 사람에게는 아이팟이 필요 없다는 것이냐고 반문한다면 우리에게는 반론의 여지가 없는 상황이 됩니다. '이쪽', 즉 지속 가능한 개발이나 GNH를 목표로 하는 부류는 이러한 세계적인 큰 흐름을 앞에 두고 정체되어 있는 것은 아닐까요? '아니다. 비관할 필요는 없다'라고 말씀해주실 수 있으신가요? 혹은 '이쪽'의 활동은 결국 큰 변화를 이끌어낼 수 없는 작은 움직임으로 끝나버리는 것일까요?

헬레나: 분명히 시스템 전체에서 보면 우리 쪽, 즉 지속 가능한 개발을 주장하는 쪽은 충분히 큰 성과를 올리지 못했다고 할 수 있습니다.

지금으로부터 10년, 15년 전에 '지속 가능한 개발'을 주창했던 사람 가운데는 반대로 그 결과에 매우 낙관적인 사람이 많았지요. 그 무렵 저는 매우 염려스러웠습니다. 왜냐하면 그 사람이 대단한 속도로 진행되던 경제의 글로벌화의 본질을 미처 파악하지 못했다는 것을 알았기 때문입니다.

그래서 저는 2개의 'R'에 주목할 필요가 있다고 주장했습니다. 단순히 지금까지의 시스템을 반대하거나 저항Resistance하는 것만으로는 불충분하다고 말입니다. 그것도 중요하지만 한편으로는 또 하나의 'R', 즉 재생Renewal을 위한 구체적인 모델 만들기를 시작할 필요가 있다는 것이었습니다.

덧붙여 말하자면 레지스탕스의 'R'은 단순한 저항의 의미가 아니고 중요한 것은 협력입니다. 지역과 지역이 연결되어 서로 협력한 결과 글로벌 경제의 본질에 대한 이해가 깊어지면 함께 이에 저항할 수단을 만들어낼 수 있을 것입니다.

오늘날 전 세계가 매우 심각한 상황에 처해 있다는 것에는 저도 같은 의견이지만 동시에 저는 매우 낙관적입니다. 왜냐하면 최근 5~6년 사이에 세계는 이전에 생각할 수 없었던 의식의 변화를 겪었기 때문입니다. 글로벌 경제라는 것이 도대체 무엇을 의미하는지 좀 더 깊이 이해해야 한다는 요구가 매우 대단한 기세로 일어났습니다.

시애틀의 시위The Battle in Seattle[3]에서처럼 환경운동과 노동조합운동이 서로 같은 목적을 갖고 움직이기 시작했습니다. 이것은 역사상 처음 있는 일이라고 생각합니다. 또한 정치적으로 좌익과 우익이 같은 방향을 향해 함께 움직이기 시작했습니다. 예전에는 멀리 떨어진 장소에 있던 농민과 어민 등의 생산자와 도시의 소비자가 손을 잡기 시작했습니다.

게다가 더 크게 보면, '북반구'의 사람과 '남반구'의 사람 ― 이른바 '선진국'의 사람과 '개발도상국'의 사람 ― 이 서로 손을 잡고 역시 같은 목적을 향해 움직이기 시작한 것입니다.

이와 같이 일찍이 뿔뿔이 흩어져 각자의 분야에 속해 있던 사람이 연

---

3 1994년 시애틀에서 개최된 세계무역기구WTO 각료 회의에 대한 저항 운동을 지칭한다. NGO를 중심으로 수만 명이 참가했으며 WTO 각료 회의는 선언문을 채택하지 못하고 폐막되었다. 반세계화 운동의 맥락을 바꾸었다고 평가받는다.

대를 맺기 시작했다는 것입니다. 무엇보다도 이와 같은 일이 우리 한 사람 한 사람의 내면에서도 일어났습니다. 그것이 저는 무엇보다도 중요한 변화라고 생각합니다. 즉, 한 사람 한 사람의 마음속의 벽이 허물어지고, 영적인 자신의 존재, 정치적인 자신의 존재, 경제적인 자신의 존재 사이에 연결고리가 생겨나서 이것이 함께 움직이는 것입니다. 무엇보다도 이제껏 정치나 경제에만 관심을 두었던 사람이 자신의 인생에서 행복이란 무엇인지, 인류를 위한 행복은 무엇인지와 같은 진지한 물음을 갖기 시작했습니다. 그리고 이러한 깊은 성찰을 바탕으로 행동을 개시한다는 것입니다.

분명 걱정거리는 많이 있습니다. 저도 마찬가지입니다. 그렇지만 저는 확신합니다. 희망을 가질 만한 충분한 이유가 있기 때문이지요. 그것은 결국 인간의 본성인 타인에 대한 배려와 친절, 사랑에 대한 신뢰라고 생각합니다. 그것은 세계를 좀 더 나은 곳으로 만들고자 하는 스스로의 능력에 대한 신뢰인 것입니다.

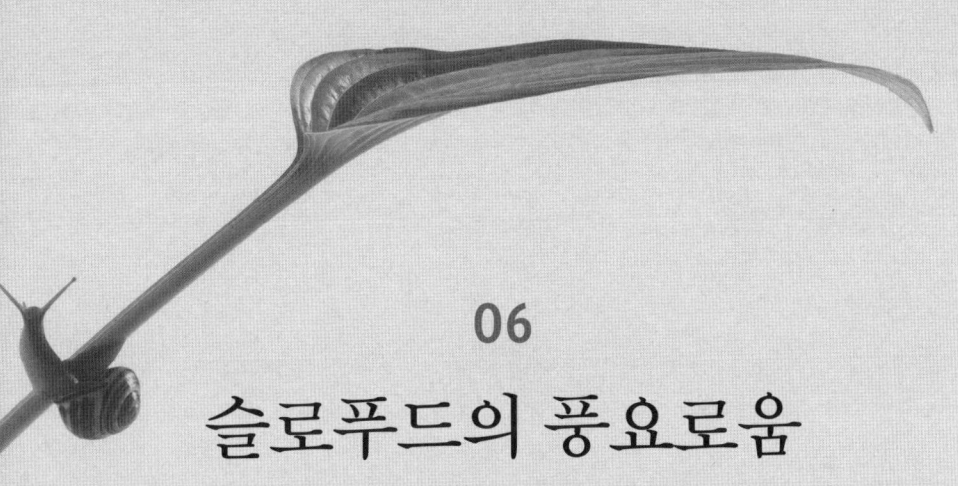

06

슬로푸드의 풍요로움

이탈리아 식문화로부터 얻은 교훈

—

시마무라 나쓰

시마무라 나쓰島村菜津

논픽션 작가다. 도쿄예술대학東京藝術大學 서양미술사학과를 졸업했으며 저서『スロー
フードな人生』(新潮社, 2000)으로 일본에 슬로푸드 철학을 소개했다. 2003년 '소학관
21세기 논픽션대상' 우수상을 수상하고, 『スローフードな日本』(新潮社, 2006), 『バー
ル, コーヒー, イタリア人: クローバル化もなんのその』(光文社, 2006) 등을 출간했다.
또한『スローフードな人生』(2008)을 타이완에서 출간하기도 했다.

이탈리아의 슬로푸드 문화

2000년 『슬로푸드적인 삶スローフードな人生』이라는 책을 쓰기 위해 이탈리아의 슬로푸드협회와 농촌을 취재했습니다. 슬로푸드란 사회 전반에서 진행된 세계화처럼 전 세계적인 미각의 균질화로부터 지역 고유의 음식문화, 미각의 다양성을 지켜나가고자 하는 운동입니다. 각 지역의 맛과 재래종의 보존, 지역의 문화인 향토요리, 가정마다 다른 음식 맛 등 미각의 다양성을 소중히 지켜나가자는 것입니다. 이탈리아에서 슬로푸드협회는 역사와 전통의 도시 로마에 세계 최대의 패스트푸드 기업인 맥도날드가 진출한 사건을 계기로 발족했습니다. 슬로푸드협회에는 현재 일본과 미국을 포함해 전 세계적으로 7만 명이 넘는 회원이 등록되어 있습니다.

발족 이후 약 20년간 슬로푸드협회 활동의 중심을 이룬 것은 우선 질 좋은 제품을 만드는 소규모 생산자를 보호하는 것이었습니다. 그리고 어린이를 포함한 소비자를 대상으로 미각 교육, 멸종위기에 처한 재래종의 보전, 환경 친화적인 어획의 보전, 전통적인 식품가공법의 보전 활동을 중점적으로 펼쳤습니다.

소규모 생산자는 우리의 건강에 이로운 것을 생산할 뿐 아니라 전통을 수호하는 사람입니다. 또한 향토의 맛이란 그 지역문화 자체로서 주민에게 지역에 대한 애착을 심어주기 때문입니다.

저는 대학에 들어갈 때까지 완전히 부모님에게 의존해 살았습니다. 학과 공부만 했지 생활의 기본이 되는 장보기며 된장국을 끓이고 밥을 짓는 일 같은 것은 해보지 못한 세대였습니다. 그리고 대학에 들어가서

〈그림 6-1〉 수작업으로 올리브를 가공하는 이탈리아 여성

는 패스트푸드를 열심히 먹다 건강을 해치고 말았습니다.

대학에서 미술사를 전공하고 졸업 후 공부를 더 하기 위해 이탈리아에 자주 갔는데요, 반년 정도 되니까 왠지 컨디션이 좋아지는 것을 느꼈습니다. 그제야 음식의 중요성을 깨달았습니다.

우선 이탈리아에서는 소규모 생산자, 자영업이 활기를 띠고 있었습니다. 예를 들어 이 재료는 어떻게 요리해서 먹느냐고 물어보면서 고기는 정육점에서 사고, 채소는 채소 상점에서 사는 것입니다. 파스타는 그날 아침에 반죽한 것을 삽니다. 시장에서는 일본의 시장처럼 비닐로 포장을 하지 않고 그대로 쌓아둔 채 물건을 팝니다. 체리 같은 것을 보면 아래쪽에 쌓여 있는 것은 찌그러진 것도 있지만 불평하는 사람은 없었습니다. 파는 사람이나 그것을 사서 먹는 사람이나 일본과는 의식이 전혀 다르다는 생각을 했습니다.

더욱 다른 것은 식탁의 문화, 식사를 통한 인간관계의 차이였습니다.

예를 들어 공적인 일로 변호사와 인터뷰를 합니다. 인터뷰가 끝나면 '휴~' 하고 숨을 돌릴 정도로 무서운 변호사지요. 그렇게 무서운 사람이라도 일본 요리를 대접하기 위해 저의 하숙집으로 초대했을 때는 전혀 다른 모습을 보이는 것입니다. 몇 시간이라도 허물없이 이야기할 수 있고, 게다가 토요일이나 일요일이 아닌 주중에도 초대를 할 수 있다는 것입니다.

그다음으로 놀란 것은 마을의 구조였습니다. 버스를 타지 않고도 초대받은 집에서 자기 집으로 돌아갈 수 있을 정도의 거리에 살기 때문에 식사 초대를 주말이 아닌 주중에 해도 괜찮은 것입니다. 마을이 지나치게 크지 않은 것입니다.

이렇게 저렇게 보고 들은 이야기와 여러 가지 차이점을 『슬로푸드적인 삶』에 담아보았습니다. 지금 생각해보면 거기까지는 남의 일이었습니다. 오랫동안 동경했던 먼 나라의 장점을 살펴본 것이었지요.

그런데 그 책을 쓰던 바로 그때에도 내가 살던 도쿄의 상점가는 점점 병들어갔습니다.

예를 들어 국수 상점은 주인 아주머니가 병이 나서 문을 닫고, 솜씨 좋은 아저씨가 30년이나 해오던 장어구이 전문점은 대형마트에 포장된 상태로 중국산 장어가 들어오면서 손님이 줄어든 것입니다. 그분이 몇십 년을 공들여 갈고닦은 기술을 아무도 알아주지 않는 것이지요. 이런 식으로 전통 있는 상점이 (100엔짜리 물건을 박리다매하는) '100엔 숍'이 되거나 핸드폰 대리점이 되는 등 오래된 상점이 하나 둘 사라진 것입니다.

이런 상황을 목격하면서 우리가 매일 먹는 것, 즉 일본의 음식에 관한 연구를 해야겠다는 생각이 들었습니다. 그리고 이러한 생각을 책으로 엮은 것이 『슬로푸드 일본 スローフードな日本』(2006)이었습니다.

사람들은 '슬로푸드'라는 말을 아직도 오해하는데 패스트푸드 상점에 폭탄이라도 장치해서 부숴버리자는 험악한 운동이 아닙니다. 해외에는 그러한 운동도 있지만 그것과는 조금 다릅니다. 패스트푸드 상점 주인도 살아 남아야겠지요. 다만 성장기의 어린이가 배고플 때 별 수 없이 패스트푸드를 먹는 지금과 같은 환경을 방치해서는 안 된다는 것입니다. 이런 환경이 점차 당연시되는 것에 위기의식을 느끼자는 운동입니다.

언제 어디서나 같은 품질의 음식을 제공한다는 패스트푸드적인 발상은 어떠한 의미에서는 평등사상입니다. 미국에서는 패스트푸드가 만인에게 같은 음식을 나누어주고자 하는 기독교의 평등사상을 기초로 보급된 측면이 있습니다. 그러나 잘 살펴보면 우리의 삶의 리듬이나 소중한 사람과 맛있는 음식을 함께 나누는 시간의 질을 무시하고 시스템의 효율성만을 추구한 것이 패스트푸드인 것입니다. 그래서 본래 미식을 즐기며 지역사회의 결속력을 소중히 여겨왔던 일본이기 때문에 패스트푸드를 거부할 수 있을 것이라고 생각합니다.

그럼 지금부터 일본의 현황은 어떤지 살펴보겠습니다.

1945년부터 시작된 패스트푸드화

저에게는 초등학교 2학년인 아이가 있습니다. 사회적으로 제가 속한 세대는 일본 역사상 최악의 세대라고 문제시되는 것 같습니다. 쇼와 30년대생[1] 부모만큼 끔찍한 부모는 없다고, 이 세대부터 일본의 식문화가 무너졌다고 합니다. 그런데 『현대가족의 탄생 [註]

^{村暢子著}』이라는 책에서 저에게 매우 용기를 북돋아주는 문장을 찾아냈습니다.

이 연구자가 행한 조사는 쇼와 30년대에 태어나 어머니로부터 맛을 계승하지 못한 세대를 기른 부모에 대한 것이었습니다. 결론은 이러했습니다. 패스트푸드의 제1세대는 쇼와 30년대에 태어난 우리 세대가 아니라 그 부모 세대라는 것입니다. 매우 뿌리 깊은 문제였습니다. 오늘날 일본 어린이의 식문화의 저변에는 일본 전후_{戰後} 역사의 어두운 그림자가 드리워져 있는 것이었습니다.

전쟁이 끝나자마자 일본 전국에 '키친카Kitchen Car'라는 것이 출현했습니다. 일본 전후 최초의 식육_{食育}운동[2]이자 전국 규모의 캠페인이었는데요, 스폰서는 미국의 밀가루 생산자 협회였습니다. 그들의 주장은 일본인은 쌀만 너무 많이 먹으니 밥은 그만 먹고 빵을 먹으라는 것이었지요. 그 당시 이러한 캠페인에 편승한 학자도 있어서 '쌀을 먹으면 머리가 나빠진다'라고 쓴 책이 꽤 많이 팔렸다는 기록이 있습니다. 물론 저희 집에서도 어릴 적에 매일 아침 빵을 먹었습니다. 이렇게 해서 밀가루가 팔리자 그 이후 '식육운동'에 편승한 것이 콩기름 업계였습니다. 바로 여기에 현재 일본이 세계에서 가장 많이 유전자 조작 식품GMO을 소비하는 현상의 원인이 있는 것입니다.

그리고 큐피, 아지노모토, 닛신 등 일본 식품 업계의 여러 기업이 수입 원료를 적당히 가공해 큰 이윤을 올리며 대기업으로 성장한 것입니다.

그 결과 식생활의 서구화와 함께 압도적으로 기름의 소비가 증가했

---

1 옮긴이 주: 1955~1964년.
2 옮긴이 주: 식생활 개선 운동.

습니다. 98%였던 채종유의 자급률도 지금은 1% 이하가 되었습니다. 일본 요리의 근간이라 할 수 있는 두부, 된장, 간장의 원료인 대두의 자급률은 대략 3~5%선으로 떨어졌습니다.

경제 시스템에 편입된 식문화

이렇게 해서 일본의 식문화는 크게 바뀌었습니다. 가장 큰 이유는 식자재 문제였습니다. 값싼 식자재를 외국에서 수입하는 시스템이 정착해 대량생산, 대량유통이 이루어진 것입니다.

세토나이카이瀬戸内海[3]에는 꿈처럼 아름다운 섬이 있습니다. 이 가운데 오사키시모지마大崎下島의 미타라이御手洗라는 지구는 해운업의 전성기에 번창했던 곳으로 이곳에는 에도시대 거리 풍경이 아직 남아 있습니다. 그런데 섬의 주위는 전부 시멘트를 발라놓은 방파제와 도로로 둘러쳐져 있습니다. 그 이유를 들어보니 밀감이 금값으로 대접받던 시절, 밀감 운반을 위해 도로의 폭을 5cm 더 넓히면서 그 아름다운 경관을 망가뜨리고 콘크리트를 둘렀다는 것입니다. 그런 엄청난 기세로 도로를 마구 만들고 대량 유통을 위한 시스템을 구축했는데 오렌지 수입이 자유화된 것이었습니다. 이후 밀감 산지인 이 지역 경제는 무너졌습니다.

이탈리아에서는 택배로 물건을 보내려면 갖가지 문제가 많이 생겨 택배 이용을 포기할 정도지만 일본의 택배는 정확하고 철저하지요. 모두

---

3 옮긴이 주: 일본 남부 혼슈本州와 시코쿠四國 사이의 내해內海 지역.

성실하니까요. 그런데 성실함이 통하지 않는 세상이 온 것입니다. 무역 자유화로 좀 더 큰 규모의 유통 시스템에 편입되니까 그동안 성실하게 노력해온 일본의 농가는 새로운 시스템에 적응을 하지 못하고 쓰러지고 말았습니다. 결과적으로 식자재의 대부분은 수입산으로 대체되고 농업 인구는 일본 전체 인구의 3~4% 수준으로 줄었습니다.

이런 상황을 잘 살펴보면 흔히 이야기하는 것처럼 젊은이가 서구화된 식생활을 하기 때문만은 아니라는 것을 알 수 있습니다. 예를 들어 편의점에서 파는 일본식 도시락만 하더라도 생선구이는 전자레인지에 데우기만 하면 되는 상태로 남태평양에서 수입됩니다. 그리고 갈은 무,[4] 그야말로 놀라운 사실인데요, 패밀리레스토랑에서 제공되는 갈은 무는 어떤 식품회사의 히트상품이랍니다. 또한 어떤 수입업자는 전자레인지에 데우기만 하면 되는 구운 가지 요리를 베트남에서 대량으로 수입합니다. 상상을 초월할 정도로 일본의 식자재는 수입에 의존하는 형편입니다.

요코하마의 부두에 가면 알 수 있는 사실인데요, 유채油菜와 산채,[5] 락교와 생강[6] 등이 중국에서 수입됩니다. '어머니의 손맛'[7]이라고 광고하는 후리가케[8]와 찜 요리에 쓰이는 식자재 대부분의 원산지도 중국입니다. 수입업자가 중국인에게 생산 노하우까지 전부 가르쳐서 만들어 들여온답니다. 또한 에히메愛媛 현과 와카야마和歌山[9] 현의 밀감농가를 위

---

4 옮긴이 주: 생선구이에 곁들여 먹음.
5 옮긴이 주: 일본의 향토요리, 나물의 재료.
6 옮긴이 주: 생선회와 초밥 등에 곁들이는 식초로 절인 음식.
7 옮긴이 주: 전통의 맛을 일컫는 말이자 이를 이용한 광고 문구.
8 옮긴이 주: 밥 위에 뿌려 먹는 양념.
9 옮긴이 주: 앞서 언급한 세토나이카이 지역의 지명이자 일본 최고의 감귤류 산지.

협하는 것은 멕시코산 농축 환원 주스라고 합니다. 게다가 지금 현재 문제가 되는 것은 가공식품뿐이지만 농민은 앞으로 일본의 수입업자가 중국에 묘목을 가지고 가서 1~2년 키운 밀감생과가 중국으로부터 수입될 것을 우려합니다.

이처럼 식문화가 변해가는 것뿐 아니라 식품 첨가물도 문제입니다. 맛을 음미한다는 차원을 획기적으로 바꾼 것이 화학조미료MSG입니다. 감칠맛을 내기 위해 화학조미료인 아지노모토를 음식에 넣는 문화는 1960년대 무렵부터 시작되었습니다. 편리하기는 하지만 이렇듯 널리 보급되고 보니 젊은이는 다시마로 국물을 내지 않습니다. 지금 편의점에 가서 보면 화학조미료가 들어 있지 않은 가공품을 찾아내는 것이 어려울 정도입니다. 대학생은 대부분 편의점의 도시락, 컵라면에 가끔 고기를 먹는 생활을 합니다. 이런 환경을 만든 것은 우리입니다. 선택의 여지가 없는 상황으로 우리가 젊은이들을 몰아간 것입니다.

동네 상권이 살아 있는 마을이 좋은 마을이다

또 하나의 변화는 1970년대 무렵부터 대형마트가 많이 생겼다는 것입니다. 여러 가지 물건을 한 번에 살 수 있고, 이런저런 말을 할 필요도 없고, 손에 집어 들었던 상품이라도 금방 필요 없다고 생각되면 다시 제자리에 놓아두면 되기 때문입니다.

그렇지만 그러한 편리함의 이면으로 각 지역의 개인 상점은 계속해서 사라집니다. 이와 동시에 '일전에 사갔던 고기가 맛있었어요'나 '먼저 사간 생선은 물이 좀 안 좋았어요'와 같은 대화, 조리방법을 물어보는 정겨운 대화도 사라졌습니다.

저는 자그마한 저항 운동의 일환으로 가능한 한 동네 상점, 작은 상점에서 물건을 사려고 노력합니다. 맛도 좋고, 덤으로 주인아저씨나 아주머니가 우리 아이에게 말을 걸어주는 특전도 따라오기 때문입니다. 우리 아이를 걱정해주는 어른이 늘어나는 것입니다.

일본에서는 서민이 사는 동네를 제외하면 이미 이웃 간의 정겨움은 사라졌다고 포기했지만 모두 마음속으로는 이런 정겨움을 그리워했던지 어떤 계기가 있으면 되살아나는 것 같습니다. 이런 정겨움을 되살리는 작은 운동이 바로 동네 상점에서 쇼핑을 하는 것입니다. 물론 장사를 잘할 생각이 없는 상점은 어쩔 수 없지만요.

그래도 어떻게든 동네 상점이 좀 더 분발하면 좋겠다고 생각합니다. 미국처럼 자동차로 대형 쇼핑센터에 가서 일주일 분의 장을 보는 것은 언뜻 편리하게 보이지만 그 이외의 가능성을 무시하는 행동입니다. 유전자 조작 식품이 아닌 것, 첨가물이 적은 것, 외국산이 아닌 것을 선택하려고 하면 정말 어렵습니다. 최근에는 사활을 걸고 백화점에서도 지역 특산품 코너를 설치하고 조리된 식품 코너에서도 안심할 수 있는 조리법을 택하는 추세입니다. 많은 사람이 변하면 좀처럼 변화되기 어려운 사람도 변할 것입니다. 식품 가공 회사도 말이지요. 저의 목표가 바로 이것입니다.

일본에서 미국식 생활양식을 따라 가장 먼저 변한 것이 거리 풍경이었습니다. 저희 아버지는 긍정적인 면만 고려해서 경치가 좋은 교외에 주택을 구입했는데 30년이 지나고 보니 집은 노후화되고 마을은 고령화되었습니다. 대기업이 만든 주택단지였는데 전혀 앞을 내다보지 못했다는 것이 드러났습니다. 그 동네에 있던 열 곳 정도의 상점 중 남은 곳은 정육점뿐입니다. 그런데 아버지는 대단히 소심한 성격이라서 운전을 못하십니다. 장을 보러 갈 수 없으니 언니가 이따금 자동차로 대신 쇼핑을 해드리거나 아버지가 근처 농가의 직판장에 직접 가시거나 하는 등 매우 불편한 생활을 하십니다.

이런 예를 보더라도 이쯤에서 모든 사람이 사고방식을 바꿀 필요가 있지 않을까요? 노인이 되어 다리가 불편해지더라도 일상적으로 먹을 것 정도는 사러갈 수 있을 정도의 거리, 약간의 기분 전환을 할 수 있을 정도의 경치에 동네 상점이 활기찬 곳, 이런 마을이 좋지 않을까요? 기분 전환으로 잠깐 들를 수 있는 찻집이라도 하나 있어서 거기가 생활정보 교환의 장이 되는 그런 마을이 늘어난다면 삶이 흥거워지겠지요.

의외로 흥미로운 징후도 있습니다. 예전의 일본에서는 거의 볼 수 없었지만 지방도시에 가면 '저희 집 요리의 85%는 이 지역에서 생산된 식자재를 사용한 것입니다'라고 쓰인 (야마가타山形 현 쓰루오카鶴岡 시의 '아르케차노'를 비롯한) 이탈리아 요리점이 종종 눈에 띄는 것입니다.[10] 식자재를 공급해주는 농가, 산채를 제공해주는 자연에 대한 애정을 가진 요리사가 있다는 것이지요. 이런 사람이 30대 젊은 층에서 하나 둘씩 나오니까 고마운 일입니다. 이런 사람에 의해서 문화가 풍요로워지는 것이라고 생각합니다.

결국 동네 상점을 지키는 것은 어떤 물건을 살 것인가와 같은 우리의

---

10 옮긴이 주: 슬로푸드운동의 중심지인 이탈리아의 영향으로 일본의 이탈리아 요리점에서부터 변화가 시작되었음을 언급하는 것이다.

선택에 달려 있습니다. 이노우에 히사시井上ひさし[11]는 "물건을 사는 것은 투표를 하는 것과 같다"라고 말했습니다. 전철역 앞 상점에서 대충 사고 말던 제가 이 말을 듣고 반성했습니다. '뭐 이런 동네, 아무런 개성도 없고 체인점만 있는 데다 간판도 지저분하고 전깃줄도 늘어져 있으니 아이에게 미적 감각을 기르게 할 수도 없지'라고 불평을 하면서 패스트푸드나 사 먹는다면 나 또한 가해자가 될 수밖에 없는 것입니다. 나 또한 내가 사는 마을을 구성하는 한 사람이기 때문에 사고방식을 바꿔야 하는 것입니다.

밭농사의 균일화와 효율성

또 하나 생각해야 할 문제는 밭농사에서 일어나는 균질화입니다. 이탈리아에 가면 200ha의 쌀 농가가 있지만 일본은 겨우 4ha 정도고, 그것도 동북 지방에서나 가능합니다.

지금 일본의 농림수산성農林水産省은 농가에 보조금을 지급해 농업의 규모를 대형화하고 효율성을 높여 자유경쟁 체제에서 살아 남아야 한다고 주장합니다. 저는 이것이 도무지 납득이 되지 않습니다. 규모가 크지 않은 농가가 발달한 것이 일본과 아시아의 장점인데 말이지요. 이러한 정책은 90%의 농가에 적합하지 않습니다. 사계절 좋은 기후에서 소규모의 밭에 다양한 품종을 누구의 간섭도 받지 않고 재배해온 것이 그

---

11 옮긴이 주: 일본의 유명작가, 사회운동가.

동안의 밭농사였습니다.

　동북 지방을 방문하고 나서 느낀 것은 '일본에도 이런 훌륭한 경관이 남아 있구나', '옛날이야기에 나오는 풍요로운 농촌 그대로가 아닌가'라는 생각이었습니다. 자세히 보니 그곳은 원시림이 아니라 어디엔가 사람이 사는 기색이 있는 곳이었습니다. 그 훌륭한 경관은 임업에 종사하는 사람, 마을 뒷산에 사는 사람, 그리고 농민이 자연과의 교감을 통해서 만들어낸 것이라는 사실을 알았습니다. 몇백 년 동안 함께 말이지요. 그래서 저는 소규모의 가족 경영 체제의 농가가 더욱 분발해주기를 바랍니다. 주식회사가 나서는 것도 좋겠지만 그것만으로는 부족하다고 생각하기 때문입니다.

　최첨단의 농법으로 흙도 없고 태양광도 없는, 컴퓨터로 제어되는 공장 안에서 토마토가 재배됩니다. 멋진 채소 공장입니다. 이러한 공장도 사라져야 된다고는 말하지 않겠습니다. 있어도 괜찮을 것입니다. 그렇지만 석유를 수입할 수 없으면 어떻게 될지 생각하자는 것입니다(원자력 발전이 있으니까 괜찮다고 할지도 모르겠습니다만). 게다가 공장에서 재배 가능한 채소는 일본 고유의 풍광을 지켜나가지 못합니다. 이처럼 효율성을 추구하는 사고방식은 농산물의 유통뿐 아니라 생산 방법에도 영향을 미칩니다. 밭 한가운데에서도 효율을 쫓았던 것이 일본의 1960~1970년대였습니다. 당시의 자료를 보면 놀랍습니다. 가장 충격을 받은 것은 소의 위에 수세미 같은 물질을 넣어 소가 효율적으로 먹이를 소화하도록 해 더 많이 살찌게 하는 연구를 한 학자가 있었다는 사실입니다. 마침 그 소가 죽어서 그러한 제안은 취소되었다고 하지만 살아 있는 생명체를 무엇으로 생각한 것인지 되묻고 싶은 심정입니다.

달걀 하나를 보더라도 알을 낳는 속도를 높이기 위해서 인공으로 빛을 쬐어 아침인 것처럼 연출해서 낳게 합니다. 또한 과도하게 좁은 장소에서 닭을 기르기 때문에 병이 만연하면 전부 죽습니다. 따라서 먹이 안에 항생물질 따위를 많이 혼합하는데 달걀에는 이런 물질이 모두 응축됩니다.

이런 것을 생각하면 우리는 효율을 추구하는 가운데 가장 중요한 풍요로움의 핵심과도 같은 것을 잊어버리는 것 같습니다. 그럼 지금의 일본은 풍요로울까요? 어떤 면에서는 매우 궁핍하고 또 어떤 면에서는 매우 풍요롭습니다.

소비 문화와 먹을거리

일본이 매우 궁핍하다고 한 것은 소비 중심 사회로서 전적으로 미국 뒤쫓기를 하기 때문입니다. 전에 인터뷰를 했던 미국 슬로푸드협회의 저널리스트는 이렇게 말했습니다. 미국의 영화나 드라마를 보면 아버지와 아들, 혹은 엄마와 딸이 소중한 대화를 나누는 장면에서 두 사람 사이에 식빵과 피넛버터만 놓여 있는 것을 보고 정말 이래도 되는지 신경이 쓰여서 영화에 집중할 수 없다고요. 미국에서는 더는 요리를 하지 않는답니다. 부엌에 전자레인지밖에 없는 집도 있다고 하는데 미국 코미디언 가운데 '부엌에 전화밖에 없는 집, 전화로 피자를 주문할 뿐'이라는 농담을 하는 사람도 있답니다. 일본도 완전히 그 뒤를 쫓습니다.

뒤쫓기를 하는 분야는 이 밖에도 많이 있습니다. 소비사회이기 때문에 공포심을 부추기며 무엇인가를 사게 하는 것입니다. 도마는 더러운 것이라고 자꾸 바꾸고, 어린아이가 모래밭의 흙도 만지지 못하게 해 결국 소독약이라든지 약품을 사는 것입니다.

일본의 식문화는 균이 핵심입니다. 균이 만들어내는 깊은 맛이 일본의 발효식품 문화인데 주방의 살균을 위한 세제가 특히 최근 5년 정도 일본의 광고에서 빈번히 등장합니다. 누룩은 일본에만 있는 균이라고 합니다. 후쿠오카福岡 현에 있는 누룩 상점의 주인은 종국을 만드는 전문점이 일본에 열 곳밖에 없다고 말합니다. 그럼 발효 문화인 일본의 음식은 도대체 무엇으로 만들어지는지 생각하지 않을 수 없습니다.

또 하나 생각해볼 문제는 값싼 물건입니다. 1엔이라도 5엔이라도 싼 물건. 지금 5엔 절약하는 것이 정말로 그 집의 가정 경제를 지탱하는 것인지 생각해봅시다. 많은 사람이 5엔 싼 것에 달려들어, 예를 들어 외국산 채소를 산다든가 수입 식자재로 만든 가공식품을 삽니다. 제가 그런 것을 사지 않는 것은 10년 후에 지불해야 할지도 모르는 의료비를 절약하는 것이라고 반쯤은 진심으로 믿기 때문입니다. 정말로 자신의 몸에 좋은 것을 사려고 한다면 여기서 5엔 절약하는 것이 얼마나 이득이 되는지 생각해봐야 할 것입니다.

더 무서운 것은 다이어트와 건강식품입니다. 특히 현대인은 신경과민이기 때문에 건강이라는 말에 보기 좋게 속아 넘어갑니다. 건강식품은 먼저 의심의 눈초리로 360° 각도에서 살펴보고 나서 구입하는 것이 좋다고 생각합니다.

전국적으로 다이어트에 관한 캠페인이 벌어졌는데요. 저는 살찐 사람이 있는 편이 세상을 사는 데 더 즐겁지 않은가 생각합니다. 그렇지만 여성잡지를 비롯한 매스미디어는 슈퍼모델 같은 원래부터 날씬한 사람만 등장할 뿐 아니라 심지어 이들의 허리를 수정한 사진을 싣습니다. 현실의 인간에게는 있을 수 없는 이상형을 만드는 것입니다. 그러한 이미지가 매스미디어를 통해 전파된 결과 거식증에 걸리는 사람이 증가하고 다이어트 산업이 성장하는 것이지요. 최종 단계는 편의점 진열대에 잔뜩 쌓인 건강음료 등의 보조식품입니다. 아이는 그것이 몸에 좋을 것이라고 생각하고 사 먹지만 그것은 먹을거리의 막다른 골목에 이른 것입니다. 씹어 먹으며 오감으로 맛을 음미하는 제대로 된 식사의 반대편 극단에 있는 것입니다.

할아버지와 손자가 함께 음식을 먹습니다. 씹으면 의치가 빠지는 것을 보며 키득키득 웃으면서 함께 즐거운 시간을 보냅니다. 저는 그것으로 아이가 늙는다는 것을 배우고, 다른 사람을 이해하는 힘을 기를 수 있다고 생각합니다. 축제의 장점 중 하나는 보통 때에는 함께 식사를 하지 않던 이웃, 혹은 우연히 들른 외국인과 함께 음식을 나눈다는 것입니다. 오늘날의 바쁜 생활 속에서 아이에게는 그럴만한 장소가 거의 없습니다. 패스트푸드처럼 혼자 먹는 음식이 대부분이지요. 시험공부 때문에 먹는 시간을 아까워하며 방에서 아이 혼자 먹기도 하지요. 이러한 상황으로 아이를 몰아가는 것 역시 대단히 궁핍한 발상이라고 생각합니다.

또 하나는 풍족하다고 해서 음식물을 버리는 것을 당연시하는 궁핍한 발상을 지적하고 싶습니다. 편의점 등에서는 유통기한이 지난 도시락 등이 대량으로 버려집니다. 텔레비전에 자주 나오는 빨리 먹기, 많이 먹기 경쟁에서 남은 음식과 너무 많이 만들어 남은 호텔의 음식 또한 대부분 버려집니다. 작년에도 연이어 풍작이었던 배추와 무는 8,000톤이라는 어마어마한 양이 폐기되었는데 신문에서는 세 줄짜리 기사로 간단히 언급되었을 뿐입니다.

이런 식으로 놀라우리만치 많은 양의 음식을 버리는 것이 일본입니다. 누가 어떻게 측정했는지 분명하지는 않아도 일본에서 버리는 음식을 반으로 줄이면 전 세계의 빈곤국에 식량 원조를 하고도 남는다는 말이 있을 정도입니다. 그렇다면 왜 지구상의 북반구는 풍요롭고, 남반구는 궁핍한 것일까요?

식량의 남북 문제, 종의 다양성

2000년경부터 슬로푸드협회에 참여한 인도의 유명한 환경운동가 반다나 시바Vandana Shiva로부터 북반구의 대량생산 문제, 패스트푸드의 식자재가 생산되는 남반구의 상황을 들을 수 있었습니다. 시바를 처음 만났을 때 자리를 함께한 사람은 비쟈 데뷔라는 농가의 주부였는데요, 그녀는 재래종을 보존해 슬로푸드 정신을 고양한 공로로 상을 받았습니다.

인도는 넓고 기후도 다양하기 때문에 쌀의 종류만도 2,000종이 넘는다고 합니다. 일본에도 에도시대에는 300종 정도가 있었지만 1960~1970년대 농업의 공업화로 단기간에 종류가 줄어들었다고 합니다. 이후에는 고시히카리[12]만이 주목을 받았습니다.

예를 들어 인도에 '파스마테이라이스'라는 몇백 년이나 지속된 향미 좋은 재래종 쌀이 있습니다. 미국 텍사스의 한 회사가 이 쌀의 유전자를 조작해 특허를 내려고 했답니다. 시바를 비롯한 환경운동가가 인도 정부를 움직여 어떻게든 저지할 수 있었다고 하지만 향후 추이는 예측할 수 없다고 합니다.

또한 뉴델리에서 5시간 정도 떨어진 곳에서는 10명도 채 안 되는 인원이 700종 이상의 재래종을 지킨다고 합니다. 서구의 연구소 같이 유전자 조작을 위한 연구가 아니라 뉴델리의 소비자가 소비함으로써 종의 보전이 가능하다는 것이 중요합니다.

가장 심각한 문제는 단일품종의 쌀을 광대한 지역에서 대량생산하는 것이고, 각 지역의 종의 다양성을 파괴하는 행위입니다. 19세기 아일랜드에서 주식이었던 감자에 병이 발생해 기근이 들었을 때 두 종류의 종자에 식량을 의지했답니다. 그때 이들을 기아에서 구해낸 것은 남반구의 여러 가지 종 가운데서 찾아낸 병충해에 강한 감자였습니다. 1970년대에 미국의 옥수수에도 같은 일이 일어났습니다. 역시 가뭄에 강한 종을 멕시코 안데스 산맥으로부터 가져왔습니다.

우리는 남반구를 궁핍하다고 생각하지만 이들이 정말 궁핍한 것인지 반문해봅니다.

---

12 옮긴이 주: 최고의 자포니카 쌀 품종.

공정무역의 의의

　　　　　　　쓰지 신이치辻信一 교수와 함께 에콰도르의 농장
에 갔을 때 처음으로 공정무역의 의미가 무엇인지 깨달았습니다. 그때
까지 저는 어째서 이런 대수롭지 않은 물건의 값이 비싼지, 이 초콜릿과
대형마트에서 파는 초콜릿이 어떻게 다른지 납득할 수 없었지요.

　에콰도르의 농장에서 들은 여러 이야기 가운데 인상적이었던 것은
통계표였습니다. 커피, 바나나, 초콜릿 등 이들 산업과 관련된 대기업의
예산 가운데 증가한 것이 광고비였습니다. 일본의 텔레비전을 봐도 알
수 있듯이 광고비로 상당한 돈을 지출했습니다. 그리고 광고비의 비중
이 높아진 만큼 생산 원가는 줄어들어서 생산자의 희생을 담보로 한 것
이라는 사실을 알 수 있었습니다.

　커피의 시장가격은 1999년에 크게 폭락했습니다. 그 이유 가운데 하
나는 네스카페 등에서 사용하는 인스턴트커피용 로브스타종을 세계은
행의 지원을 얻어 베트남에서 대량으로 생산한 결과 물건이 남아돈 것
입니다. 게다가 예상 외로 브라질도 생산을 늘렸기 때문에 그 두 가지
요인으로 커피 가격이 크게 떨어져 버린 것입니다.

　그런데도 쓰지 교수 일행과 함께 '나무늘보클럽'[13]의 일원으로서 에콰
도르 커피를 수입해 일본에 파는 공정무역회사인 '윈드팜'만은 농민으
로부터 당시 시장가격의 3배를 지불하고 커피를 사들였습니다. 3배 가
격 중 일부인 5% 정도를 에콰도르의 숲을 재생하는 데 기부한다고도 했

13　옮긴이 주: 쓰지 교수가 이끄는 슬로라이프운동 그룹.

습니다. 그 가격은 산지의 농민에게 만족스러운 정도였고, 무엇보다도 그 커피는 향이 좋았습니다.

유전자 조작 식품

1990년대부터 농약회사가 종묘회사의 인수합병을 진행했습니다. 한 손에 꼽을 수 있을 정도로 한정된 기업이 거대 기업이 되어 유전자 조작 농지를 전 세계로 확장했습니다. 1996년에 미국에서 유전자를 조작한 콩의 재배가 인가된 이후 10년이 지났을 뿐인데 벌써 이를 인가한 나라가 전 세계의 80%에 달합니다. 그 주된 수출국은 일본입니다. 생명을 기르는 제1차 산업이 유전자 조작 식품으로 관리되는 산업이 되려고 하는 것입니다. 이는 생물의 다양성을 위협하는 행위이기 때문에 더욱 위험합니다. 무엇보다 아이가 날마다 아무런 정보 없이 유전자를 조작한 콩, 옥수수, 채종유 등을 먹는 것입니다.

시즈오카靜岡 현에 유전자 조작을 하지 않은 식품을 유통시키려고 상점까지 설득한 '고다와리야'라는 회사가 있습니다. 시작은 낫토[14] 상점이었는데요. 아이가 먹는 과자에 필수적으로 들어 있는 것이 무엇인지 아느냐고 묻기에 대두 레시틴이라고 대답을 했는데 정답은 '물엿'이고 이 표시는 유전자 조작을 은폐하는 방편이라고 알려주었습니다. 그래서 나중에 조사해보니 물엿이 아이스크림, 눈깔사탕 그밖의 식품에도

---

14 옮긴이 주: 일본식 청국장.

잔뜩 들어 있었습니다. 물엿은 아키타秋田 현[15] 등에서 만들겠거니 생각했는데 압도적으로 싼 가격 때문에 수입산 콘스탄치를 쓰고 있었습니다. 그래서 그들이 생산하는 눈깔사탕에는 '100% 무농약 홋카이도北海道산 감자로 만든 물엿입니다'라고 크게 표시되어 있습니다.

통조림의 기름도 마찬가지랍니다. 그 회사에서 통조림 깡통 캔에 '유전자 조작 식용유는 사용하지 않았습니다'라고 쓰려고 했더니 주변에서 대기업의 주문이 끊기니까 그만두라고 했답니다.

이탈리아에도 밀려드는 변화

많은 사람이 이탈리아인은 그들만의 미식 문화를 고수한다고 생각하는데 유감스럽게도 그렇지 않습니다. 이탈리아에도 먹을거리의 세계화로 조금이라도 값이 싸면 외국에서 수입하는 것이 낫다는 사고방식이 정착되었습니다. 그리고 농산물도 되도록 기계를 사용해서 효율적으로 생산합니다. 이탈리아인에게 중요한 식자재인 토마토에도 1980년대 에프원F1이라는, 껍질이 단단해서 운송이 편리하며 당도가 높은 종자가 들어와서 재래종이 자취를 감춘 일이 있었습니다.

토마토 이야기를 더 하자면 피엔노로라는 캄파냐 지방의 재래종 미니토마토가 있습니다. 밭에서 손으로 딴 파랑, 황색, 초록의 토마토를 다발로 묶어 농가의 마당에 한 달 반 정도 매달아둡니다. 그렇게 하면

---

15 옮긴이 주: 쌀의 주산지.

전체적으로 당도가 높아지
고 품질 좋은 새콤한 맛이
나는 토마토가 됩니다. 그
때문에 이탈리아 현지 사람
은 토마토를 다발로 삽니다.

〈그림 6-2〉 수작업으로 가공한 올리브

　이탈리아에는 포도나 레
몬을 재배하는 놀랄 만큼
아름다운 계단식 밭이 많이
있습니다. 그중 하나인 아말피는 유네스코가 지정한 세계유산입니다.
레몬을 재배하는 계단식 밭은 이전 세기의 궁핍했던 농민이 멀리서 흙
을 옮겨 만든 밭입니다. 그것이 산 아래의 미로와 같은 거리, 지중해와
함께 절경을 만드는 것입니다.

　정말로 맛있는 음식을 만드는 곳, 많은 사람이 공을 들이고 애정을
갖고 만든 경관이 세계유산으로 지정되어 그 결과 마을의 재정을 살찌
우는 것입니다. 이렇듯 환경을 생각하는 농업을 일본도 지금부터 모색
해나가야 한다고 생각합니다.

　우울한 이야기만 있는 것은 아닙니다. 이탈리아는 1990년대 유럽연
합EU 차원의 농업 정책에 위기감을 느껴 생산 농가를 지원하는 정책을
펼치기 시작했습니다. 환경을 보호하며 건강에도 좋은 농산물을 생산
하는 농가에 직접 지원금을 주는 제도입니다.

　오래된 자료에는 이탈리아의 자급률이 70~80%라고 쓰여 있습니다.
그런데 최근 저의 지인이 『이탈리아의 오가닉 농촌 イタリアのオーガニックな
農村』이란 책을 썼는데 그 책에 따르면 고기와 곡물에 관해서는 현재 자

급률이 80%를 넘어섰다고 합니다. 채소와 과일은 120%였습니다. 그렇지만 농민의 비율은 4% 이하로 일본과 같은 수준입니다. 그러니까 일본도 이탈리아처럼 변화를 이루어낼 수 있습니다. 산지의 토양은 일본이 훨씬 비옥하기 때문입니다.

일본에도 아직 가능성은 있다

부정적인 전망 때문에 기분이 가라앉기도 하지만 최근 5년간 저에게 힘이 된 것은 일본은 아직도 대단히 훌륭하다는 생각입니다. 일본의 장점을 어떻게든 넓혀나갈 수 있는 방법을 찾기 위해 우리 모두 힘을 모았으면 좋겠습니다.

환경운동의 선구자 격인 독일인이나 이탈리아인이 일본에 와서 가장 감동하는 것은 이렇게도 좋은 산지가 아직 보존되어 있고 물을 쉽게 마실 수 있다는 것입니다. 분명히 그렇습니다. 유럽에서는 물을 페트병으로 살 수밖에 없습니다. 저는 이탈리아에 유학한 후 머리카락이 갈색이 되었고 피부도 거칠어졌습니다. 석회수 때문에 물을 끓여도 흰색 침전물이 쌓여 큰돈을 내고 정수기를 달았습니다. 일본에서 깨끗한 수돗물이 당연하게 나오는 것은 그 뿌리가 되는 산이 아직은 깨끗하다는 증거입니다. 그러니까 집을 지을 때도 가구를 살 때도 산을 생각해서 간벌재를 사용하는 등 우리가 소비의 방법을 바꾸면 좋을 것이라고 생각합니다. 산이 있는 덕분에 일본의 주거문화가 만들어졌으니까요. 각종 도구며 식기를 한 번 더 느긋하게 재검토해 봐야겠습니다.

중앙집권화도 문제입니다. 오키나와 현에서 홋카이도까지 도로가 지나고 도쿄, 오사카 등 대형 소비지에 맞추어 상품이 유통됩니다. 지방은 어디를 가나 도쿄를 모방하기에 급급하며 점점 지역문화가 파괴되어갑니다. 저는 이탈리아와의 차이가 바로 이것이라고 믿습니다. 그러나 실제로 일본의 각 지역, 특히 식문화를 살펴보면 지역문화는 놀랄 만큼 다양합니다.

예를 들어 제가 사춘기를 보낸 기타규슈北九州에 가 보면 거기에는 놀라울 정도로 풍부한 누카도코ぬか床[16] 문화가 남아 있습니다. 그곳에서는 아버지가 주역이 되어 어머니를 가르치면서 이 전통을 이어나갑니다. 누카도코는 매일 손을 넣어 저어야 하기 때문에 매우 수고스러운 일인데 보통 가정에는 150년 된 누카도코가 남아 있습니다. 누카도코에 짠지를 스스로 담가 먹으면 거기에 쓰이는 채소의 질에도 신경을 써야 합니다. 대형마트에서 파는 오이로는 맛이 좋은 짠지가 만들어지지 않으니 채소도 스스로 재배하는 것입니다.

저는 농가에서 민박도 자주 하고 걸어 다닙니다. 샐러리맨의 딸로 태어나 농업의 '농' 자도 모르기 때문에 농업의 현황과 즐거움을 알기 위한 지름길이 농가에서의 민박인 것입니다. 오키나와沖縄, 나가노長野, 센다이仙台, 홋카이도, 후쿠오카, 오이타大分 등 각 현에 흥미로운 숙소가 여러 곳 있는데 농가 민박이 도시 출신의 사람과 현지인을 묶는 정보 교

---

16 옮긴이 주: 쌀겨에 박은 짠지를 담그기 위해 마련된 항아리 및 그 재료다. 전통적으로 대개 이를 관리하는 것은 아버지의 몫이다. 기존의 것이 반쯤 남아 있는 상태에서 새로운 재료를 추가하므로 각 가정에서는 오래된 누카도코를 유지하는 것을 자랑스럽게 여긴다.

환의 장이 되고는 합니다.

예를 들어 오키나와의 미야코宮古 섬에 쓰카야마 지요津嘉山千代라는 사람이 있습니다. 그녀는 암을 치료하기 위해 음식을 바꿔 지금은 화학 조미료를 전혀 넣지 않는 데다가 농가이기 때문에 가능한 한 스스로 만들어 먹는다고 합니다. 생선은 남편이 낚시해온 것으로 먹습니다. 또한 그녀는 외지 여성의 이주와 남편감 찾기를 도와주고 중년 남성에게는 직장을 구해주는 일을 합니다. 210명 정도가 그녀를 통해서 미야코 섬으로 이주했다고 합니다.

어느 멋진 남자분이 정년퇴직을 맞이해 이제까지는 소나 말처럼 일만 했으니 이제부터는 아내와 여행이라도 하며 놀려고 마음먹은 시점에 부인을 잃었답니다. 충격을 받고 치유의 여행을 나선 가운데 쓰카야마의 숙소에 도착했다고 합니다. 그리고 이곳 오키나와 현 미야코 섬에 정착해 맛있는 망고를 재배하며 섬에 활기를 불어넣었다고 합니다. 저도 그분을 소개받았습니다. 이런 식으로 작지만 흥미로운 커뮤니티가 완성되는 것입니다.

홋카이도의 에리모襟裳 지역에는 다카하시 히로유키高橋裕之라는 분이 운영하는 '마리풋'이라는 팜스테이 시설이 있습니다. 그분은 질 좋은 육우를 방목하는데요, 놀라운 것은 오전 중에는 다시마를 채취하는 어부라는 것입니다. 저는 그분의 부지런함에 고개가 수그러졌는데 그분은 즐겁기만 한 듯합니다. 덕분에 아드님도 가업을 이어가겠다고 한답니다. 팜스테이 시설에서는 현지 농가의 주부가 만든 음식을 제공하기 때문에 아침 식단의 자급률은 98% 정도입니다. 식량의 자급도 작은 실천에서부터 시작하면 그다지 어려운 일이 아닐 것입니다.

매일 조금씩 변화할 수 있다

일본의 낮은 식량자급률, 무수히 수입되는 유전자 조작 식품을 생각하면 금세 기분이 가라앉는 것이 사실입니다. 하지만 그렇다고 두려워만 할 것은 없습니다. 우선 각자가 자기 집 냉장고부터 바꾸면 됩니다. 오늘 집에 돌아가면 냉장고 안을 살펴보세요. 대형 마트에서 산 채소라면 직거래 장터로 바꾸세요. 그리고 직거래 장터에 물건을 팔러 나온 농민과 친구가 되어보세요. 혹은 더 멀리 떨어진, 경관이 좋은 지방으로 가보고 좋아하는 생선이 있으면 그것을 잡는 어촌에 직접 가보고 말이지요.

음식을 만드는 사람이나 그것이 만들어지는 장소를 아는 것은 순수한 즐거움을 줍니다. 그래서 즐겁고 맛있다고 생각할 때 어느덧 자신의 집에서 자급률 90% 정도쯤은 눈 깜짝할 사이에 달성할 것입니다. 지역 발전을 걱정하는 마음에 상점가를 어떻게든 개선하고 싶다든지 국가 차원의 이익을 생각하든지 하는 것은 마지막에 해도 좋습니다. 이렇게 생각하면 일은 쉬워집니다.

인도의 시바와 쓰지 교수 그룹의 공정무역 운동도 결코 규모가 크지는 않습니다. 크지 않은 것이 더 좋습니다. 규모가 크지 않으니까 한 걸음씩 소신대로 움직일 수 있습니다. 결정적으로 일본 사회의 현상을 궁핍하다고 치부할 수도 있겠지만 저는 결코 그렇게만 생각하지 않습니다. 아직도 대단한 사람이 있습니다. 멋진 산도 이만큼이나 남아 있고, 사하라 사막에 가면 실감하겠지만 일본의 물은 아직도 풍족합니다. 최근 10년 사이에 수입 미네랄워터가 아주 대단한 기세로 증가했고, 페리에[17]의 회장은 "곧 석유값보다 물값이 비싸지는 시대가 온다"라고 했다지만요(벌써 그렇긴 하지만). 일부러 외국의 물을 사지 않아도 괜찮지 않습니까? 일본 땅 밑에 있는 물을 잘 관리하는 것을 우선적으로 생각해봅시다.

또한 일본은 우리가 매스컴을 통해 믿고, 믿도록 강요당하는 만큼 중앙집권이 아니라는 것입니다. 사람도 다양하고 식문화도 다양하고 기후도 다양하고 매우 흥미로운 사람이 지방에 많이 살고 있습니다. 앞으로 다가올 친환경시대, 새로운 역할 모델이 될 사람은 오히려 지방에 많이 있습니다.

마지막으로 일본의 농업이 아시아형 농업이라는 것입니다. 좁은 농지에서 일 년 사계절 다양한 종류의 먹을거리를 만듭니다. 밭도 좁고 나라도 별로 크지 않기 때문에 융통성만 발휘하면 됩니다. 아직은 전통적인 농사법을 지키는 농민과 연안어업을 고집하는 어부가 남아 있습니다. 맛 좋은 일본된장을 만드는 것을 비롯해 높은 기준으로 완고하게 음식을 만드는 장인정신이 아직 살아 있는 것입니다.

세계에 자랑할 수 있는 식문화

이러한 정신을 이루는 근간이자 좀 더 세계적으로 자부심을 가져도 괜찮겠다고 생각하는 것이 다시마, 마른 멸치, 액

---

17 옮긴이 주: 생수 회사.

젓, 표고버섯을 이용한 깊은 맛의 문화, '다시'[18]입니다. '우마미'[19]라는 일본어는 유럽의 사전에도 실려 있습니다. 매운맛, 신맛, 단맛 등으로는 표현할 수 없는 또 하나의 맛입니다.

우마미의 문화가 생겨난 배경을 살펴보면 섬나라, 인간의 삶에 가까운 바다, 습도가 높은 몬순기후의 혜택이라는 것을 알 수 있습니다. 다시의 문화[20]에 정통한 전문가는 종종 유럽인은 이해하지 못할 것이라고 말하지만 의외로 그렇지도 않습니다. 이탈리아도 반도이기 때문에 남쪽 지방에는 액젓도 있습니다.

다시마 가공 조합을 만든 나리타 쇼이치成田省一 씨는 바다만 인간이 제대로 지킨다면 다시마는 연간 10m 정도 자랄 수 있고 그것을 식량으로 삼은 인간의 지혜는 대단한 것이라고 말합니다.

지구온난화로 지난 10년간 홋카이도 어장의 온도가 0.6℃씩 올랐다고 합니다. 지금 나리타 씨는 러시아의 사할린에서 현지 어부에게 다시마 양식법을 가르칩니다. 러시아의 행정은 신뢰할 수 없지만 적어도 현지의 어부는 5~6년 동안 사귄 친구이기 때문에 어떤 식으로든지 다시의 문화를 지켜줄 것이라고 말합니다. 그렇지만 그가 러시아의 바다로 간 이유는 일본 바다의 환경이 바뀌어 손자 세대에 이르러서는 가업을 물려줄 수 없을지도 모른다는 위기감 때문이었습니다.

---

18 옮긴이 주: 다시마와 말린 생선류 등으로 감칠맛을 우려낸 일본 요리의 기본이 되는 국물.
19 옮긴이 주: '다시'에서 나오는 감칠맛으로, 제5의 미각으로 명명된 일본 요리 특유의 맛이다. 화학조미료는 이를 재현한 것이다.
20 옮긴이 주: 다시마로 맛을 우려내는 식문화.

일전에 아리마 온천[21]에 있는 여관에 갔을 때 "우리 여관의 타월은 100엔이 넘는 것입니다"라고 자랑을 하는 것을 본 적이 있습니다. 다른 곳과 달리 보송보송한 타월이었습니다. 무슨 일인가 하고 물으니 다른 여관의 것은 보통 중국제로서 20엔 이하의 것인 데 반해 이것은 일본에서 세탁한 일본의 타월이라고 했습니다. (아리마온천의 그 여관에서는) 중국의 강을 더럽히지 않기 위해서 일본 것을 일부러 사용한다고 합니다. (대개는) 타월을 세탁하는 데도 탱커에 실어 중국으로 가져간다고 합니다. 그리고 독한 잉크로 '무슨무슨 온천'이라고 상호를 찍어낸다는 것입니다. 중국의 강이 오염되면 결국 동해의 어부에게는 큰일입니다. 이렇듯 환경오염의 영향권이 확대되는 현상은 구체적으로 우리가 일상에서 접하는 뉴스에도 나타나기 시작했습니다.

사람과 사람의 '관계성' 가운데 식문화가 존재한다

아직도 대단히 성실한 사람이 있고, 아직도 지켜야 할 것이 남아 있는 지금이야말로 우리가 조금만 변하면 겨우 지난 30~40년 동안 망가진 것을 복구할 수 있지 않을까요. 적어도 손자 세대에게는 혹은 내 아이에게는 좀 더 가능성이 있는 미래를 물려주고 싶습니다. 이를 위해 지금부터 우리는 열린 생각을 해야 합니다.

오래 전 이탈리아 슬로푸드협회의 부회장이 "우리와 가족, 친구, 고

---

21 옮긴이 주: 관서 지방의 온천지.

향, 지역사회, 자연과의 한가운데에 음식이 있다"라고 말했습니다. 분명히 있었습니다. 저 자신과 가족의 사이에도 있었습니다. 자꾸만 변해가는 상점가 사이에도 있었습니다. 그리고 덧붙여 말하면 일본의 잘못된 농업 정책 때문에 괴로워하는 도호쿠東北 지방의 농민, 규슈 어부의 생활에서도 음식은 중요한 위치를 차지합니다.

우리가 잠깐 쉴 때 마시는 커피의 언저리에 무엇이 있는가 하면 평생 가볼 일이 없을 것 같은 먼 나라 아이의 장래가 달려 있습니다. 그들이 학교에 갈 수 있을지 없을지는 우리가 커피를 소비하는 방법으로 결정될 수도 있는 것입니다. 덧붙여 말하자면 아프리카의 숲이나 에콰도르의 숲을 어떻게 지킬 것인지, 일본의 바다를 얼마나 아름답게 만들 수 있을 것인지의 문제입니다. 지구환경 전체의 문제이기도 하지만 그것은 우리의 매일의 식탁과도 곧바로 연결되는 문제입니다.

적어도 우리 아이에게 풍부한 음식 문화, 풍요로운 지역문화, 폭넓은 인간관계를 남겨주고 싶고 이를 만들어나갈 수 있는 아이로 키우고 싶다면 음식 문화에서부터 시작하는 것이 지름길입니다. 맛본다는 말은 일본어의 모든 표현에서 인생 그 자체를 의미합니다.

예를 들어 패스트푸드인 감자튀김 안에는 화학조미료가 들어 있습니다. 아버지가 대형마트나 편의점에서 안주로 종종 구입하는 마른 오징어에도 솔비톨이라는 인공감미료가 들어 있습니다. 단맛은 미각이 덜 발달한 '미숙한 혀를 가진 사람'에게 강렬한 자극을 주기 때문입니다.

실제로 일본에는 훌륭한 다시의 문화가 있고, 혀에는 맛을 느끼게 하는 미뢰의 수도 많다고 합니다. 제대로 된 맛을 이어가야 합니다. 농담을 곁들이면 '인생의 쓴맛을 조금은 아는 제대로 된 남자', '떫은맛[22]이나는 아저씨'가 사라지는 것은 여성에게도 심각한 문제입니다.

한마디 더 하자면 맛을 보는 것은 혀만이 아닙니다. 눈으로 보거나 귀로 소리를 듣거나 혹은 손을 대는 것으로도 맛을 볼 수 있습니다. 그리고 '누구누구의 밭에서 난 것이다'처럼 우리가 잘 아는 사람이 만든 음식을 사면 그 밭의 경치와 이미지까지도 맛볼 수 있는 것입니다. 가끔 머릿속이 상쾌해지는 훌륭한 맛을 만납니다. 본래 맛이란 우리 몸 전체와 관계되는 오감으로 느끼는 삶의 즐거움이 아닐까요?

맛보는 것은 어린아이에게 감성을 길러주는 것과 연결되어 있다고 믿습니다. 맛이 없는 세계에서 맛을 아는 아이는 태어나지 않는다고 말이지요. 맛 그 자체가 뇌에 곧바로 자극을 주기 때문입니다. 예전에 90세 이상의 장수 노인의 식생활을 조사하고 나서 그들이 적어도 하루 세 끼 중 한 끼는 스스로 장을 봐서 만들어 먹는다는 것을 알 수 있었습니다. 식단이 매일 같아도 상관이 없었습니다. 잔 멸치에 갈은 무를 곁들이고, 밥에 된장국[23]과 같은 식으로 아침식사만은 스스로 만든다는 할아버지는 자신의 건강을 스스로 관리한다는 자각이 있었습니다. 이러한 태도가 바로 그분의 건강을 지킨 비결이었습니다. 머리모양도 단정하고 대화의 화제도 끊이지 않아 인터뷰가 좀처럼 끝나지 않을 정도로 즐거웠습니다. 장수 노인은 음식의 소중함을 슬로푸드의 개념이 일본에 들어오기 훨씬 전부터 체득했던 것입니다.

저의 이야기는 이것으로 마치겠습니다. 다음 이야기는 여러분이 주인공입니다. 저는 한 아이의 어머니로서, 이민자인 남편과 사는 사람으

---

22 옮긴이 주: 떫은맛인 동시에 멋지다는 뜻의 일본어 표현.
23 옮긴이 주: 전형적인 일본의 아침 식단.

로서 식탁을 슬로푸드 철학에 근접하도록 가꾸어나가고자 노력하지만 혼자서는 대단한 결과를 기대할 수 없습니다. 겨우 자기 집 냉장고 안을 바꾸고, 이웃에 사는 친구와 맛있는 식사모임을 갖는 정도밖에 할 수 없습니다. 여러분, 여러분의 자녀 혹은 손자의 미래를 풍요롭게 바꿔나가는 작업은 오늘부터 당장이라도 시작할 수 있습니다. 꼭 시작하셨으면 합니다.

쓰지 신이치 교수와의 대담

쓰지: 제가 보기에 이탈리아의 슬로푸드는 수십 년 전 일본의 식생활 양상과 비슷하더군요. 인프라가 충분하지 않아 생활의 편리함을 누릴 수 없는 상황, 그리고 국민소득이 별로 높지 않아 사치를 할 수 없는 상황이 말이지요. 제 생각이 맞지 않다면 국민성의 차이에서 오는 현상일까요?

시마무라: 예리한 질문이로군요. 분명히 인프라는 일본만큼 정비되지 않았습니다. 하지만 이탈리아 인구의 47.5% 정도가 인구 5만 명 이하의 마을에 산다는 데이터가 있고, 게다가 최근 수년간 밀라노나 로마 등 대도시 인구도 완만한 속도로 감소했습니다. 즉, 그들에게 편리함이라는 개념이 조금씩 바뀌기 시작한 것으로 보입니다. 마을이 너무 커지면 불편하다든지 작은 상점이 사람 사는 정을 느낄 수 있어 좋다든지와 같은 식으로 말입니다.

통화가 유로로 통합되고 물가가 올랐을 무렵 독거노인의 경제상황을 분석하는 프로그램이 있었습니다. 대형마트에서 일주일 분의 장을 한 번에 보는 것과 동네 상점에서 필요할 때마다 조금씩 사는 것을 비교했는데 후자가 경제적이었고 즐거움도 더 커 보였습니다.

이탈리아의 국민소득은 결코 높지 않습니다. EU 체제 이후에도 선도적인 나라에 비하면 형편이 좋지 않아 불평하는 사람이 많았습니다. 그렇지만 저의 관점으로 보면 이탈리아인의 이러한 불평은 사치 같습니다. 15~20분 걸으면 밭이 있고, 전원주택이 있어 여기에서 다양한 전원생활을 누릴 수 있는데요. 예를 들어 포도나무 한 그루, 올리브나무 한 그루씩도 계약 재배가 가능한데 이것을 가족 단위로 수확해서 일 년 치 가정의 올리브오일로 사용하기도 합니다. 대형마트에도 수입식품의 비율이 높지 않습니다. 최근 2~3년 사이에 크노르사의 인스턴트 스프 등이 들어오긴 했지만 음식에 관해서는 국수주의를 견지합니다. 일본인이 생각하는 사치와는 조금 관점이 다른 것 같습니다.

이탈리아인도 상당히 물질주의적이긴 하지만 파스타는 자신이 기른 토마토와 올리브오일로 만듭니다. 이것을 세계 최고의 파스타라고 감탄하며 즐기는 감성을 지닌 사람이 많습니다. 대도시에 살면서 이른바 명품을 소비하며 별장이나 요트를 소유하는 것을 사치라고 생각하기보다는 말이지요.

그 근간을 이루는 가장 큰 차이는 지역의 힘이라고 생각합니다. 이탈리아에는 인구 2,000명 정도의 기초자치단체로 구성되는 협동조합이 많이 있습니다. 작게는 37가구의 취락부터 밀라노 같은 인구 300만의 도시까지 각각의 협동조합의 권한은 완전히 대등합니다. 오늘날의 일본처럼 자치단체가 중앙정부의 보조금에 의존하는 극단적인 구도는 없습니다. 일본의 시정촌합병市町村合併[24] 같은 것은 생각할 수 없습니다. 작은 규모의 지역사회를 소중히 여기는 역사가 뿌리 깊은 듯합니다. 그것이 이탈리아와 일본의 가장 큰 차이점이고 국민성은 그다지 다르지 않다고 생각합니다.

쓰지: 오늘 말씀의 키워드는 '슬로'뿐 아니라 '스몰'이로군요. 지금까지 우리가 풍요로움을 사유하는 데 우리를 속박한 것은 '크다'라는 키워드였군요. 뭐든지 큰 것이 좋다는 생각이 상식으로 통용되어왔지요.

시마무라: 슬로푸드운동의 맥락에서 1997년경 슬로시티연맹이 태동되어 인구 5만 명 이하를 인간다운 생활의 단위로 정하자고 제안했지요. 슬로시티연맹에서는 5년여의 시간을 들여 슬로시티를 규정하는 50여 항목의 조항을 만들었습니다. 소규모의 농업·어업을 존중하는지, 에너지 문제에 대한 생각은 어떠한지 등이 그것입니다. 이 밖에 마을 어디에나 벤치가 있는지 등도 고려했습니다. 그 이유는 노인이나 장애인에게 우호적인 환경인가를 판단하기 위해서인데요. 슬로시티란 이러한 감성에서 출발한 개념입니다.

쓰지: 슬로타운은 일본에도 있지요. 저는 지금 마쓰모토松本 시의 매력에 빠져 있는데요, 거기에 남동생들이 살아요.

---

24 옮긴이 주: 행정편의주의를 앞세운 기초자치단체 간의 통폐합.

'슬로'라는 것은 기다려주는 것이라고 생각합니다. 아이에게는 아이의 늦음이 있듯이 환자도 그렇지요. 누구라도 늙고 병들지 않는 사람은 없습니다. 그러한 느린 시간을 사는 사람과 함께 살아간다는 것이 공동체 본연의 모습이겠지요. 약자를 배려하지 못하고 기다려줄 수 없는 문화란 곤란합니다. 사람은 자신이 활동적일 때에는 그것이 전부인 것처럼 '효율성'을 추구하지만 일생에는 다양한 시간이 있는 것이지요. 자신의 소중한 가족, 친지 가운데도 여러 상황에 처한 사람이 있을 테니 늦은 사람도 빠른 사람도 모두 하나가 되어 기다리거나 기다려주며 살아가는 곳이 슬로시티라고 생각합니다.

시마무라: 슬로시티연맹의 회장이 일본에 왔을 때 제가 안내를 했는데요, 신칸센을 타고 창밖을 보던 회장 부부가 계속 불쾌해하더군요. '어째서 이런 고층 빌딩만 지어놓았느냐'라고요. 그러다 시가滋賀 현 다카지마高島 시라는 에도시대의 수로가 남아 있는 슬로타운을 안내했더니 '좋은 곳도 있네'라며 갑자기 태도를 바꾸더군요. 그리고 도쿄로 돌아와서 (이탈리아에서는 있을 수 없는 거대한 스케일의 미국형 도시지요) 20분 정도는 조금 들뜬 기색을 보이더니 곧바로 질려서 '석유가 고갈될지도 모르는데 어째서 이렇게 거대한 도시를 만드느냐!'라고 화를 내더군요.

쓰지: 석유, 화석에너지 문제라면 페트병 말인데요. 들은 이야기로는 버려지는 양이 2,500억 병이라고 들었습니다. 저도 전에는 분리수거를 위해 학생과 함께 쓰레기통 따위를 만들기도 했지만 점차 고민이 되더군요. 내가 음료회사를 위해서 분리수거를 하는 것인지 말이지요. 음료

회사에서는 분리수거를 하면서 소비를 부추기는 것 같아요. 소비자가 그만두면 됩니다. 1인당 평균 200병을 수거한다는데 거의 재활용하지 않고 중국으로 수출한다고 합니다.

사카모토 류이치坂本龍—25 씨로부터 온 이메일을 통해 안 사실인데 미국인을 대상으로 설문조사를 했더니 페트병이 석유로 만들어지는 것을 70%의 사람이 모르더라는 것입니다. "일본은 몇 %일까요? 50% 정도일까요?"라고 써 있더군요.

그럼 화제를 바꿔 또 한 가지 질문을 하겠습니다.

제2차세계대전 이후 일본과 독일은 패전국으로서 재건을 위해 똑같이 분발했습니다. 한때는 독일도 식량자급률이 40% 정도로 오늘날 일본과 같은 상황이었는데요, 작년인가요, 독일은 마침내 100%를 자급할 수 있었다고 합니다. 같은 패전국으로서 어째서 한쪽에서는 가능하고 한쪽은 불가능했던 것일까요?

시마무라: 국민성의 문제도 크다고 생각하지만 역시 정치 시스템의 차이겠지요. 지금도 농림수산성에서는 예산이 모자라 힘들어합니다. 식량 생산이 아니라 새로이 돈이 되는 산업에 예산을 지출하는 것이 방침이니까요.

독일이나 이탈리아도 다른 나라와 국경을 접해 있기 때문에 1000년, 2000년 단위로 뒤돌아보면 식량 쟁탈의 역사가 있었습니다. 유럽은 몇 번이나 이러한 역사가 되풀이되었기 때문에 식량 생산이 근본이라는 생

---

25 옮긴이 주: 음악가, 사회운동가.

각을 아리스토텔레스 시대부터 뼛속 깊이 새겼던 것이지요. 지역주의의 뿌리도 여기에 있고요. 일본은 섬나라인 탓에 긴장이 느슨했던 것은 아닐까요? 게다가 미국과의 독특한 관계, 지리적인 인접성도 있고요.

쓰지: 미국은 큰 나라라고 생각합니다. 지금 도요타가 세계 제일이 되었다고 모두 기뻐하지만 도요타 자동차가 팔리면 팔릴수록 어떻게 될지 생각해보지 않을 수 없습니다. 끊임없이 사야 합니다. 그러니까 물과 같습니다. 그렇게 하지 않으면 균형이 무너지기 때문에 시스템을 유지하기 위해서 대단한 압력이 가해지는 것입니다. 도요타 자동차가 팔리면 팔릴수록 우리의 식량자급률은 점점 낮아질 수밖에 없습니다.

시마무라: 작은 것에서부터 조금씩 큰 흐름을 무시하고 다른 방향으로 나가면 될 것입니다. 도시도 거기 사는 사람도 작은 것에서부터 자립해야 한다고 생각합니다. 그렇게 하는 것이 행복할 테니까요.

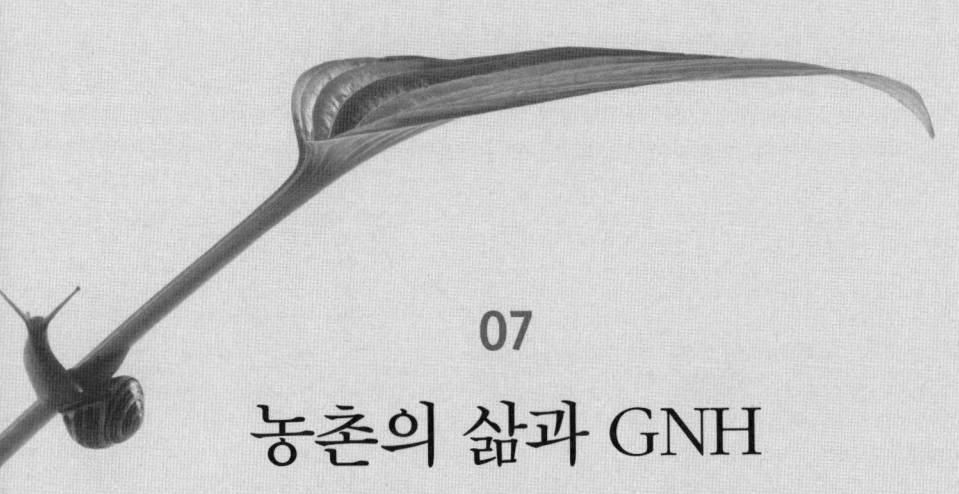

07

농촌의 삶과 GNH

도호쿠 지방 할아버지, 할머니로부터 얻은 교훈

—

유키 도미오

유키 도미오結城登美雄

민속연구가다. 10여 년간 도호쿠東北 지방 농산어촌을 현지조사하고 주민 주체 마을 만들기의 수단으로서 '지원학地元学'을 제창했다. 지역의 식재료와 요리법을 테마로 한 '음식문화제' 등 지역문화 진흥 활동에 대한 공로를 인정받아 2004년 문부과학성 '예술선장芸術選奨'을 수상했다. 현재 미야기교육대학宮城教育大學 강사로 재직 중이다. 『山に暮らす海に生きる: 東北むら紀行』 (無明舎出版, 1998) 외 다수의 저서가 있다.

일본의 '마을'은 어떤 곳인가

　　　　　　　　오늘은 제가 15년간 알고 지낸 도호쿠東北 지방[1]의 작은 마을에 사는 할아버지, 할머니의 이야기를 전하고 싶습니다.

우선 GDP에서 국민총행복GNH으로 의식이 전환되는 과정을 생각해봅시다. 저는 대찬성이지만 사회적인 이해와 공감을 바탕으로 한 행동으로 옮겨지기까지는 많은 시간과 에너지, 노력이 필요할 것입니다. 여기에 도호쿠 지방 산촌 노인의 삶이 하나의 힌트가 되리라 생각합니다.

일본은 어떤 나라일까요? 에도시대 말기, 혹은 메이지시대 초기에 3,000만 인구의 90%에 해당하는 2,700만 명이 마을에 살았다는 점이 힌트입니다. 제2차세계대전 전에는 70~80%가 마을에 거주했습니다. 그런데 1965년경부터 급속히 마을을 떠나기 시작해 최근 수십 년간 마을에서 도시로의 이동이 계속 이어졌습니다. 현재 마을에 사는 인구는 약 10% 정도이고 농수산업을 생업으로 합니다. 농수산업을 통해 창출되는 생산물의 가치는 여전히 자동차나 그 밖의 상품보다 낮게 평가됩니다. 그런데도 할아버지와 할머니는 이곳을 떠나려 하지 않습니다. 여러 마을을 찾아다닌 결과 '우리 지역이 최고, 우리 마을이 최고'라는 대답에서 그 이유를 찾을 수 있었습니다. 마을을 구석구석 조사하는 과정에서 바로 여기에 '행복'이 있다는 생각이 들었습니다. 그분들만의 기준으로 측정할 수 있는 무엇인가가 분명히 있다는 말입니다.

그럼 일본의 '마을'이란 어떤 곳일까요? 수십 개의 부락組, 수십 개의

1　옮긴이 주: 이 지역은 정치·경제·사회·문화적으로 변방이며 낙후된 이미지를 갖는다. 2011년 3월 대지진이 일어났던 지역이기도 하고 강인한 생명력의 상징이기도 하다.

씨족집단으로 구성되어 있는 '오아자 $_{大字}$', '아자 $_{字}$'가 일본 마을의 원형입니다. 저도 야마가타 $_{山形}$ 현 니시무라야마 $_{西村山}$ 군 오에쵸 $_{大江町}$ 오아자고키요 $_{大字小淸}$ 아자타시로 $_{字田代}$라는 곳에서 태어났습니다. 여러분의 아버지, 어머니, 할아버지, 할머니가 태어난 지명에도 '오아자'라는 글자가 있을 것입니다. 거기에는 몇백 년에 걸친 마을의 역사가 있습니다. 사라진 마을도 있지만 불편하지 않느냐는 말을 들어도 '그래도 여기는 좋은 곳'이라며 사는 사람이 있습니다.

이들은 어떻게 생활할까요? 이들에게 소중한 것은 자연입니다. 자연을 이용하면 생활이 가능합니다. 산에 가면 나무열매와 버섯이 있고, 계곡에 가면 민물송어나 곤들메기를 볼 수 있습니다. 또한 물을 대어 논을 만들거나 화전을 일구기도 합니다. 밭을 일구어 채소를 기르며 생활합니다. 몸을 움직여서 얻을 수 있는 것으로 삶을 영위하는 것입니다. 자연의 혜택을 받습니다. 산, 바다, 논, 밭, 못, 저수지, 강, 들 등이 자연입니다. 이곳을 지탱하는 것이 물, 바람, 햇빛, 흙입니다. 비옥한 땅과 그렇지 않은 곳이 있지만 적어도 물, 바람, 햇빛, 이 세 가지만큼은 인간이 아무리 노력해도 만들 수 없는 것입니다. 그래서 이것을 '신 $_{神様}$'이라 부릅니다. (예외로 흙은 '신'이라고 하지 않는데요, 나뭇잎이나 풀 등을 더해 좋은 흙을 만들어 소득을 올리는 것은 인간의 영역이기 때문입니다.) 그리고 이것을 '풍요로움'이라고 부릅니다. 흙을 기름지게 가꾸는 것은 윤택하고 풍요로운 인간 생활로 이어집니다. 즉, 좋은 흙을 만드는 것이 농업임을 배우는 것입니다. 이러한 흙, 땅, 토지를 부동산으로 만든 것이 도시 사람입니다. 본래는 가족과 집성촌이 있었던 터전이지요.

이곳의 삶의 기본은 '만드는 생활'입니다. 옷이 필요하면 삼베를 이용

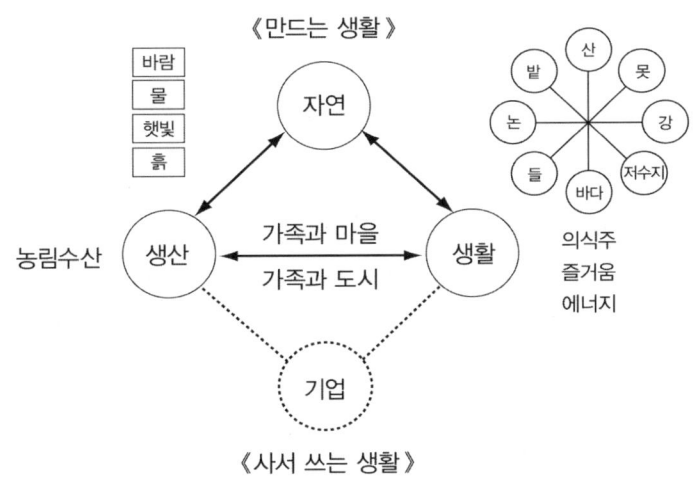

해 만들었습니다. 의식주를 자급자족하고 일을 마치면 함께 즐거움을 나누었습니다. 일뿐이 아닙니다. 소득이 늘면 여유가 생기고 그것을 즐기는데요, 음악, 예능, 축제는 농·산촌의 문화입니다. 모두가 삶을 즐기는 이곳에는 춤과 음악이 있습니다.

　그러나 근대 이후 변화가 생겼습니다. 회사, 기업입니다. 대학 졸업 후 기업에 입사하기를 원하는 대부분의 사람은 기업이 윤택하고 풍요로운 삶을 보장해줄 것이라고 생각했습니다. 여기에 있는 여러분과 저도 그중 하나일 것입니다. 기업이 가족의 삶의 터전이 되는 곳이 도시입니다. 많은 자본을 가진 기업이 자연보다 더 중요하다고 생각합니다. 저는 '만드는 풍요로움'과 '사서 쓰는 풍요로움'을 대략적으로 〈그림 7-1〉과 같이 생각합니다.

만드는 풍요로움과 사서 쓰는 풍요로움

우리 중에는 도시에 사는 사람이 많기 때문에 '사서 쓰는 풍요로움'만을 추구하며 돈 없이는 살아갈 수 없다고 생각하는 사람이 많이 있습니다. 그러면서 '만드는 풍요로움'을 잊어갑니다. 때때로 우리는 돈으로 애정을 살 수 있다는 생각까지 합니다. 그리고 자연까지 돈으로 사버렸습니다. 돈은 위험한 개발과 환경파괴, 빈부격차를 낳았습니다.

부탄 사람이 말하는 행복에서 우리도 힌트를 얻을 수 있을까요? '사서 쓰는 풍요로움'이 아니라 '만드는 풍요로움'을 다시 한 번 생각해보고 싶습니다. 마을에 사는 할아버지와 할머니는 '사서 쓰는 풍요로움'과는 거리가 멉니다. 상점이 없기 때문이지요. 그러나 '만드는 능력'이든 '사서 쓰는 능력'이든 간에 풍요로운 삶을 목표로 한다는 점에서는 다르지 않습니다.

도호쿠 지방의 할아버지, 할머니를 만난 후 지난 15년 동안 많은 분이 세상을 떠났습니다. 하지만 한결같이 '나는 행복했어요'라고 입을 모아 말했습니다. 누구도 '나는 풍요로웠다'라고 말한 사람은 없었습니다. 이것이 그분들이 자신의 인생을 되돌아보며 했던 말입니다.

할아버지, 할머니의 경제생활을 생각해봅시다. 할아버지는 자급자족의 생활을 했습니다. 자급이라는 것은 스스로 조달하는 것이지만 부족한 것이 있기 마련입니다. 그러면 인근의 마을 사람과 '버섯과 물고기를 서로 바꾸자'라거나 '컴퓨터를 가르쳐주었으니 쌀을 주겠다'라는 식으로 상부상조합니다. 각자 서로의 노동과 능력을 존중하는 관계가 바로 상

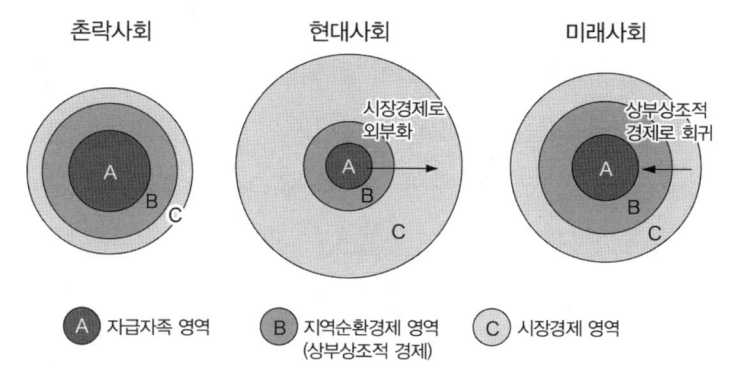

〈그림 7-2〉 사서 쓰는 힘에서 만드는 힘으로

호부조입니다. 그래도 부족한 것은 어떻게 할까요? 그것이 바로 시장경제입니다. 마을의 할아버지와 할머니의 경제 구조는 세 가지로 이루어져 있습니다. '첫째, 각자 만들 수 있는 것은 만들고 둘째, 만들 수 없는 것은 이웃과 물물교환한다. 셋째, 그래도 부족한 것은 돈으로 구입한다'. 마지막 단계에 비로소 '사서 쓰는 생활'이 있고 그 전까지는 '만드는 생활'을 합니다. '만드는 생활'이 중심이 되어 있기 때문에 생활에 흔들림이 없습니다. 그런데 지금은 어떻게 되었나요? 지금은 혼자서 만들 수 있는 부분이 매우 줄어들었습니다. 이웃과의 교환관계도 대부분 없어졌습니다. 시장경제가 압도하는 사회에서 사는 우리는 '전부 사서 쓰는' 방법밖에 알지 못합니다.

우리가 '행복'에 가까워지고 싶다면 위축되었던 '만드는' 힘과 서로 합치는 힘을 늘려나가야 할 것입니다. 이론이지만 그렇게 하면 시장경제에 좌지우지되지 않는 생활이 가능하다고 생각합니다.

식량을 100% 외부에 의지해야 하는 생활은 곤란합니다. 그러나 전답

이 있으면 채소나 쌀농사를 지을 수 있고, 그것만 있어도 우선 먹고 사는 데 지장은 없습니다. 만약 농사를 짓지 않을 경우 돈이 바닥나는 순간 바로 내일의 생존에 대한 불안이 밀어닥칩니다. 민속학자인 야나기타 구니오柳田国男 씨는 1929년에 발표한 논문「도시와 농촌都市と農村」에서 "도시사람은 압박감 때문에 매사에 불안하고 지나치게 민감하다. 그것은 분명 흙으로부터 멀어짐으로써 오는 불안일 것이다"라고 했습니다. 할아버지, 할머니의 온화함, 품위는 어디에서 오는 것일까요? 저는 그것을 흙을 터전으로 삼는 데서 비롯된 안도감이라고 생각합니다. 흙을 일구면 결실을 얻습니다. 올해도 별일 없을 것이라는 안도감이 있습니다. 이러한 안도감이야말로 할아버지와 할머니의 삶의 여유가 아닐까요. 최근 주목 받는 '슬로라이프'이지요. 이러한 분이 도호쿠 지방에는 아직도 많이 남아 있습니다.

가까운 곳에 있는 '행복'

온화함과 품위의 원천은 가족입니다. '가족family'이라는 단어의 어원인 라틴어 'familia'는 '농민farmer'과 어원이 같습니다. 가족이란 함께 밭을 일구고 함께 음식을 나누는 사람입니다. 저는 농업을 단순한 생계수단으로서가 아니라 '가족'과 '농민'을 함께 담는 개념으로 보고 싶습니다.

야나기타 구니오柳田國男 씨는 '행복나무'라는 말을 씁니다. 어촌에서는 설날을 맞아 생선을 매달아놓습니다. 생선이 가득 매달려 있을 때가 행복할 때입니다. 이러한 안도감을 느낄 수 있는 것을 신에게 감사하는 것이 '행복나무'입니다. 그리고 1월 15일, 지방에 따라서는 20일경까지 매달아놓은 생선 이외에는 먹지 않으며 고기잡이도 하지 않습니다. 얼렸다 말린 두부, 무, 당근을 매달아놓는 곳도 있습니다. 이것이 정월의 세시풍속입니다. 호사스러운 듯하면서도 겸허함이 묻어나는 풍습입니다. 손님이 찾아오면 이 음식을 대접하며 자연에 감사한 마음을 나눕니다. '신이여, 작년에는 정말 감사했습니다. 올해도 많은 수확을 주시기를 기원합니다.' 이것이 일본의 태평양 연안·지역의 설날 풍습인 '행복나무'입니다. 이러한 것이 오늘을 사는 우리에게도 있었으면 좋겠습니다.

이런 은혜를 베푸는 것은 자연입니다. 마을 사람이 자연을 파괴하려고 하지 않는 것은 그렇게 하면 자연이 자신에게 고통을 줄 것이라는 것을 잘 알기 때문입니다. 도를 넘으면 서로가 고통스럽다는 것을 알기 때문입니다.

매달아놓는 생선 가운데 연어가 있습니다. 연어는 도호쿠 지방에서는 매우 중요한 의미를 지닌 생선입니다. 도호쿠 지방에서는 새해에 '아라마키사케新卷鮭'라는 소금으로 간을 한 연어를 선물합니다. 이것을 먹으며 행복을 나누는 풍습이 있기 때문입니다.[2]

메이지시대 말기에 우에다 빈上田敏은 독일의 시인 칼 부세Karl Busse의 시를 「저 산 너머에」라는 제목으로 번역해 번역 시집 『해조음海潮音』에 수록했습니다.

_____

2 옮긴이 주: 과거 아이누족의 땅이었던 도호쿠 지방과 홋카이도에서는 연어를 '가무이 챂푸', 즉 신의 물고기로서 신성시했다.

산 너머 저쪽 하늘 저 멀리
'행복'이 있다고 사람은 말하네.

아아, 나는 사람과 더불어 찾아갔지만
눈물지으며 돌아왔다네.

산 너머 저쪽 멀고 먼 곳에
'행복'이 있다고 사람은 말하네.

행복이 산 저편에 있다고 해서 찾아갔지만 발견하지 못하고 실망해 돌아왔습니다. 그것을 몇 번이나 반복한 후 행복은 여기, 즉 가까운 곳에 있을 것이라는 생각이 들었습니다. 이것이 일본의 근대사회에서 먼 곳을 동경하고 바라보며 주체성 상실의 위기에서 고뇌했던 모습입니다. '풍요로움으로부터 행복으로'라는 쓰지 신이치 辻信一 교수를 필두로 한 그룹은 이 주제에 감성적이라기보다 진지하게 접근했습니다. 우리 모두가 자신이 처한 위치에서 행복할 수 있도록 이러한 진지한 생각을 호소하는 것입니다.

다소 현학적이지만 이것만큼은 기억해주시기 바랍니다. 심리학에 '원격대상성'이라는 개념이 있는데 인간은 가까운 것보다 멀리 떨어져 있는 것에 더 끌린다는 것입니다. 이웃집 잔디가 더 파랗게 보이는 것처럼 가까운 신보다 멀리 있는 신이 더 고맙게 여겨지기 때문에 이세신궁 伊勢神宮까지 참배하러 가는 것입니다.[3] 내 남편보다 이웃집 남편이 더 멋있어 보이고 내 남자친구보다 친구의 남자친구가 더 좋아 보입니다. 사람은 먼 곳에서 가치를 발견하려는 심리가 있다고 합니다. 멀리 있는 것, 숲 저편에 마음을 빼앗기지만 가까운 친척, 친구 혹은 바로 '이곳'이야말로 진정으로 소중한 것이 아닐까요? '이곳'의 소중한 가치를 찾지 않는다면 작은 마을이 도시화되거나 자연이 인공적으로 바뀌어가는 것을 피할 수 없습니다. 일본은 역사적으로 미국이나 유럽을 '근대문명'의 모델로 삼았는데 이제는 이러한 굴레에서 자유로워져야 합니다.

사람의 손이 가미된 자연의 고마움

이러한 의미에서 도호쿠 지방, 일본, 나아가 전 세계가 중요하게 생각해야 할 것이 바로 자연입니다.

하나둘씩 마을을 버리고 서둘러 도시로 떠나던 1965년부터 여러 마을을 찾아다니며 조사활동을 했던 미야모토 쓰네이치宮本常一라는 민속학자가 있었습니다. 야나기타와 함께 제가 존경하는 민속학자입니다. 미야모토는 그의 생애 중 4,000일을 일본의 농·산촌에서 보냈습니다. 방문한 곳을 빨간 점으로 표시하면 지도가 새빨갛게 될 정도로 걷고 또 걸었습니다. 저는 그의 발끝에도 미치지 못합니다. 미야모토는 '자연은 쓸쓸하다'라고 말했습니다.

어떻습니까? 여러분은 자연이 아름답고 풍요롭다고 생각하지 않습니

---

3 옮긴이 주: 이세신궁은 전국에 신사神社를 거느린 일본 신도의 총본산이다. 근세 이후 전국적으로 전 사회계층에서 자발적·제도적으로 참배 열풍이 있었다. 여기서는 '집 근처의 신사를 참배해도 될 것'이라는 뜻으로 쓰였다.

까? 보통 그렇게 생각하지만 1965년 무렵 미야모토가 본 일본의 자연은 쓸쓸했습니다. 하지만 미야모토는 '그러나 …… 인간의 손이 닿으면 따뜻해진다'라고 말했습니다.

'풍요로움'에는 차가운 풍요로움도 있지만 '행복'에는 따뜻함이 있습니다. 행복이란 정성을 들이는 것입니다. 정성을 쏟지 않은 자연은 험준한데 인간은 그러한 자연을 정성껏 가꿔왔습니다. 거기에서부터 비롯되는 것이 '따뜻함'입니다. 미야모토는 그러한 따뜻함을 찾기 위해 일본 전국을 걸어 다녔고 많은 것을 만났습니다.

도호쿠 지방에서는 아름다운 계단식 논을 많이 볼 수 있습니다. 야마가타 현 오쿠라大蔵 촌의 계단식 논은 약 100ha나 되지만 다 벼를 심을 수 있는 것은 아니며 경사면이 60ha나 되기 때문에 40ha만 벼농사가 가능합니다. 멀리서 보기에 아름답기만 한 계단식 논이 실은 할아버지가 열심히 잡초를 뽑고 벼농사를 하는 장소임을 잊지 않았으면 좋겠습니다. 할아버지는 이 쌀이 100엔, 혹은 200엔에라도 비싸게 팔리기를 바라며 열심히 일을 하는 것입니다. 보이지 않는 곳에서 일하는 사람이 일본의 자연, 일본의 계단식 논, 일본의 식재료를 지켜온 것입니다.

우리는 '어린 아이와 함께 무엇인가 할 수 있는 일이 없을까'라고 생각해 쓰지 교수의 캔들나이트[4]와 비슷한 일을 계획했습니다. 학교에서 페트병을 회수해 그 안에 양초를 넣었습니다. 그리고 저녁노을이 지는 여름날 양초를 매단 페트병을 가지고 오후 5시 30분경에 모였습니다. 어두워진 다음에 찍은 사진도 있습니다.

---

4 옮긴이 주: 쓰지 교수가 주관한 평화를 기원하는 촛불집회.

〈그림 7-3〉계단식 논

〈그림 7-4〉캔들나이트 준비 과정

〈그림 7-5〉캔들나이트

〈그림 7-6〉 눈 덮인 마을 풍경

〈그림 7-4〉는 아이들이 캔들나이트를 준비하는 과정입니다. 할아버지와 할머니가 아름다운 그곳으로 지팡이를 짚고 모였습니다. 그리고 탄성을 지르며 30분이고 1시간이고 계속 바라보았습니다. 그러자 '그러고 보니 옛날 논도 이런 식이었어 ……' 하고 떠올리는 듯 했습니다. 이러한 아주 작은 일도 정성을 들이면 풍요로워진다고 생각합니다.

〈그림 7-6〉은 저희 마을입니다. 35년간 이어져온 집입니다. 주변에 있던 여덟 채는 없어졌습니다. 표고 500m, 적설량은 3m인데 지붕에 쌓인 눈을 1년에 네 번 쓸어내립니다. 그중에 한 번은 4일이나 걸리기 때문에 이 일을 혼자서 하는 것은 매우 힘듭니다.

이제 마을은 없어졌지만 여전히 나에게는 소중한 마을로 남아 있습니다. 마을 사람은 도쿄나 야마가타 현으로 나갔지만 5월 말이 되면 1년에 한 번씩 다시 돌아옵니다. 3~4년간 계속되어온 축제가 있기 때문

<그림 7-7> 새참을 나누어 먹는 마을 주민

입니다. 신사 앞에서 음식과 과자를 가지고 와서 추억담을 늘어놓거나 다른 이의 소식을 듣거나 자신의 근황을 말합니다. 살지는 않아도 마음이 모이는 장소가 있습니다. 중요한 것은 그곳에 사느냐 살지 않느냐가 아니라 마음을 기댈 수 있는 장소가 있느냐 없느냐입니다. 여기에 오면 모두 '좋았다, 행복했다'와 같은 마음을 갖고 내려갑니다. 마을이 없어지고 나서도 축제는 계속되었습니다. 저도 때때로 참가합니다.

표고 700m 되는 곳에 매년 찾아가는 논이 있습니다. 300년 전부터 있었던 이담한 논 두 곳이 저의 마을에 들었습니다. 이 논을 지금도 경작하는 마쓰다 할아버지는 이제 농사를 그만둘 것이라고 입버릇처럼 말하면서도 여전히 모종을 반복합니다. 저도 마쓰다 할아버지가 경작하는 동안은 매년 이곳을 찾아와 사진을 찍으려고 합니다. 매년 세어보는데 어떤 해는 벼가 66포기, 어떤 해는 62포기가 되기도 합니다. 이 작은

논에서 쌀이 얼마나 생산되는지 마쓰다 할아버지에게 물었더니 가족이 하루 먹을 양이라고 합니다. 이후 저는 이 논을 '가족 논'이라고 부릅니다. 돈을 주고 사는 것이 훨씬 경제적일 것입니다. 80세가 넘은 지금도 마쓰다 할아버지는 이 논에서 벼농사를 계속합니다.

〈그림 7-8〉과 같은 텃밭은 아오모리青森 현 이나카다테田舍館 촌에도 있습니다. 2,000년 전부터 계속 농사를 지어온 곳입니다. 유적지로 지정된 야요이弥生시대의 논인데 여기에 2,000년 전 벼농사를 짓던 사람이 벼 베기를 했던 1,586개의 족적이 남아 있습니다. 모두 함께 경작하고 나누어 먹으며 생활했던 '농민'이 '가족'이었음을 증명해주는 것입니다.

〈그림 7-9〉는 일본에서 가장 오래된 사과나무입니다. 사과나무의 수명은 통상 80년이지만 129년 된 이 나무에는 지금도 열매가 열립니다. 한 그루에 1,500개씩 사과가 열리니까 세 그루면 4,500개입니다. 메이

<그림 7-9> 일본에서 가장 오래된 사과나무

지시대 초기에 미국에서 들어온 '베니시보리'라는 품종입니다. 쓴맛과 신맛이 있어 별로 맛은 없지만 저는 가끔 한 상자씩 사과를 선물 받습니다. 어떤 이유로 80년밖에 살지 못하는 사과나무가 지금까지 살아서 아직도 이렇게 많은 열매를 맺는 것일까요? 할머니에게 물어보니 할아버지가 정초부터 가지를 치는 정성을 들이기 때문이라고 합니다. 이 나무는 사람에게 용기를 주고 어떻게 살아야 할지를 가르쳐줍니다.

후쿠시마福島 현에 히노에마타檜枝岐 촌이라는 곳이 있습니다. 오세小瀬 지구의 북쪽입니다. 200 가구가 모여 살지만 표고 820m에 위치하기 때문에 도호쿠 지방에서 유일하게 쌀 생산이 안 되는 곳입니다. 산에 해가 가려져 일조시간이 짧기 때문에 벼가 자라지 못하기 때문입니다. 200호의 집에 사는 사람의 성씨는 히라노平野, 호시星, 다치바나橘 세 가지밖에 없습니다.

〈그림 7-10〉 마을 자료관의 짚신

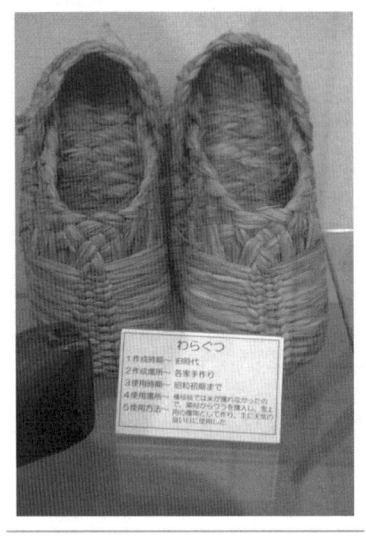

이 마을의 특이한 점은 국도 변에 집과 묘지와 밭이 함께 어우러져 있다는 것입니다. 주거지와 묘지와 음식물이 혼재하는 것입니다. 조상 대대로 이러한 형태입니다. 묘지 사이에 밭이 있는 것을 당연하게 생각했습니다.

〈그림 7-10〉은 마을 자료관에 있는 짚신입니다. 쌀이 수확되지 않는 곳에 짚신이 있는 이유를 물으니 "우리 마을에서는 벼농사를 지을 수 없기 때문에 옆마을에서 짚을 구해 눈 올 때 신는 신발을 만들었는데 실제로는 주로 날씨가 좋은 날에 신었다"라고 합니다. 화창한 날에 신었다는 말입니다. 특별한 날에 신었던 짚신은 동경의 대상이었던 것입니다. 이런 것을 통해 지역의 생활상을 볼 수 있습니다.

〈그림 7-11〉은 '가로토辛櫃' 또는 '가라비쓰唐櫃'라는 궤짝입니다. 한 면의 길이는 60cm 정도입니다. 여성은 15세, 남성의 경우는 20세가 되면 이 궤짝을 만들었습니다. 예단을 넣어 결혼할 때 가지고 가는데요, 이 궤짝이 죽은 다음에는 관으로 쓰였습니다. 혼수용품이 관도 되는 것입니다.[5] 이렇듯 척박한 환경이지만 각오를 단단히 하고 최선을 다해 행복하

5 옮긴이 주: 일본은 불교의 영향으로 화장이 보편적이나 도호쿠 지방의 일부 지역에는 매장의 풍습이 있었다. 시신을 구부린 자세로 매장하는데 그뿐 아니라 과거 일본의 산

게 살아라, 그리고 마지막에는 여기에 들어가 자연으로 돌아가라는 가르침 이었던 것입니다.

풍요로움이란 삶 을 전제로 하는 것 이지요. 인간의 삶

〈그림 7-11〉 마을 자료관의 궤짝

에는 한계가 있다는 것을 직시하면서 최선을 다해 삶을 풍요롭게 가꾸라고 항상 지니는 '가로토'가 일러주는 것입니다. 여기에 들어가서 흙으로 돌아가는 것입니다. 이것이 일본의 마을이었습니다.

오늘날 우리는 삶의 한계를 생각하지 않으며 이것저것 바라면서 살아갑니다. 진시황이 불로장생하기 위해 신하를 각지에 파견했던 것처럼 말입니다. 인간의 욕망에는 한계가 있다는 것을 일본의 마을에서는 15살부터 가르쳤던 것입니다.

〈그림 7-12〉는 연어잡이를 하는 모습입니다. 연어는 '게가치사케飢饉鮭', '호넨마스豊年鱒'라고 불리기도 합니다. 연어는 야산에 먹을 것이 없어지고 피와 조마저 나지 않는 추운 때 강의 상류로 올라옵니다. 이 때문에 마을 사람의 마음속에는 '연어 때문에 살아남을 수 있었다'라는 특별한 안도감이 있습니다. 도호쿠 지방에서는 풍년이 들고 송어가 올라오면 연어는 많이 잡지 않는다고 합니다.

촌 지역에서는 영아 살해나 고려장 등이 행해지기도 했다.

<그림 7-12> 연어잡이

　인간은 연어를 먹고 연명했지만 연어에게 미안한 마음을 담아 탑을 세웠습니다. 자신의 풍요를 위해 다른 생물의 불행을 초래했다는 것을 잊을 수 없기 때문입니다. 그 때문에 연어를 위한 1,000개의 공양탑이 지금도 남아 있습니다. 연어 덕분에 살았다는 마음으로 '감사히 먹겠다'라는 의미를 담은 것입니다. 연어 요리법은 100가지 이상이며 뼈까지 모두 먹습니다. 부족하나마 주어진 식량을 최대한 활용해서 살아가는 것입니다.

　<그림 7-13>은 칠성장어를 잡는 모습입니다. 집합형 풍력발전소Wind farm를 세우고 척박한 환경과 씨름하는 다치카와立川 정에서 할아버지가 칠성장어를 잡습니다. 바람, 빛, 물의 온도를 읽고 강물의 흐름, 온도, 물빛을 살피면서 고기잡이를 합니다. 갯버들이 싹트기 시작하면 개구리가 올라오고 남풍이 불면 조카이 산鳥海山의 눈이 빨리 녹기 때문에 이

<그림 7-13> 풍력발전소와 칠성장어를 잡는 어부

틀 후에는 물이 불고 칠성장어가 올라오기 시작한다는 자연의 신호를 읽어내는 힘이야말로 '만드는 힘'의 밑바탕이 됩니다.

이와테岩手 현의 야마가타山形 촌이라는 마을은 가장 젊은 사람이 65세로, 다섯 가구 16명이 살아갑니다. 이들은 어떻게 하면 행복해질 수 있을까를 생각합니다.

이 마을의 목표는 다음과 같습니다.

우리 마을은 주어진 자연의 입지를 살리고, 이곳에 사는 것에 자부심을 가지며, 각자 한 가지 이상의 손재주를 살리고, 도시를 뒤쫓아가지 않으며, 독자적인 생활문화를 전통으로부터 창조해 화합하는 공동체 정신으로 삶의 질을 높이려는 마을이다.

저는 일본의 작은 마을이 나아가야 할 방향으로 야마가타 촌의 목표 이상의 것은 없다고 생각합니다. 이 목표는 수개월에 걸쳐 마을을 떠날 까 고심했지만 결국 마을에서의 삶을 다시 결심한 후 혼자서는 생활이 불가능하다는 것을 깨닫고 함께 노력하자는 뜻에서 만들어진 것입니다.

삶의 질을 향상하려는 노력으로 얻은 풍요로움은 행복감으로 이어졌 습니다. 최근 이곳을 찾는 젊은이가 점점 많아져 연간 2,000명에 달한 다고 합니다. 우리 같은 어른보다 젊은이가 이 마을의 노력을 더 알아주 는 것 같습니다. GNH라는 것을 어쩌면 우리 어른보다 젊은이들이 더 잘 이해하는 것은 아닐까요. 이 마을 사람 16명의 소원도 '함께 나누는 행복'입니다.

바로 옆에 바다를 가리키며 할아버지는 '여기가 나의 백화점'이라고 말합니다. 여자들은 제한시간인 2시간을 다 채우지만 남자들은 20~30 분 걸려 자신의 안주거리가 채워지면 서둘러 집으로 돌아갑니다.

마을에서 생활하기 위해서는 일의 순서가 중요합니다. 돈보다는 한 달 후, 혹은 그 이후의 일의 순서를 먼저 정합니다. 된장도 1년 후에 먹 을 것을 생각해 담그고, 장작도 겨울에 쓰기 위해 준비합니다. 또한 사 정은 제각각이지만 돈이 필요할 때에는 시장에 모입니다. 이와테 현, 아 키타秋田 현에는 재래시장이 많이 서는데요, 손쉽게 채취한 산나물을 시 장에 내다 팔아 5,000엔 정도 버는 것으로 만족하기 때문에 나머지 시 간은 수다를 떨며 하루를 보냅니다. 하루를 일정대로 잘 보내면 안심합 니다. 할머니는 "안심은 여유를 낳고 여유는 즐거움을 찾게 한다"라고 말합니다. 즐거움은 가까운 이들과 함께 온천에 가거나 축제를 즐기거 나 식사를 함께 하는 것이라고 합니다. 이것이 축제가 많은 이유입니다.

아키타 현 요코테橫手 시의 '가마쿠라'6는 물의 신에게 물이 마르지 않도록 좋은 물의 은혜를 베풀어달라고 기원하는 축제입니다. 요즈음에는 아이가 아마자케甘酒7를 나누어주지만 원래는 공짜가 아니며 물의 신에게 시주를 바치고 난 후에야 마실 수 있었습니다. 아키타 현과 이와테 현의 축제에서는 이렇게 모인 돈으로 우물을 청소하거나 그 밖의 공동체를 위한 일을 합니다.

<그림 7-14>는 종이풍선입니다. 3m 정도 크기인데 일본 전통종이로 커다란 기구를 만듭니다. 마을 사람 한 사람 한 사람의 이름을 쓰고 풍년과 가내평안을 기원합니다. 기구는 모두 100개 정도인데 마지막에는 기구 안에 등불을 켜고 열을 가해 밤하늘에 기구를 1분에 하나씩 띄웁니다. 작아져서 보이지 않을 즈음 열이 식어 다시 내려옵니다. 그 모습은 마치 겨울의 은하수 같습니다. 이렇게 옛날 사람은 축제를 즐겼기 때

---

6 옮긴이 주: 눈이 많이 오는 아키타 현, 니가타新潟 현 등지에서 정월대보름에 하는 전통 행사.

7 옮긴이 주: 약간의 알코올 성분이 있는 식혜로 막걸리와 비슷한 토속주.

문에 불행하지 않았던 것입니다.

모든 사람의 이익으로 이어지는 행복

오키나와 현 구니가미國頭 촌의 오쿠奧라는 마을에는 할아버지, 할머니를 비롯한 마을 사람 전원이 출자해서 만든 공동매점이 있습니다. 생협, 농협, 산림조합을 합한 기능을 합니다(〈그림 7-15〉 참조).

서로 신뢰하기 때문에 외상도 가능한데 3개월 정도는 문제 삼지 않고 언제라도 수입이 생기면 갚을 수 있는 관습이 100년이나 계속되었습니다.

조금 비싸지만 공동매점에서 맥주를 사면서 할머니는 "비싼 맥주는 맛있어"라고 말합니다. 이것도 행복에 이르는 길입니다. 할머니는 비싼 맥주가 왜 맛있는지 압니다.

1년간 매점에서 올린 수익금을 어떻게 쓸 것인지 모두 함께 의논해 결정합니다. 메이지시대 말기, 230가구의 마을 사람이 모은 최초의 수익금으로 장학제도를 만들었습니다. 의료비를 무이자로 융자하는 제도를 만들었으며 배도 구입했습니다. 도로는 있지만 차가 없어 불편했던 마을을 위해 버스도 샀습니다. 또한 아와모리泡盛[8] 공장을 세우고 전기가 없는 불편함을 해소하기 위해 발전소를 건설했습니다. 그리고 의사는 없지만 진료소도 지었습니다.

눈앞의 10엔, 20엔을 손해봤다고 불평하는 것이 우리입니다. 이것이

---

8 옮긴이 주: 오키나와 지방의 특산품으로 쌀을 원료로 한 증류주.

우리가 말하는 풍요로움의 실체입니다. 할머니가 '비싼 맥주는 맛있어'
라고 말할 수 있었던 것은 이 수익금이 풍요한 삶으로 되돌아온다는 것
을 알기 때문입니다. 자신만의 이익이 아니라 마을 사람 모두의 행복과
이익으로 환원되는 맥주가 '맛있다'라는 것입니다. 1914년에 이미 지역
통화를 만들었습니다. 지금도 이렇게 마을 사람이 출자한 비싼 맥주를
'맛있다'라고 하며 구매함으로써 마을의 이익으로 이어지는 구조를 유지
합니다. '맛있다'라는 것은 행복입니다. 우리는 싼 것이 행복이라고 생각
합니다. 그렇기 때문에 어느 한 기업만 수익을 올리다가 불황이 오면 문
을 닫는 것입니다.

　마을 사람은 모두 모여 함께 화전을 일굽니다. 이것은 환경파괴가 아
닙니다. 산을 태워 화전을 일구면 질 좋은 산나물을 얻습니다. 이런 식
재료를 사용한 요리로 음식문화제를 엽니다. 각자 한 가지씩 요리를 가

〈그림 7-16〉 연어 건조

져오면 1,300가지나 됩
니다. 축제는 '내 옆에 있
는 것이 최고지요, 이것
이 풍요로움이지요'라며
서로 칭찬을 주고받는
광장입니다. 어부가 바
다에서 금방 가져온 음
식을 아이, 어머니와 함

께 나누어 먹습니다. 모두 한 가지씩 요리를 해와서 둥그렇게 둘러앉아
먹기 때문에 '도리마와시取回し' 요리[9]라고 합니다. 이런 생활이 가능하
기 때문에 할머니는 '이곳은 돈이 없어도 안심하고 자녀를 양육할 수 있
는 곳'이라고 말합니다.

상류에서 연어를 기다리는 50여 명의 사람이 있기 때문에 강폭 전체
를 독점해 그물을 치지 않는 배려를 합니다. 행복과 풍요로움을 독점하
지 않습니다. 그것으로 충분한 것입니다. 연어를 매달아놓고 겨우내 걱
정 없이 살아갑니다(〈그림 7-16〉 참조). 무를 얇게 잘라 추운 곳에서 말
리면 맛있는 무가 만들어집니다. 아오모리 현의 호수에서는 바지락을
채취합니다. 호숫가에는 갈대가 우거져 있습니다. 그 갈대를 베어 지붕
을 입니다. 모두 자연을 그대로 이용한 것입니다.

태풍으로 높은 파도가 친 다음날은 다시마의 뿌리가 잘려 바다에 떠다
니기 때문에 할아버지가 나가서 다시마를 건져냅니다. 작은 항구에서 사

---

9 옮긴이 주: 자기 몫을 집고 다음 사람에게 돌리며 먹는 요리.

용하는 훌륭한 어획법이 남아 있는데 이것은 작살만을 사용해 잡는 작살 고기잡이입니다. 3일 동안 마구로(참다랑어) 한 마리를 잡습니다. 그것으로 한 가족이 충분히 먹고 살 수 있습니다.[10] 어업은 지금도 매우 힘든 직업이지만 모두가 마음속에서부터 응원합니다(〈그림 7-17〉 참조).

〈그림 7-17〉 마구로 잡이 어선

마지막으로 아키타 현에 사는 할머니의 이야기입니다. 2월, 영하 9도의 아침 6시, 83세의 가나야 지요金谷チヨ 할머니는 평상시에는 식욕이 없지만 시장에 장사하러 나가는 날에는 배가 고파 어쩔 줄 몰라 합니다. 시장에 도착하면 큰 도시락으로 먼저 요기를 합니다. "역시 건강이 최고에요"라고 말하면, 할머니는 "여보게, 건강해서 일할 수 있는 것이 아닐세. 나를 기다려주는 사람이 있고 내가 일할 장소가 있기 때문에 건강한

---

10 옮긴이 주: 전통적인 어획법으로 잡은 일본산 마구로(특히 아오모리 현 오마산 혼마구로青森県 大間産 本マグロ)는 최고의 횟감으로 도쿄의 수산시장에서 한 마리에 (2m, 250kg가 넘는 경우) 2,000만 엔을 호가하므로 한 가족이 충분히 생활할 수 있다는 것은 전혀 과장이 아니다.

〈그림 7-18〉 시장의 할머니

거지"라고 말합니다. 지금 어떤 기업이 83세의 할머니를 필요로 하겠습니까? 기업은 연령이나 성별로 사람을 판단하지만 시장의 손님은 80세의 할머니든 90세의 할머니든 나이에 상관없이 기다려줍니다. 그렇기 때문에 할머니는 논과 밭에서 거둔 수확으로 짠지를 만듭니다. 기다리는 사람이 있기 때문에 계속 일하며 그곳을 행복한 곳이라고 생각합니다(〈그림 7-18〉 참조).

이런 할머니에게 저는 많은 것을 배웠습니다. (GNH를 논하기 이전에) 이런 분을 찾아가면 어떨까요? 저의 소박한 의견이지만 이런 분의 서툰 말투 가운데 우리에게 또 하나의 행복을 깨닫게 하는 무엇인가가 있다고 생각합니다.

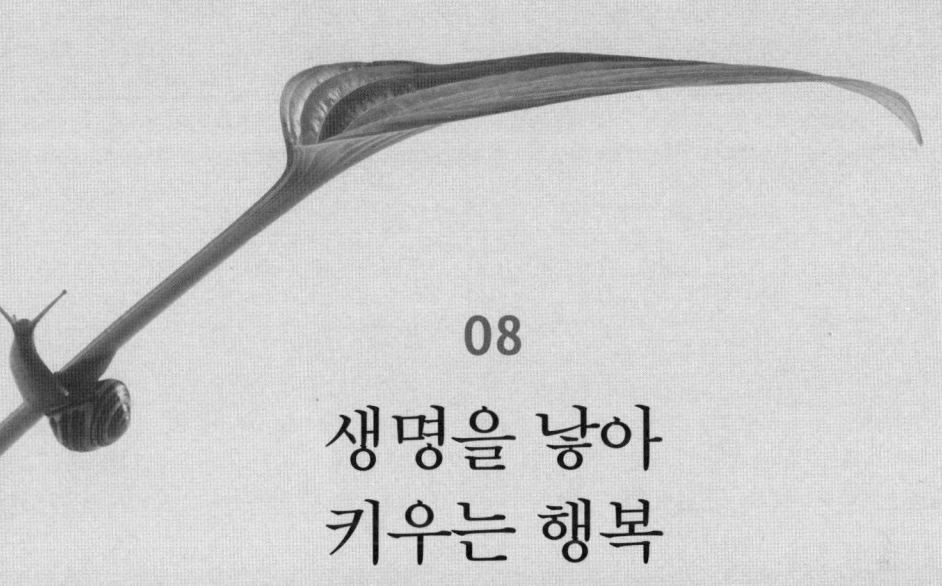

08

생명을 낳아
키우는 행복

아이들에게 배우는 풍요로움

—

안냐 라이트

안냐 라이트Anja Light

스웨덴에서 태어나 오스트레일리아에서 성장한 싱어송라이터이자 환경운동가다. 10 대부터 환경·반핵 활동가로서 오스트레일리아, 말레이시아, 일본 등을 중심으로 활약 했다. '전면적 생태보호운동 deep ecology' 철학에 근거한 환경 교육의 실천자로 알려져 있다. 1999년에 쓰지 신이치 辻信— 와 함께 비정부기구 NGO '나무늘보클럽'을 결성, 간 사로 활동했다. 현재 에콰도르를 거점으로 생태계 보존과 지속 가능한 마을 만들기를 위해 활약 중이다. 2001년에 장녀 파차, 2003년에 장남 안을 출산했으며 'Voices for the Forest', 'Slow Mother Love' 등의 음반을 냈다.

아직 희망은 있다

저는 안냐 라이트Anja Light입니다. 스웨덴에서 태어나 오스트레일리아에서 자랐습니다. 10대부터 환경운동에 관여했으며 1999년에는 일본인 친구 쓰지 신이치辻信一 교수와 함께 비정부기구 NGO '나무늘보클럽'을 만들어 간사로 활동했습니다. 현재는 에콰도르와 오스트레일리아를 거점으로 활동하면서 두 아이를 키웁니다. 오늘은 아이를 출산하고 키운 경험에서 보고 느낀 것, 그리고 그것이 환경운동과 어떤 연관성이 있는지를 설명함으로써 '풍요로움이란 무엇인가'라는 주제로 이야기하고자 합니다.

'풍요로움이란 무엇인가'. 결론부터 말하자면 저에게는 살아 있다는 것을 실감하는 것, 깨어 있다는 것, 관계를 맺는 것, 그리고 그 관계를 분명히 인식할 수 있는 것이 풍요로움입니다.

아이가 없었을 시절에 저는 환경운동을 전개하기에 적합한 장소로 에콰도르를 선택했습니다. 처음에는 그곳의 풍요로운 자연에 감동했고, 곧이어 그곳에 사는 아이들의 풍요로움에 감동했습니다.

일본이나 오스트레일리아에서는 거의 대부분 여성이 아이를 갖기 전에 마음속으로 계산을 합니다. '잘 키울 수 있을까? 육아에 돈은 얼마나 들까? 그 돈을 벌 수 있을까? ……' 먼저 이러한 것을 생각합니다. 저도 아이를 낳기 전에 이런저런 고민을 했습니다. '태어날 아이에게 희망이 있을까? 앞으로 살아갈 모든 아이에게 이 세상은 희망이 있는 곳일까?' 등을 말입니다.

오랜 시간 환경운동을 해온 저는 항상 다음 세대를 걱정했습니다. 어떤 의미에서 제가 환경운동을 하는 이유는 미래를 짊어질 아이를 위해서입니다. 그러나 환경운동가로서 저는 세계의 상황을 바라보면서 절망할 때가 자주 있었습니다.

그런데 에콰도르에서 만난 사람은 아이를 갖기 전에 계산 따위는 하지 않았습니다. 당연하게, 자연스럽게 아이를 낳아 키웠습니다. 아이도 어른이 어떻게 생각하는지 아랑곳없이 태어납니다. 이것을 에콰도르에 살면서 실감했습니다.

저는 10대 때 말레이시아의 사라와크 주 숲에 사는 원주민 베난족과 만난 적이 있었습니다. 저는 어렸을 때부터 인류의 미래에 절망했지만 베난족을 만나고 난 후 생각이 달라졌습니다.

베난족은 이동형 수렵 채집민으로서는 지구상에 마지막 남은 종족입니다. 저는 그들이 사는 숲을 벌채의 위기로부터 지키기 위한 캠페인을 도왔는데 그것은 단순한 환경운동의 틀을 넘는 매우 소중한 경험이 되었습니다. 세상에 눈을 뜬 계기가 되었습니다. '이미 상실되었다고 생각했던 인간과 자연과의 근원적인 관계를 아직 보존하며 살아가는 사람이 있구나! 이렇게 온화하고 상냥하며 배려 깊은 사람이 있구나! 그래 인간에게는 아직 희망이 있어!'라는 생각이 들었습니다.

베난족은 자신에게 삼림이 얼마나 중요한지를 아주 분명하게 이해했습니다. 그렇기 때문에 숲이 벌채의 위험에 처했을 때 세계적으로 가장 평화로운 종족으로 알려져 있는 그들이 불도저 앞에 버티고 앉아 몸을 던져 벌채를 막으려고 했던 것입니다. 이것을 보고 '선진국에 사는 우리는 도대체 어떤 사람일까'라는 생각이 들었습니다. '우리의 존재를 지탱하는 것은 자연인데 그 자연을 파괴하면서도 태연한 우리는 도대체 무엇인가'라는 생각이 들었습니다.

제가 내린 결론은 '망각'입니다. 우리 '선진국'에 사는 사람은 인간이 어떤 존재인지를 잊어버린 것이 아닐까요? 사라와크 주에서의 경험은 저에게 이러한 것을 가르쳐 주었습니다.

아이를 출산한다는 것

마찬가지로 많은 여성이 잊은 것이 있습니다. 그 것은 자신이 아이를 낳을 수 있는 존재라는 사실입니다. 언제부터 아이를 낳는 것이 자기가 아니라 의사라고 생각한 것일까요? 그런 의미에서 아이를 낳아 키우는 것은 자신이 누구인지를 깨닫는 일이기도 한 것입니다. 그리고 자신이 가진 신비한 힘, 자연의 위대한 힘을 신뢰하는 일이기도 합니다. 또한 아이를 낳아 키운다는 것은 삶의 의미를 재확인하는 과정이라고도 말할 수 있습니다.

그렇다고 해서 단지 임신이 된 것을 기뻐만 할 수는 없습니다. 저도 마음속으로 갈등했습니다. 임신을 하면 뱃속의 아이와 대화가 시작됩니다. 예를 들면 제가 '이 세상에 나오는 것이 좀 이른 건 아니니?', '좀 더 나중이 좋지 않을까?'라고 말합니다. 그러나 뱃속의 아이 ― 나중에 제가 파차라고 이름을 지어준 여자 아이 ― 는 '아니, 나는 태어날 거야!'라고 대답합니다.

어떤 의미에서 그때부터 파차와 저는 각각 한 사람의 인간으로서 대등한 교제를 시작한 것입니다. 자기를 낳아 키워주는 어머니로서 딸아이도 저를 신뢰해야 하고 동시에 저도 딸아이가 인생에서 중요한 것을 가르쳐주는 소중한 존재임을 늘 기억해야 하기 때문입니다.

게다가 운명이라고 해야 할까요? 이제 딸아이는 자신이 걸어가야 할 길이 분명히 있음을 느끼는 것 같습니다. 저는 딸아이가 매우 분명한 정체성, 즉 자아를 가진 존재라는 것을 느낍니다.

그러나 한편으로 현대사회는 다방면에서 딸아이의 정체성을 흔듭니다. '너는 이렇게 되어야 해' 혹은 '저렇게 되어야 해'라며 말이 많습니다. 그러한 것으로부터 딸아이를 지켜나갈 공동의 작업에 나름대로 참여해왔고 앞으로도 그 역할을 하고자 합니다.

출산의 경험

일본에서도 자택 출산이라는 말이 정착되었습니다. 제가 자택 출산을 처음으로 분명히 자각한 것은 여동생이 오스트레일리아에서 5kg의 우량아를 낳았을 때입니다. 전부터 병원에서 아이를 출산하는 것에 거부감이 있었습니다. 병원은 몸에 이상이 있을 때 찾아가는 곳인데 과연 출산이 병인가요? 임신과 출산이 가능한 몸은 오히려 더 건강한 상태가 아닌가요? 생각해보면 당연한 일입니다. 우리의 부모님, 조부모님도 출산을 단순한 사실로 받아들였고 인류 역사의 대부분은 자연분만이었습니다. 물론 때로는 병원에서 출산해야 하는 경우도 있지만 말입니다.

저는 에콰도르에서는 모두 자택 출산을 할 것이라고 예상했는데 제가 집에서 출산하겠다고 하자 그들이 오히려 충격을 받은 것 같았습니다. 당신은 백인이고 돈도 많을 텐데 왜 그러냐고 합니다. 그래서 반대로 저는 그들에게 당신은 어디에서 태어났느냐고 질문했습니다. 그러자 그들은 집에서 태어났다고 대답했습니다. 이건 어떻게 된 일일까요? 점점 여러 가지 사실을 알 수 있었습니다. 예를 들면 에콰도르에는 제왕절개를 하는 사례가 매우 많다는 사실입니다. 의사가 돈을 벌기 위해 함부로 제왕절개를 합니다. 의사는 무리한 출산이 태아에게 스트레스가 된다고 말하거나 그럴 필요가 없는 경우에도 바로 제왕절개를 해버립니다.

실제로 경험을 해보고 안 사실인데 출산할 때의 모체는 매우 미묘한 밸런스를 가집니다. 아주 작은 소리, 예를 들어 문이 닫히는 소리만으로도 완전히 상태가 바뀌어서 출산이 멈춰버리기도 합니다. 모든 포유류는 출산할 때 어둡고 안전한 곳으로 몸을 숨깁니다. 그렇기 때문에 병원처럼 전등 빛이 강하고 사람의 출입이 많은 곳에서 출산하는 것은 자연에 역행하는 것입니다. 자택에서 출산했다고 하면 사람들은 용기 있다고 말하지만 제 입장에서 보면 사실은 병원에서 출산할 용기가 없는 것입니다.

파차를 출산할 때 여러 가지 계획을 세워서 가장 쾌적하게 출산할 수 있는 조건을 갖추었습니다. 임신부를 위한 요가교실을 운영하는 오스트레일리아 친구를 불러 어떤 자세로 출산하는 것이 좋은지 세세한 사항까지 의논했습니다. 그렇게 함으로써 자신감을 갖고 좋은 컨디션을 유지할 수 있었습니다. 한편 출산이라는 것은 대단한 육체적 노동 ─ 영어에서 노동을 의미하는 'labor'는 출산을 의미한다 ─ 이고 마치 마라톤을 하는 것과 같기 때문에 몸을 단련하기 위해 언덕길을 빨리 오르내리는 운동도 했습니다.

삶과 죽음의 경계

드디어 출산일이 다가왔습니다. 이것은 완전히 자신이 동물이고 포유류라는 사실을 실감하는 체험이었습니다. 아이가 산도를 지나 마지막 단계에 올 때 어머니인 저 자신이 터널 안에 있는 것처럼 느껴졌습니다. 그것은 삶과 죽음의 경계였습니다. 그런 경계선 상에 있을 때 오히려 생명력을 더 강하게 실감할 수 있었습니다.

병원 출산으로 투여되는 여러 종류의 약은 모두 생명감의 절정을 마비시켜 버립니다. 그것은 매우 안타까운 일입니다. 물론 생명력에는 고통도 포함됩니다. 고통이라는 말로는 다 표현할 수 없는, 몸이 갈가리 찢기고 분해되는 듯한 느낌입니다. 물론 이것은 제 경우이고 출산 경험은 각자 다를 것입니다.

파차가 태어났을 때의 일입니다. 만약을 위해 부탁해두었던 에콰도르인 조산부가 도중에 왔습니다. 갑자기 "소리 지르지 마세요! 서 있으면 안 돼요! 누워 있어야 해요!", "불을 켜세요!"라고 말했습니다. 저는 "이건 내 몸이에요!"라고 소리 질렀습니다. 어쨌든 이미 상황은 늦었습니다. 오스트레일리아인 친구는 그 조산부와 말다툼을 시작했고 저의 파트너이자 태어날 아기의 아버지인 마르셀은 비디오카메라로 동영상을 찍었습니다. 유감스럽게도 녹화 버튼을 누르는 걸 잊었지만(웃음). 그때 파차가 번지점프를 하듯 툭 튀어나왔습니다. 그래서 지금도 파차는 높은 곳을 무서워하지 않고 목소리도 큰 것 같습니다.

또 하나 멋진 일이 일어났습니다. 나중에 온 에콰도르인 조산부가 금방 출산한 산모의 컨디션도 좋고 태어난 아이도 건강해서 모든 것이 다 훌륭했다며 감동을 한 것입니다. 그녀는 제가 출산을 위해 취했던 모든 방법을 받아 적고, 그것을 참고로 해 이전에 자신이 쓰던 방법을 개선했습니다.

이로써 저는 자택출산이 최고임을 알았고 자신감도 얻었습니다. 오스트레일리아에서 장남 얀을 출산할 때에는 아예 조산부를 부르지 않았습니다. 전처럼 오스트레일리아 친구가 와주었고, 제가 꾸민 어둠침침한 방 안에서 자신감이 넘치는 가운데 출산을 했습니다.

이번 출산이 전보다 더 훌륭했던 것은 파차가 거기에 함께 있어 주었기 때문입니다. 출산할 때 파차와 함께 있을 것이라고 어머니에게 말하자 "그렇게 어린 아이에게 어떻게 …… 놀라서 상처받지 않겠니?"라며 걱정하셨습니다. 그래서 저는 이렇게 말했습니다. "엄마의 몸에서 남동생이 나오는 것을 함께 지켜봤으면 좋겠어요. 아이가 성장해가는 과정에는 때로는 힘든 일도 하기 싫은 일도 있어요. 그렇지만 가능한 한 모든 것을 자연스럽게 받아들이게 하고 싶어요."

두 살 반인 파차는 정말 훌륭했습니다. 저를 칭찬하고 격려해 주었습니다. 파차와 얀의 첫 만남은 잊을 수 없습니다. 얀은 파차의 얼굴을 보고 희미하게 미소 짓는 것 같았습니다. 남이 보기에는 그것이 웃음이 아닐지도 모르지만 저에게는 그렇게 보였습니다. 파차는 너무나 멋진 경험을 했기 때문에 공원에서 제가 잠시 한눈을 파는 사이 모르는 사람에게 자기가 본 일을 말해버립니다. 이럴 때는 저도 좀 당황스럽지만요.

우리 어머니 시대는 출산에 관해서 비밀로 해왔기 때문에 아무것도 말해주지 않았습니다. 아이가 태어나면 황새가 데려왔다고 거짓말을 합니다. 제가 태어났을 때 오빠의 첫마디는 "다시 데려가"였다고 합니다. 어딘가에서 동생이 갑자기 나타났다고 생각한 것이겠지요. 출산을 그렇게밖에 생각할 수 없다면 거기에는 소중한 무엇인가가 빠져 있는 것입니다. 당연히 있어야 할 소중한 관계가 단절된 것입니다.

서두에서 말한 것처럼 관계를 맺는다는 것이 풍요로움의 조건이라면 단절된 관계를 다시 맺는 것이 중요합니다.

아이에게 배우는 풍요로움

파차가 에콰도르의 코타카치라는 마을에서 태어난 지 3주 후 우리는 잉택Intag이라는 숲으로 갔습니다. 저는 파차가 항상 저와 함께 있고 싶어 한다고 느꼈고 거기에 반응해 계속 함께 있었습니다. 예를 들어 무대에서 노래를 부를 때면 파차가 제가 있는 곳으로 오려고 보챘기 때문에 어쩔 수 없이 무대에서 파차를 안은 채로 노래를 할 때도 있었습니다. 2년이 지나자 파차는 어디든지 데려갈 수 있는 아이가 되었습니다.

이것도 파차에게 배운 것인데 어렸을 때 아이를 엄마에게서 무리하게 떼어놓는 것은 아이에게 큰 상처가 되어 심각한 영향을 줄 위험이 있다는 것입니다. 일반적으로 오스트레일리아에서는 태어난 아이를 바로 옆방에서 재웁니다. 하지만 오래전 인간이 자연에서 살았을 때는 동물

<그림 8-1> 안냐와 아이들

에게 습격당하지 않도록 아이를 항상 가까이에 두었을 것입니다. 이렇게 생각하면 무리하게 아이를 떼어놓는 것은 부자연스러운 것입니다. 지금 안은 4살이고 파차는 6살인데 우리 식구 모두는 같은 방에서 침대를 붙여 함께 잡니다. 아이가 침대에서 혼자 자고 싶어 할 때가 되면 그렇게 해야겠지만요.

일반적으로 제가 일본이나 에콰도르 등 여러 곳을 다니기 때문에 아이가 불안해할 것이라고 생각할지도 모르겠지만 선생님 말씀으로는 아이가 놀라울 정도로 학교에서도 안정되어 있다고 합니다. 흔히 아이에게는 뭔가 열중할 수 있는 것, 집중할 수 있는 대상이 필요하다고 하지만 저는 그 대상이 어머니로 충분하다고 생각합니다. '저'말입니다. 어머니가 옆에 있다는 안도감, 이것이야말로 그 무엇보다도 소중한 것이 아닐까 생각합니다.

지금 저의 생활은 스트레스와는 무관합니다. 일부러 스트레스를 만들어야 할 정도로 스트레스를 받지 않습니다. 어디를 가더라도 자전거로 가기 때문에 교통 정체도 없고 아무 걱정도 없는 평화로운 마음입니다. 매일 밤 집에서는 촛불잔치를 합니다. 에콰도르에서는 전기가 없는 시골이기 때문에 선택의 여지없이 밤이 되면 자야 했는데 지금 사는 오스트레일리아에서도 마찬가지로 어두워지면 자고 날이 밝으면 일어나는 생활습관이 자연스럽게 이어졌습니다.

취침과 휴식은 풍요로움의 매우 중요한 요소입니다. 그러나 현대의 일본 사회와 세계 대부분의 나라에서는 제대로 자거나 휴식을 취하는 것이 어렵습니다. 학교에 가 보면 충분히 잠을 자지 못한 아이를 금방 알아볼 수 있습니다. 충분히 자지 못한 아이는 제대로 배울 수 없습니다. 일본에는 피곤에 지친 아이가 매우 많은 것 같습니다. 학교나 그 밖의 다른 곳으로부터 얻는 정보는 점점 쌓여가지만 진정한 의미의 사고력과 상상력은 오히려 감퇴하는 것이 아닌지 염려스럽습니다.

자신이 도움이 되는 존재라는 것을 깨닫는 기쁨

현재 사는 곳은 '에어Ayr'라는 작은 마을인데 파차와 얀은 이곳에 있는 기독교 학교에 다닙니다. 마을에서 다소 유복한 가정의 자녀가 다니는 학교로, 아주 가까운 곳에 살아도 부모가 아이를 자동차로 태워다줍니다. 우리 셋은 자전거로 등교하는데요, 아마도 남들은 불쌍하게 차도 없느냐고 생각할지 모르겠습니다. 하지만 아이는 자전거를 타면서부터 더 건강해지고 자신감을 갖기 시작했습니다. 파차는 자신감이 너무 넘쳐서 자동차를 보면 "그렇게 자동차를 타고 다니면 지구가 온난화되어요"라고 소리칠 정도입니다. 가끔 우리도 차를 타야 할 때가 있지만 그럴 때마다 파차에게서 "차를 타면 안 돼요"라는 핀잔을 듣습니다.

사람의 행동은 그가 어떤 것에 가치를 두느냐에 따라 달라집니다. 돈이 들지 않는 것은 가치가 없다고 생각하는 사람에게 자동차보다 값싼 자전거는 가치가 없을 것입니다.

최근 생긴 새 이웃은 그 집 주변의 잘 자란 나무를 잘라내 버리더군요. 나무가 무성한 땅은 가치가 없다는 생각을 가졌기 때문이겠지요. 어느 날 파차가 "나무를 자르지 마세요!"라고 소리를 치더군요. 저는 오래전부터 벌채 반대 운동을 해왔기 때문에 파차에게 그렇게 소리치지 말라고 주의를 주는 저 자신에게서 모순을 느꼈습니다. 아이를 가진 부모라면 이해하겠지만 육아란 여러 모순과 딜레마를 포함합니다.

아이가 저에게 가르쳐준 기쁨, 행복, 풍요로움 중 하나는 정원 가꾸기입니다. 학교에서 지속 가능한 농법을 사용해 채소밭을 만들기로 했는데 우리 아이가 그 일을 맡아서 하게 되었습니다. 정원은 배움으로 가득 찬 훌륭한 교육의 장입니다. 태어나서 처음으로 나무에 달린 열매를 자신의 손으로 수확해 먹을 때 아이가 경험하는 기쁨과 성취감, 자랑스러움은 놀라운 것입니다.

우리 집의 애완동물은 닭입니다. 닭을 기르는 것은 아이에게 풍요로움을 가르치는 매우 중요한 일입니다. 왜냐하면 우리 집 애완동물은 보통의 애완동물과는 달리 달걀을 낳아주기 때문입니다. 달걀을 가지러 갔을 때 아이가 기뻐하는 모습이란 정말······! 아이는 모든 닭에게 이름을 붙여주고, 닭의 이름을 부르며 감사한 마음을 갖습니다. 가끔 아이는 그 달걀로 팬케이크를 굽기도 하는데요, 주방이 난리가 나기 때문에 마음이 편치는 않지만 그건 꾹 참아야지요.

아이가 자신의 존재를 긍정적으로 느낄 때는 역시 자신이 어떤 일에 도움이 된다는 것을 깨달을 때입니다. 이런 아이는 싸우기보다는 중재자가 될 가능성이 있습니다. 아이의 세계에서는 집단 따돌림이 큰 문제가 되고 어른의 세계에서는 대화보다는 힘으로 서로를 누르려는 것이 문제지만요.

감정과 경험을 빼앗긴 아이

현대사회에서 또 하나의 문제점은 감정의 가치를 매우 낮게 평가하는 것입니다. '감정을 앞세워서는 안 된다', '이성적으로 생각하라', '자기감정을 억제하라'라고 합니다. 그러나 제가 아이로부터 배운 한 가지는 감정의 중요성입니다. 아이가 흥분해서 학교에서 돌아올 때면 저는 아이 얼굴을 마주보며 "무슨 일이니? 말해보렴"이라고 하면서 말을 건넵니다.

최근 파차가 시작한 놀이는 나무 타기입니다. 이웃사람은 자주 나에게 "아이가 나무 위에 올라갔어요"라고 알려줍니다. 그러면 저는 "네, 알아요"라고 대답합니다. 나무에 올라간 파차는 자신이 만든 노래를 나무 위에서 부르기 시작합니다. 마치 정령과 교신하는 것처럼 말입니다. 자연과 대화를 하는 것처럼 계속해서 노래가 나오는 것입니다. 뭐라고 해야 할까, 배고프면 음식이 필요한 것처럼 영혼에도 영양이 필요한 것이 아닐까요? 어쩌면 나무에 올라 노래를 부르는 것은 자연, 우주와 매일 관계를 맺기 위한 파차만의 의식일지도 모릅니다. 이렇듯 '소통하는 능력'이 어른이 되어서도 지속되기를 바랍니다.

최근 파차가 얀에게 나무 타기를 가르치기 시작해 다소 걱정입니다. 왜냐하면 얀은 파차보다 뚱뚱하기 때문입니다. "그만둬!"라는 말이 나올 뻔했지만 심호흡을 하면서 말을 삼켰습니다. 떨어지면 밑에서 받아야겠다고 생각하면서 참고 지켜봅니다.

현대사회가 아이에게 주는 또 하나의 해로운 부분은 '그렇게 하면 안 돼', '이것은 위험해'라고 하면서 계속 공포 분위기를 조장하는 것입니다. 예를 들어 물 근처에만 가도 '위험해!'라고 소리치는 것입니다. 얀과 파차도 물속에서 놀다가 한 번은 물에 빠진 적이 있지만 그 순간 본능적으로 숨을 쉬지 않아 별일이 없었습니다. 물속에서 놀다보면 그럴 수도 있다는 것을 경험하고 나서는 누가 가르쳐주지도 않았는데 수영을 스스로 터득했습니다.

이것도 모든 부모가 갖는 딜레마입니다. 부모이기 때문에 본능적으로 온갖 위험으로부터 아이를 보호하고자 합니다. 그러나 가장 큰 안전은 아이 자신의 경험과 배움으로부터 보장되는 것입니다. 물속에서의 안전은 '물은 무서운 것'이라는 공포심에서가 아니라 물놀이의 즐거움, 헤엄치는 일은 멋진 일이라는 기쁨으로부터 생겨나는 것이 아닐까요. 공포감을 인식시키는 교육은 대중요법에 지나지 않습니다. 위험으로부터 아이를 보호하고 싶지만 아이가 스스로 경험을 통해 배울 수 있는 기회를 빼앗고 싶지는 않습니다. 이 두 가지 생각 사이에서 미묘한 균형을 잡으면서 살아야겠지요.

슬로라이프의 즐거움

또 한 가지 현대사회가 아이에게 강요하는 것은 '서두름'입니다. 하지만 일본인 친구와 NGO '나무늘보클럽'을 설립한 이후부터 제 인생의 테마는 계속 '슬로라이프'입니다. 슬로를 테마로 한 곡도 여러 곡 만들어 불러왔고, '어머니의 사랑Slow Mother Love'이라는 CD도 발간했습니다. 'Slow Mother Love'의 'Slow'는 어머니와 아이의 관계를 말합니다. 각자 삶의 페이스가 다르기 때문에 때로는 아이가 어른의 속도에 맞춰 서둘러야 하는 경우가 있습니다. 제가 빠른 걸음으로 걸으면 아이는 서둘러 뒤따라옵니다. 저는 그런 아이를 보며 속도를 늦춥니다. 그 가운데에서 서로를 배려하는 관계가 성립되는 것입니다. 제가 기다리기도 하고 아이가 기다리기도 하면서 말입니다. 함께 산다는 것은 그런 것입니다.

그런데도 서두르는 이유는 '돈' 때문입니다. '슬로라이프'란 최고의 가치를 '돈'에 두지 않는 것입니다. 제가 어렸을 때 우리 집에서는 근검절약을 위해 헌 옷을 입었지만 지금은 돈이 있고 없고를 떠나 새 옷을 사지 않는 것이 우리 집의 원칙입니다.

이것이 어째서 '슬로'와 관계있는 것일까요? 그 이유는 새 옷을 사려면 돈이 들기 때문입니다. 돈을 벌기 위해 더 많이 일해야 하고 일하기 위해 시간을 점점 더 투자해야 하니까 모든 것을 빨리빨리 서둘러 합니다. 그러나 새 옷을 사지 않고 헌 옷을 입는다는 원칙을 정하면 그만큼의 시간을 벌 수 있습니다. "아이에게 새 옷을 입히지 않으면 열등감에 빠질 텐데 불쌍하지 않나요"라며 걱정을 하는 사람도 있습니다. 그런 질문을 받을 때 아이 앞에서 취할 수 있는 저의 태도는 정직하게 말하는 것입니다. 이렇게 하는 것은 사회적으로나 환경적인 면에서도 좋습니다. 무엇보다 헌 물건을 사용하는 것이 즐거운 이유를 아이에게 꾸밈없이 전합니다.

어느 날 파차가 저에게 "우리는 부자에요?"라고 물었습니다. 음, 의미심장한 질문입니다. 저는 바로 대답해 주었습니다. "그래, 맞아. 우리는 부자야!" 적어도 학교 안에서는 가장 부자입니다. 우리에게는 자유가 있고 시간도 많이 있습니다. 언제나 편안하고 즐거운 시간을 함께 보낼 수 있습니다. 그리고 공포도 불안도 스트레스도 거의 없습니다. 이렇게 사는 사람이 부자가 아니면 누가 부자일까요?

우리의 생활이 다른 사람과는 다소 다를지 모르지만 그렇다고 이상한 가족 취급을 받으며 이웃과 고립된 생활을 할 것이라는 오해는 말아주세요. 이웃과의 교제는 우리에게 매우 소중한 부분이니까요. 그러나 우리에게는 우리만의 가치관이 있고 라이프스타일이 있습니다. 그러한 가치관을 유지하며 기쁘게 살아가는 것이 오히려 주변 사람에게 좋은 영향을 줄 수도 있습니다.

지난번에 얀의 생일파티를 했는데 초대장에 '선물은 사지 말고, 헌 물건이나 싫증이 나서 사용하지 않는 것을 가지고 오세요'라고 썼습니다.

이것은 꽤 반응이 좋았습니다. 헌 옷도 얀에게는 아주 매력적인 선물입니다. 그 가운데 스파이더맨 의상이 있었는데 자세히 보면 몇 번이나 꿰맨 자국이 있었습니다. 그것을 준 아이는 그 옷이 너무 좋아서 몇 년이나 입었을 것입니다. 우리의 삶은 '새 옷을 사야 한다'라는 주문呪文에서 풀려날 때 놀라운 자유를 만끽할 수 있습니다.

부모가 행동하는 모습을 보여준다

이렇게 평화로운 생활을 하는 한편 저는 환경운동도 병행합니다. 오스트레일리아에서는 '녹색당' 멤버로 활동하고 이번에도 상원의원 선거에 나갈 것입니다.

얼마 전 처음으로 아이와 함께 시위에 참가했습니다. 오스트레일리아의 아름다운 해안에서 벌어진 5만 명의 미군이 참가한 합동훈련에 대한 항의집회입니다. 이때 저는 오스트레일리아가 미국의 식민지일 수도 있다는 생각을 했습니다.

비가 내리는 추운 날에 야영을 하는 혹독한 경험이었습니다. 게이트 앞까지 와서 담을 넘으려 하는 상징적인 장면이 있었습니다. 예전 같았으면 제가 앞장서서 담을 넘었을 테지만 저에게는 돌봐야 할 두 명의 어린 아이가 있습니다. 또 하나의 딜레마입니다. 결국 육아를 끝낸 사람 10명 정도가 담 위에 올라가서 시위를 하다가 체포되었습니다. 우리가 특히 주의했던 것은 긴장을 하거나 분노에 차서 소리 지르는 것을 막고, 평화롭고 온화한 분위기를 끝까지 유지하는 것이었습니다. 우리가 바라는 것은 평화이기 때문입니다. 그 사이에 파차와 얀은 흙투성이가 되어 축구를 즐겼습니다.

시위가 끝난 후에 파차가 그린 그림일기에는 철조망과 그 위에 손을 댄 파차 자신의 두 손이 그려져 있고, '우리가 원하는 것은 전쟁이 아니라 평화'라고 쓰여 있었습니다.

저는 시위 같은 정치적 행동에 가족을 참가

〈그림 8-2〉 시위에 참가한 안냐와 아이들

시키는 것은 중요한 일이라고 생각합니다. 어린 아이여도 분명하게 느끼며 말하고 싶은 것이 있습니다. 그런 아이의 생각을 정치에 반영하는 것은 소중하다고 생각합니다. 정치적 행동을 위해 아이를 도구화하는 것이 아니라 부모와 자식은 떨어질 수 없는 한 몸이기 때문입니다. 그것을 일부러 떼어낼 필요는 없으며 한 몸이 되어 표현하는 것입니다. 오래전부터 반핵과 환경운동의 제일선에서 활동해온 저에게 이 시위는 많은 것을 느끼게 해주었을 뿐 아니라 뜻 깊은 경험이 되었습니다.

이처럼 정치적 행동도 계속하지만 그러한 일이 없다고 해도 일상적인 가족과의 생활 자체가 저에게는 환경운동이고 정치적 표현이며 메시지입니다. 앞서서 정원 가꾸는 이야기를 했지만 정원 가꾸기를 통해서 아이는 직접 자연과 교류하고 자연과 관계 맺는 것을 체험합니다. 우리 집에도 텔레비전은 있으나 아이들은 대부분의 시간을 밖에서 자연학습을 하면서 보냅니다.

아이는 모든 환경에서 배움을 얻습니다. 아이에게 자신감을 주는 것이 무엇보다도 중요합니다. 자신이 느낀 것을 표현하고 말할 수 있다는 것을 실제로 경험할 수 있게 해주는 것입니다. 단순히 지식을 채워 넣는 배움이 아니라 경험에 기초한 교육과 배움이 중요합니다. 그래야만 배움이 고통이 아니라 즐거움이라는 사실을 아이가 실감할 수 있다고 생각합니다.

쓰지 신이치 교수와의 대담

쓰지: 시위 현장에 아이를 데려가기 전에 파차에게 어떤 식으로 설명을 했습니까? 아이를 그런 장소에 데려가는 것을 찬성하지 않는 사람도 있을 것이라고 생각합니다.

안냐: 아이와 함께 전쟁이나 무기, 군인이 무엇인지를 이야기했습니다. 이미 파차의 나이가 되면 텔레비전이나 그 밖의 다른 매체를 통해 세계에서 어떤 일이 일어나는지는 조금씩 알고 있으니까요. 우리 사회는 여러 가지 의미에서 군사화되었습니다. 사회에 만연한 군사 문화를 당연한 것처럼 받아들입니다.

예를 들어 앞서 언급한 시위에 경찰관과 대치하는 장면이 있었습니다. 저는 아이에게 제 앞에 서 있는 사람이 적은 아니라고 이해할 수 있도록 설명하는 것이 중요하다고 생각했습니다. 평화를 바란다면 평화적인 수단을 취해야만 평화를 달성할 수 있습니다. 평화를 지향하면서 폭력적인 방법을 쓰는 것은 모순이라는 것을 전달하고자 노력했습니다.

어쩌면 저의 교육 방법이 편중되었다거나 극단적이라고 생각하는 분이 있을지 모르겠습니다. 저는 그런 사람에게 반대로 질문하고 싶습니다. 극단적인 것은 우리일까요? 이 사회일까요? 파차와 얀이 다니는 학교에서는 군대를 영웅시했습니다. 이것이야말로 극단적이고 도가 지나친 것이 아닐는지요.

저의 역할은 극단적인 이 사회에서 어떻게든 아이가 균형을 잡을 수 있도록 도와주는 것입니다. 그렇기 때문에 '맥도날드에 갔다 왔다!'라고 자랑하는 아이에게 '어머나, 불쌍해라. 괜찮니?'라고 말함으로써 조금은 균형을 잡아줍니다. 극단적인 것이 세력을 떨치는 세상이기 때문에 교육을 통해 카운터 밸런스, 즉 균형을 잡을 필요가 있습니다. 착색료를 많이 사용한 아이의 화려한 도시락을 보면서 우리 아이에게 '너희는 정말 행운아구나, 이런 갈색빵 샌드위치를 먹으니까'라고 말해 균형을 잡아주는 것입니다.

세상도 점점 바뀌어 정부도 아이들에게 좀 더 건강식을 먹이려고 합니다. 그럴 때 저는 아이에게 '그것 봐라, 역시 너희는 행운아였지'라고 말합니다.

쓰지: 안냐는 돈으로부터의 자유라고 이야기했는데요, 돈을 버는 것이 과연 나쁜 것일까요? 돈이 있으면 후원하는 정치가나 NGO 단체에

기부도 할 수 있고, 공정무역이나 친환경 상품도 살 수 있습니다. 바쁘게 일해서 번 돈으로 그렇게 쓰는 것이 잘못된 것일까요?

안냐: 저는 그런 삶의 방식이 잘못되었다고 말하는 것이 아닙니다. 어떤 방식이든지 다양성을 인정합니다. 다만 제가 추구하는 생활은 돈에 너무 집착하지 않는 것입니다. 돈에 너무 집착하면 돈으로는 살 수 없는 것의 가치를 알 수 없기 때문입니다. 돈으로만 환산하는 극단적인 세상이기 때문에 그에 대한 균형을 내 안에서라도 유지하고 싶은 것입니다.

이 지구상에 존재하는 생명체로서 경험하는 가장 본질적인 것은 바로 이 충만한 풍요로움일 것입니다. 씨앗을 한 번 생각해보세요. 한 알의 씨앗이 몇백 배, 몇천 배의 풍요로움을 우리에게 선사합니다. 이것이야말로 풍요로움 본래의 의미입니다. 게다가 우리가 누리는 이러한 풍요로움은 온전히 값을 따질 수 없으며 보답을 요구하지 않는 자연으로부터의 은총이라고 할 수 있습니다.

이러한 은총 덕분에 돈 없이도 살 수 있었던 시대가 오랜 기간 이어져왔던 것입니다. 그러나 분에 넘치는 자연의 은총을 깨닫지 못하고 뭐든지 돈으로 환산하는 오늘날의 사회 시스템에서는 부익부 빈익빈 현상이 심화되는 한편 풍요로움의 원천인 생태계마저 붕괴되는 것입니다.

그렇기 때문에 태초에 존재했던 이 세상의 풍요로움을 돈이라는 매개체에 의존하지 않고 다시 접할 수 있다면 저는 그 길을 가고 싶다고 생각하는 것입니다.

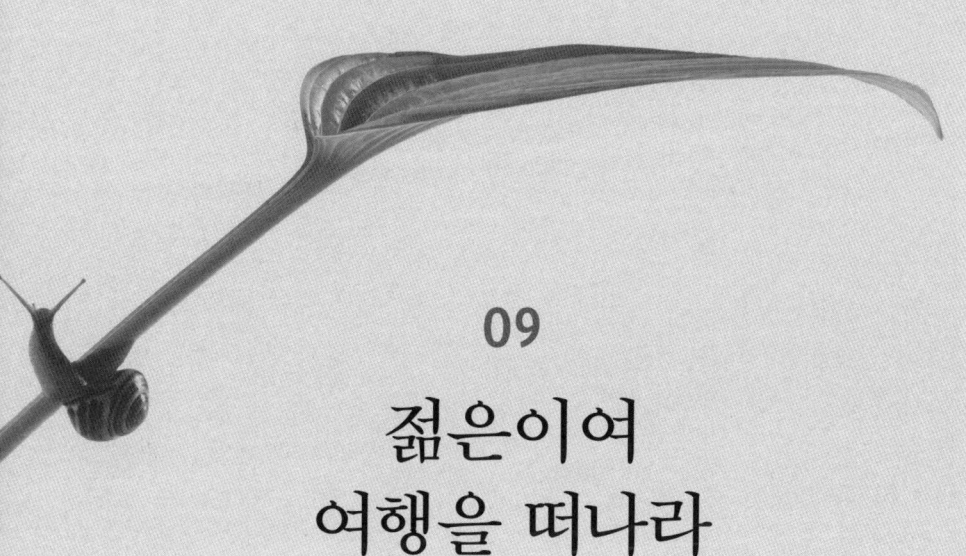

09

젊은이여
여행을 떠나라

풍요로운 관계가 펼쳐지는 세계로

—

사티쉬 쿠마르

사티쉬 쿠마르Satish Kumar

인도 출생으로 9살에 출가해 자이나교의 승려가 되었으나 18세에 환속했다. 마하트마 간디Mahatma Gandhi의 사상에 공명해 2년 반 동안 핵무기 철폐를 주창하는 평화의 순례를 하다 1973년부터 영국에 거주하며 경제학자이자 *Small is Beautiful*의 저자인 E. F. 슈마허E. F. Schumacher의 사상을 계승한 교육기관 '슈마허 칼리지Schumacher College'를 창설했다. 환경 전문 잡지 *Resurgence*의 편집장이기도 하다.

무일푼으로 떠난 세계여행

　　　　　　이렇게 아름다운 날에 젊은이 여러분의 아름다운 얼굴을 마주하며 이야기할 수 있어 영광입니다.

저는 인도에서 태어났지만 현재 영국에서 살고 있습니다. 젊은 시절, 세상을 둘러보기로 결심하고 친구와 둘이서 2년 반 동안 1만 3,000km에 걸친 평화의 순례를 했습니다. 평화를 위한 순례였기 때문에 목적지는 모스크바, 파리, 런던, 워싱턴 등과 같이 핵무기를 소유한 국가의 수도였습니다.

출발하기 전에 스승님을 찾아뵙고 순례를 떠난다고 말씀드렸더니 스승님께서 "돈은 한 푼도 갖고 가지 마라"라고 하셔서 놀랐습니다. '돈 없이 세계일주를 하라니! 배가 고플 때는 어떻게 하라는 거지? 목이 마르면 차라도 한 잔 마셔야 하지 않나'라고 생각했지만 스승님이 한 푼도 가지고 가지 말라고 하시니 말씀을 따를 수밖에 없었습니다. 그래서 저는 그나마 준비해두었던 약간의 돈을 집에 두고 순례를 떠났습니다.

한 달 동안 걸어서 인도와 파키스탄의 국경에 도달했습니다. 그런데 친구 한 명이 거기까지 찾아와서는 "사티쉬, 파키스탄은 적국이란 말일세. 돈 한 푼 없이 파키스탄으로 들어가다니. 자네 미쳤나?"라며 걱정했습니다.

종교가 다른 파키스탄과 인도는 세 번이나 전쟁을 겪었기 때문에 저를 걱정했던 친구는 '적어도 먹을 것 정도는 가지고 가게'라고 말하며 준비해온 도시락을 내밀었습니다.

그렇지만 저는 그것을 받을 수 없었습니다. 저는 그 친구에게 말했습니다.

"이것은 단순히 한 꾸러미의 도시락이 아니라 불신不信의 상징일세."

친구는 눈물을 흘리며 "사티쉬, 이것이 마지막일지도 모르네. 자네가 살아 돌아올 수 없다고 해도 그건 이상한 일이 아닐 테니까"라고 말하고는 저를 꼭 껴안았습니다.

저는 그에게 말했습니다.

"이것은 나와 스승님의 약속일세. 그러니까 나는 아무것도 가져가지 않을 걸세. 만약 평화를 위해서 죽는다면 그것도 나쁘지 않겠지."

국경을 넘어 파키스탄에 들어간 지 얼마 되지 않아 한 사람이 찾아와 저의 이름을 불렀습니다. 저는 파키스탄에 아는 사람이 없는데 어떻게 제 이름을 아는 것인지 의아했습니다. 그 사람은 이렇게 말했습니다.

"신문에서 당신에 관한 기사를 읽었어요. 평화를 위해서 걷는다고요. 나도 평화를 믿어요. 파키스탄과 인도의 전쟁은 미친 짓입니다."

그리고 그는 자신의 집에서 저에게 식사를 대접해 주었습니다. 친구로부터 "자네는 적국에 발을 들여놓으려 하는 걸세"라는 말을 들은 직후였습니다. 제가 그곳에 인도인으로서 갔다면 파키스탄인을 만났을 것이고 힌두교도로서 갔다면 이슬람교도와 만났을 것입니다. 하지만 저는 순수한 인간으로서 갔기 때문에 인간과 만날 수 있었습니다. 이 경험은 저에게 커다란 교훈이 되었고 그것을 마음속 깊이 새겼습니다.

이 교훈을 마음에 새기면서 저는 파키스탄에서 아프가니스탄으로, 아프가니스탄에서 이란으로, 아제르바이잔에서 조지아, 그리고 모스크바로 세계 각지를 걸어 다녔습니다. 모스크바에서 다시 서쪽으로 향해 폴란드, 벨기에, 프랑스 파리로 갔습니다. 프랑스에서 영국까지는 바다를 건너야 하는데 바다 위를 걸을 수 없었기 때문에 배를 타고 갔습니다. 다행히 뱃삯은 돈이 없는 우리를 위해서 프랑스인 친구가 마련해주었습니다. 이렇게 1만 3,000km를 걸어 세계 각지에서 많은 것을 보았고, 죽지 않고 살아 돌아와 지금 여기에서 이렇게 이야기를 하고 있습니다.

풍요로움과 돈의 관계

경제를 중심으로 하는 세계에서는 돈 없이는 아무것도 할 수 없다는 믿음이 있습니다. 그러나 저의 인생을 되돌아보고 말할 수 있는 것은 돈은 결코 참된 풍요로움이 될 수 없다는 것입니다. 참된 풍요로움이란 여러분의 마음속에 있는 신뢰입니다. 참된 풍요로움의 원천은 친구, 사람이 만들어내는 공동체, 커뮤니티입니다. 또한 깨끗한 물, 아름다운 숲, 꽃을 피우는 나무, 즉 자연입니다.

그러나 오늘날의 세계는 완전히 반대입니다. 강을 오염시키고, 숲을 파괴하고 바다를 더럽힙니다. 돈을 위해서 참된 풍요로움을 망가뜨리는 것입니다. 마을공동체와 가족도 돈 때문에 붕괴되어갑니다. 모두 돈벌이에 바빠 가족을 소중하게 여기지 않습니다. 마을공동체와 가정의 풍요로움이 점점 훼손되고 있습니다. 사람이 돈의 노예로, 돈을 버는 기계로 전락했기 때문이 아닐까요? 돈을 버느라 바빠서 인생을 즐길 여유조차 남지 않은 것이 아닐까요?

세계평화를 위한 저의 순례 경험이 이것을 증명합니다. 돈은 단순한 수단에 불과합니다. 참된 의미에서의 '풍요로움'이란 무엇일까요? 그것은 '인간'입니다.

원래 돈이란 교환의 수단이었습니다. 그러나 지금은 돈이 많은 것을 '풍요로움'이라고 착각합니다. 교육 시스템이 그렇게 만들었습니다. 교육의 목적이 사회에 나가 돈을 많이 버는 좋은 돈벌이 꾼을 만드는 데 있는 것처럼 여깁니다. 즉, 교육이 돈을 벌기 위한 수단으로 전락한 것입니다.

그러나 그것은 반대가 되어야 합니다. 본래 교육이란 그 자체가 목적이며 돈을 버는 것은 살아가는 데 필요한 수단 중 하나여야 합니다. 그러니까 여러분은 자신이 지금 왜 대학에서 공부하는지 꼭 한 번 스스로에게 질문해보시기 바랍니다. 세상에 대한 지식을 배우고 익혀 내가 누구인지를 이해하고 행복이란 무엇인지를 탐구하기 위해 이곳에 있는 것입니까? 아니면 돈 잘 버는 사람이 되기 위해서 이곳에 있는 것입니까?

만약 이곳에 있는 목적이 돈을 많이 버는 직업을 갖기 위해서라면 다시 한 번 생각해보십시오. '그런 잘못된 생각 때문에 지구환경이 위기에 처한 것은 아닌지'라고 말입니다. 돈이 목적이 되고, 자연은 돈벌이의 도구가 되었습니다. 가족도 마찬가지입니다. 원래는 가족의 행복이 우선이었으나 돈이 목적이 되면서 상대적으로 가족의 행복은 과소평가되었습니다.

아무리 많은 돈을 벌었다고 해도 주위를 돌아보았을 때 깨끗한 물, 안전한 먹을거리가 사라지고 생태계가 파괴되었다면 돈에는 도대체 어떤 의미가 있는 것일까요?

저는 여러분이 돈을 벌기 위한 공부를 하는 대신 자연과 공동체와 가족을 위해서 유익한 일을 할 수 있는 지혜를 배웠으면 좋겠습니다.

우리는 지구의 손님

1만 3,000km의 순례가 끝난 뒤, 저는 인도로 돌아와 스승님을 만나 뵈러 갔습니다. 스승님은 "내가 말한 대로 했다니, 잘했네"라고 말씀하셨습니다. 그리고 무일푼으로 가라고 말씀하셨던 스승님이 도리어 흥미진진해하시면서 "그렇다 해도 도대체 어떻게 돈 없이 여행을 할 수 있었나"라고 저에게 묻는 것이었습니다.

그래서 저는 "그것은 간단합니다. 어디를 가더라도 손님, 그저 손님으로서 처신했습니다"라고 대답하자, 스승님은 "그렇지. 그럼 같은 의미에서 자네는 이 지구의 손님일세"라고 말씀하셨습니다.

그리고 말씀을 계속하셨습니다.

"그렇다면 손님의 입장에서 어떤 것이 바람직한 행동이겠나? 손님은 손님으로서 마땅히 해야 할 행동이 있다네. 우선 잘난 체하지 않는 것이지. 가능한 한 겸허하게 땅에 작은 발자국만을 남기도록 하는 것일세. 그러면 손님을 맞이하는 주인인 지구는 자네를 소중히 대해줄 것이네. 자네가 순례 여행으로부터 배운 것은 이 지구에서 어떻게 살아가야 할 것인가겠지. 지구에 너무 많은 부담을 주지 않고 가볍게 살아가는 방법을 말일세. 단순하고 검소한 삶. 그렇게 살면 자네는 많은 시간을 얻을 것일세. 자네는 시간을 소유하는 거지. 천천히 명상도 할 수 있고, 자연이 베푸는 은총을 누릴 시간도 있을 걸세. 이제 바쁘게 시간에 쫓길 필요가 없을 걸세."

제가 오늘 이 자리에서 여러분에게 전하고 싶은 것은 스승님께 배운 이러한 지혜입니다. '돈'은 통화通貨를 위한 것입니다. 하지만 이 세상을 살기 위해 진짜 필요한 통화는 '용기'입니다. 작은 용기만 있으면 모험을 할 수 있습니다. 젊은이 여러분, 꼭 여행을 떠나십시오. 모험을 하십시오. 돈은 필요 없습니다. 약간의 용기만 있으면 됩니다. 그것이 젊음이라는 것입니다. 약간의 손해는 각오하고 용기를 갖고 여행을 떠나십시오.

모두가 예술가인 세상

　　　　　돈이 완전히 무의미하다는 것은 아닙니다. 다만 돈은 이 땅의 생명을 위해서, 사람을 위해서, 좋은 일을 하기 위한 도구로서 사용될 때에만 의미를 갖습니다. 돈을 벌기 위해서 생명을 이용하는 것은 '역전 현상'입니다.

선진국을 보십시오. 모두 '돈이 곧 풍요로움이다'라는 환상에 사로잡혀 돈에 집착합니다. '경제성장'이라는 생각의 틀에 갇혀 있습니다. '경제성장'이란 과연 무엇일까요? 대자연이 베푸는 은총을 상품으로 만들어 소비하는 것을 성장이라고 합니다. '경제성장'이란 영원한 성장을 목표로 하는 것입니다. 어디까지라는 만족이 없는, 언제 끝날지 모르는 게임입니다.

일본이나 미국과 같은 나라의 생활수준, 라이프스타일을 60억 이상의 지구인이 실현하려고 하면 지구가 4~5개는 필요하다고 합니다. 그렇지만 아시다시피 지구는 하나밖에 없습니다.

그래서 우리에게는 발상의 전환이 필요합니다. 우리는 지금까지 '좀 더 많이, 좀 더'라고 하면서 '더 많은 양을 추구하는 발상'에 사로잡혀 있었습니다. 이것을 '삶의 질의 향상을 추구하는 발상'으로 전환해야 합니다. 삶의 질의 향상, 우리가 풍요롭게 살아가기 위해 필요한 것은 무엇일까요? 우선 제가 손꼽는 것은 노래, 춤, 시, 문학, 축제입니다. 여기에 공예나 예술을 더합니다. 이것이 '삶의 질'을 높이는 길이지요. 기업가는 지금보다 훨씬 줄어도 됩니다. 그 대신에 더 많은 시인과 예술가가 필요합니다.

산업사회는 가수의 숫자를 감소시켰습니다. 우리가 목표로 하는 생태학적인 평화로운 사회에서는 누구나 가수, 시인이 될 수 있습니다. 예술가가 특별한 것이 아닙니다. 모든 인간이 특별한 예술가입니다.

오늘날의 세계는 우리에게서 시, 음악, 미술, 예술을 빼앗아갔습니다. 왜 이렇게 된 것일까요? 우리에게 더는 예술가로 살 수 있는 시간이 없기 때문입니다. 돈과 성공이라는 헛된 이미지의 홍수, 편리함만 추구하며 바쁘게 살아가는 우리에게 예술가로 살아갈 여유는 없습니다.

어떻게 하면 시인, 음악가, 예술가가 될 수 있을까요? 자연과 가까워지고 대지와 소통하는 것입니다. 아무리 훌륭한 건물을 짓더라도 그것이 우리에게 예술혼을 불러일으킬 수는 없습니다.

사회가 2개 있다고 가정합시다. A라는 사회에는 많은 예술가와 시인, 음악가가 살지만 기업가는 그리 많지 않습니다. B라는 사회에는 많은 기업가와 주식 매매 업자와 공장이 있지만 시인과 예술가와 음악가는 없습니다. 어느 쪽이 좋은 사회입니까? 수제품, 예술, 음악으로 가득 찬 사회는 수수하고 검소하게 보일지 모르지만 저는 고층빌딩이 줄지어 있고 수많은 자동차로 혼잡한 길과 많은 기업인이 왕래하는 B사회보다 A사회가 훨씬 풍요로운 사회라고 생각합니다.

다시 한 번 상업과 예술이 어떤 관계여야 하는지를 질문하고자 합니다. 돈, 물질로 풍요로운 사회와 시간, 진정한 마음, 예술로 풍요로운 사회를 비교해보십시오. 양과 질의 관계, 그리고 그 양자 간의 균형을 생각해보십시오. 이 둘의 균형이 깨진 사회는 얼핏 보면 화려하고 윤택해 보일지 모르지만 결코 풍요로운 사회라고는 할 수 없을 것입니다.

자연을 소중히 한다는 것의 의미

지금 우리에게 필요한 것은 다시 한 번 자연과 친밀해지는 것입니다. 즉, 산과 강과 바다와 다시금 가까워질 수 있도록 노력하는 것입니다. 우리가 사는 산업사회는 인공적으로 만든 것입니다. 자연을 등지고 거대 도시를 만들지 않으면 풍요로워질 수 없다는 것은 거짓입니다. 자연을 가까이하며 자연과 소통할 때 우리는 비록 소박하더라도 우아한 생활을 할 수 있습니다.

저는 과학이나 첨단기술을 전면적으로 반대하지는 않습니다. 다만 과학과 기술이 삶의 목적이 되고, 돈과 경제가 사회를 지배하는 현상이 문제라고 주장할 뿐입니다. 돈은 단순한 도구이며 수단일 뿐입니다. 기술이나 과학도 단순한 수단이었을 것입니다. 그러나 우리는 어느새 수단을 목적으로 바꾸어 버렸습니다. 그리고 과학이나 기술의 진보를 신봉하며 경제성장을 마치 종교처럼 받들었습니다. 이것은 인간이 만든 사회의 근원적인 가능성을 부정하는 행위입니다.

우리가 자연을 소중히 여긴다면 자연도 우리를 귀하게 대해줄 것입니다. 자연은 매우 너그러운 존재입니다. 그리고 그 너그러움에는 한계가 없습니다. 무궁무진합니다. 여러분이 좋아하는 벚꽃을 한 번 생각해 보십시오. 벚꽃이 만개했을 때의 그 놀라운 풍요로움 말이죠. 그것은 우리가 헤아릴 수 없는 자연의 은총인 것입니다.

사과를 먹고 나면 씨방에 씨앗이 들어 있는 것이 보입니다. 그런 작은 씨앗이 자라 한 그루의 나무가 됩니다. 그리고 그 나무는 20~30년 동안 매년 몇십 개, 몇백 개, 몇천 개의 사과열매를 계속 맺습니다. 이렇게 너그럽고 배포 큰 것이 또 있을까요?

돈이 없는 것을 두려워하지 마십시오. 자연을 소중히 한다면 자연도 반드시 당신을 소중하게 대할 것입니다. 돈이 없다고 걱정할 필요는 없습니다. 진심으로 친절하게 대한다면 사람은 반드시 당신을 소중히 여기고 그들 또한 당신에게 친절할 것입니다. 돈이란 파괴적인 것입니다. 돈의 지배를 받는 사회는 자연과 인간이 가진 본래의 연대감과 상호부조의 구조를 파괴합니다.

생태학과 경제학

생태학이라는 뜻의 'Ecology'와 경제학이라는 뜻의 'Economy'는 매우 유사한 단어입니다. 두 단어 모두 'eco'로 시작하는데 그리스어인 'oikos'에 이원을 두기 때문입니다. '집·사는 장소'를 의미하는 'oikos'는 원래 작은 범위를 가리키는 말이었는데 오늘날에는 '대지·우리의 집·사는 장소'라는 좀 더 넓은 의미로 사용됩니다. 'eco'와 'logy'가 결합한 'Ecology'라는 말은 영어의 'logic'과 같이 본래는 '지知'를 의미하는

'logos'에서 온 것입니다. 즉, '생태학'은 대지, 즉 사는 장소에 대한 '지'를 뜻하는 말이고, '경제학'은 '사는 장소의 운영, 경영법'을 의미합니다.

그럼 오늘날의 세계는 어떤 사회일까요? '경제학'만 있고, '생태학'이 없는 세계입니다. 모두 집을 어떻게 운영할 것인가에는 머리를 쓰지만 실제로 그 집 자체는 잘 모릅니다. 순서가 뒤바뀐 것이지요. 집이 어떤 곳에 있는지도 모르고 어떻게 그 집을 관리할 수 있을까요? '생태학'을 아는 것, 즉 지구가 어떤 곳인지를 제대로 이해하고 파악하는 것이 중요합니다. 그다음에 운영 방법의 방향을 정할 수 있습니다. 즉, '경제학'은 이차적인 것으로 '생태학'의 한 분야로 봐야 합니다.

또 관리에 관한 논의에는 시간을 많이 소비하지 않아도 됩니다. 왜냐하면 거기에 많은 시간을 소비하면 정작 중요한, 즉 자신이 사는 곳을 즐길 시간이 그만큼 줄어들 테니까요.

여러분, 앞으로의 사회에서 모두가 시간제 근로자로 일한다면 어떻겠습니까? 지금은 60년 전과는 다릅니다. 전쟁 직후의 일본인은 분명 힘든 상황에 놓여 있었습니다. 열심히 일해야 하는 때도 있었지요. 그러나 그것은 이제 먼 옛날이야기입니다. 이제는 그런 마음으로 일할 필요가 없습니다.

시간제 근로자의 경우에도 주 3일 이상은 일하지 않기로 정하는 것입니다. 일하지 않는 나머지 3일은 산책을 하거나 노래를 부르거나 하이쿠俳句[1]를 짓거나 정원을 가꿉니다. 남은 하루는 어떻게 할까요? 이것은 여러분 각자 자신을 위한 시간으로 사용하십시오. 오늘날의 사회에서

---

1 옮긴이 주: 일본의 전통 시가다. 17자 정형시로서 쉽게 지을 수 있어서 현재까지도 대중적인 수요가 많다.

는 자신을 위한 시간이 없어졌습니다. 자기 자신을 돌아보지 못하고 자신을 소중히 하지 않는 사람이 어떻게 다른 사람을 도울 수 있을까요?

자신을 사랑하고 대지와의 관계성을 회복하자

자신을 돌보는 것은 제멋대로이거나 자기중심주의적인 것이 아닙니다. 자신을 사랑하지 않는데 자기를 사랑해달라고 다른 사람에게 요구하는 것은 무리겠지요.

저는 "남편이 저를 사랑하지 않아요. 아내가 저를 사랑하지 않습니다. 부모님이 저를 사랑해주지 않아요"라는 말을 자주 듣습니다. 그렇게 말하는 사람에게 저는 "당신은 당신 자신을 사랑합니까?"라고 다시 묻습니다.

그럼 자신을 사랑한다는 것은 어떤 것일까요? 그것은 있는 그대로의 자신을 받아들이는 것입니다. 자신을 사랑하는 것은 오만한 것, 잘난 체하는 것이 아닙니다. 자신을 있는 그대로 받아들일 수 있으면 이미 그는 위대한 시인이며 예술가입니다.

모든 사람이 다 특별한 존재로 태어납니다. 여러분 한 사람 한 사람이 잠재적으로는 부처고 마하트마 간디Mahatma Gandhi고 마쓰오 바쇼松尾芭蕉[2]입니다. 만약 우리가 돈을 버는 데 바빠서 자신을 위한 시간마저 갖지 못한다면 당신이 가진 훌륭한 가능성은 어떻게 꽃필 수 있을까요?

그렇기 때문에 저는 여러분에게 돈을 적게 가지라고 권하고 싶습니

---

2 옮긴이 주: 일본 근세의 대표적인 하이쿠 작가.

다. 돈을 많이 소유하려는 생각은 결코 바람직하지 않습니다. 그 대신 자연과의 친밀한 관계에 충분한 시간을 할애하십시오. 흙, 대지와의 관계성이 회복되면 대지는 우리를 기르고 보살펴줄 것입니다. 그리고 우리가 대지를 돌봄으로써 대지는 한층 더 풍요로워질 수 있을 것입니다.

우리가 땅을 경작할 때 사실은 흙이 우리를 경작해주는 것임을 기억하십시오. 즉, 우리 자신이 가진 가능성과 잠재적 능력이 경작되는 것입니다. 우리가 근원적으로 맺은 자연과의 관계, 흙과의 관계, 물과의 관계, 대지와의 관계를 경작하는 것입니다.

우리 사회에서는 '토지를 소유한다'라고 말하지만 토지land, 흙soil, 대지earth는 아무도 소유할 수 없습니다. 우리가 오히려 토지, 흙, 대지에 속하는 것입니다. 토지를 소유할 수 있다는 생각은 자본주의가 우리에게 심어준 환상입니다. 생각해보십시오. 어떻게 우리가 태양 빛을 소유할 수 있습니까? 바람, 비, 대지, 동물을 어떻게 우리가 소유할 수 있습니까?

그러니까 여러분, '소유ownership'라는 사고 체계를 '관계relationship'로 바꾸어야 합니다. 대지와의 관계성을 회복하고 사람과의 관계를 원만히 할 때 우리는 깊은 만족감과 행복감을 맛볼 수 있을 것입니다.

소유에서 관계로

잘 알려진 바와 같이 유럽인이 미국에 가기 전에는 원주민 사이에 소유라는 개념이 없었습니다. 유럽인이 식민지화하기 전의 아프리카나 인도에도 역시 소유라는 개념은 없었습니다. 소유라는 개념은 매우 유럽적인 독특한 발상입니다.

유럽인이 식민지에 소유의 개념을 심은 배경에는 세금이라는 것이 있습니다. '당신은 이것을 소유하니까 세금을 납부해야 한다'라는 논리로 세금을 징수하며 '토지 소유'의 개념을 식민지에 이식한 것입니다.

또 자본주의에서 소유란 없어서는 안 되는 기반입니다. 말하자면 자본주의라는 것은 불공정과 빈곤을 사회 안에 지속시키기 위한 시스템입니다. 그렇기 때문에 '소유에서 관계로'라는 주장은 실은 혁명에 가깝습니다. 그 혁명으로 자본주의를 대신할 논리가 바로 '자연주의'입니다.

'자연주의'라는 말은 지극히 간단한 말입니다. 이 세계에는 몇천만 종의 생물이 살지만 거기에는 불공정도 빈곤도 없습니다. 각각의 생물이 각각의 라이프스타일을 가지며 살아갑니다. 어째서 인간은 이렇게 살 수 없는 것일까요?

인간은 자연에 대한 경외감을 회복할 필요가 있습니다. 지렁이에게도 존경과 감사의 마음을 가져야 합니다. 왜냐하면 지렁이가 없어지면 땅이 척박해지고 식물도 잘 자랄 수 없기 때문입니다. 그래서 우리는 '지렁이 만세!'라고 외쳐야 합니다.

어쨌든 대혁명이기 때문에 내일 당장 세상이 바뀌지는 않겠지만 자연주의를 목표로 자신의 생각과 행동을 바꾸는 것은 오늘부터라도 할 수 있습니다. 자본주의를 500년간이나 지속해온 결과 세계의 반이 아직도 굶주린다는 사실을 한 번 생각해보십시오. 자본주의 시스템은 이미 파탄 지경에 이르렀습니다. 이제 낡은 방식은 버리고 '자연주의'라는 새로운 방식을 시작해야 합니다.

자연의 가장 큰 특성은 '주는 것gift'입니다. 우리는 '주고받고 서로 나눈다'라는 자연의 섭리를 배워야 합니다. 사과나무를 한 번 생각해보십시오. 당신이 사과를 따러갈 때 사과나무가 당신에게 "신용카드를 가져왔나요?"라고 질문합니까? 사과나무는 우리에게 사과를 줄 뿐입니다. 흑인이든 백인이든 죄인이든 성자든 벌레든 까마귀든 차별 없이 자신을 내주는 것입니다.

간디와 함께 일했던 쿠노크는 20년간 대지주의 집을 찾아다니며 "여러분이 가진 토지를 나누어주십시오. 모두 나누어 가집시다"라고 설득했습니다. 그 결과 대지주가 400만ac의 토지 소유권 포기에 합의했습니다.

소유에서 관계로, 자본주의에서 자연주의로 가는 길은 착취와 쟁탈의 세계를 버리고 지구상의 모든 생물과의 소통·나눔으로 성립되는 세계로 이동하는 세계관의 대전환을 의미합니다.

흙으로 돌아가라

인간과 흙의 관계는 평화와 밀접하게 연결되어 있습니다.

평화의 기본은 푸드 시큐리티food security, 즉 식량 안전보장입니다. 도요타자동차와 혼다자동차가 길에 많이 다닌다고 해도 자동차를 먹을 수는 없기 때문에 우선 확보해야 할 것은 식량입니다. 식량 문제가 해결된 후 여유가 있어 도요타자동차나 혼다자동차를 즐기는 것도 좋겠지만 말입니다.

가장 좋은 방법은 지역과의 연결입니다. 되도록 미국이나 중국 같은 외국에 의지하지 않고 각 지역에서 자급자족할 수 있는 환경을 만드는 것입니다. 특히, 식량과 에너지처럼 인간이 생존하기 위한 최소한의 요건은 지역에서 자체적으로, 혹은 자국 내에서 조달해야 합니다. 이것이 안전보장의 기본입니다.

식량과 에너지를 외국에 의지하면 할수록 그것을 확보하기 위한 군사력이 필요합니다. 아시는 바와 같이 지금 일본에서는 '평화헌법'[3]을 버리고 군사력을 강화해 에너지와 식량을 확보하려는 움직임이 활발합니다.

일본에는 세계적으로 비교해봐도 매우 훌륭한 헌법이 있습니다. 일본은 자부심을 가지고 전 세계를 향해서 '평화헌법'을 유지하겠다고 외쳐야 합니다. 하지만 오늘날 일본은 '평화헌법'을 버리고 전쟁할 권리를 갖는 다른 나라 헌법을 흉내 내려고 합니다. 이렇게 바보 같은 일이 또 있을까요?

미국을 보십시오. 세계 최대 규모의 군대와 세계 각지에 3,000개의 군사기지를 가졌지만 미국만큼 불안정한 나라도 없습니다. 이를 여실히 보여준 사건이 9·11테러사건입니다. 여러분은 '평화헌법'을 버리고 또 다른 9·11테러사건이 일본에서 일어나기를 바랍니까?

모든 나라의 자연환경에는 한계가 있습니다. 만약 우리가 두 대의 차와 집 한 채, 게다가 자가용 비행기까지 가지려고 하면 어떻게 될까요? 지구가 5~6개는 필요할 것입니다. 그러나 유감스럽게도 지구는 하나밖에 없습니다.

그렇기 때문에 평화를 실현하기 위해 우리가 해야 할 일은 자연의 풍

---

3 옮긴이 주: 제1장의 각주 1 참조.

요로운 은총을 공평하게 나누어 지구상에 있는 60억 명의 사람이 함께 살아갈 수 있도록 간소한 생활을 해나가는 것입니다. 자연환경의 한계에 순응하며 살아가는 라이프스타일을 지금부터 실현하자는 것입니다.

경제성장이 아닌 정신적인 성장을 추구하자

경제성장이 '풍요로움'을 가져올 것이라고 했지만 그것이 환상이었다는 것은 이미 분명한 사실이 되었습니다. 세계적으로 가장 부유한 미국에서도 많은 사람이 심각한 빈곤과 빈부격차로 고통스러워합니다. 일본도 빈부격차가 심해졌지요. 지금처럼 '경제를 한층 더 성장시켜 파이를 키우면 가난한 사람의 몫도 커진다'라는 생각은 이제 그만두어야 합니다. 그 대신에 자연이 주는 풍요로움을 얼마나 공정하게 분배할 것인지를 배워야 합니다.

경제성장의 논리가 최소한의 개인당 필요 자원을 사회구성원 전원이 획득할 수 있도록 하는 것을 목표로 한다는 점에서는 타당하다고 생각합니다. 그러나 그 한계를 넘어 영원한 성장을 목적으로 한다면 경제성장은 파괴적인 논리로 변질될 것입니다.

저는 경제성장 대신에 인간의 영적인spiritual 성장을 주장하고 싶습니다. 그것은 과연 어떤 성장을 의미하는 것일까요? 아마도 예술, 노래, 춤의 성장, 그리고 사랑, 가정, 무엇보다도 자연, 대지와의 관계성 측면에서의 성장일 것입니다.

'영성靈性, Spirituality'이란 무엇일까요? 그것은 결코 책에 쓰여 있는 것

〈그림 9-1〉 사티쉬 쿠마르(가운데)와 쓰지 신이치(오른쪽)

주) 사티쉬는 친구를 위해 요리하는 것을 매우 좋아한다(2007년 6월 나가노에서)

도 절이나 교회에 있는 것도 아닙니다. '영성'은 관계성 가운데 있습니다. 사람과 사람의 관계, 그리고 다른 생물과의 관계, 자연과의 관계에서만이 우리의 '영성'은 발현되는 것입니다.

일본이 경제 불황이라고들 말하는데 이것은 여러분이 새롭게 도전할 때라는 의미인 동시에 여러분에게 다가온 기회입니다. 일본을 바꾸어 나갈 절호의 기회 말입니다. 전쟁 직후, 일본은 대단히 힘든 상황이었지만 그것을 기회로 바꾼 일본인은 고난을 극복하고 사회 발전을 이룩했습니다. 그러나 지금, 여러분은 거기에 필적할 정도의 엄청난 위기를 눈앞에 둔 것입니다.

앞서 언급한 '위기'란 지금까지 살아온 사회 구조가 이제는 지속 가능하지 못하다는 사실이 명백해진 상황임을 뜻합니다. 이를 대신해 진정으로 지속 가능한 사회를 만들어나가는 것이 우리의 새로운 도전과제입니다.

'무한한 경제성장'이라는 거짓된 신화, 환상이 지구온난화를 비롯한 심각한 환경파괴를 낳았습니다. 아시는 바와 같이 지구온난화가 계속 진행되면 섬나라 일본은 큰 피해를 입을 것입니다. 해수면의 상승으로 해안 침식이 일어날 것이며 일본이 매우 취약하다고 알려진 쓰나미도 발생할 수 있습니다.

우리는 막다른 길에 다다랐습니다. 지금까지 걸어온 길로 더는 전진할 수 없습니다. 이쯤에서 다시 발길을 돌릴 수밖에 없습니다. 인간이 근원적으로 가진 자연과의 관계성을 회복해 지속 가능한 사회를 만들어야 합니다. 지속 가능한 사회란 무엇인가? 그것은 인간이 자연의 풍요로움을 마음껏 누리면서 인간답게, 행복하게 살 수 있는 사회입니다.

쓰지 신이치 교수와의 대담

쓰지: 평화를 위한 순례를 했던 국가 중 가장 기억에 남는 곳은 어디입니까?

사티쉬: 가장 인상 깊었던 곳은 아프가니스탄입니다. 당시 아프가니스탄은 정말 아름다운 곳이었습니다. 간소하고 순수하고 강물, 숲, 산도 오염되지 않았습니다. 그리고 무엇보다도 따뜻한 대접을 잊을 수 없습니다.

그리고 조지아에서도 강한 인상을 받았습니다. 흑해에 접한 마을을 걷다가 만난 여성에게 전단을 나누어 주었습니다. 전단에는 돈을 소유하지 않은 채 평화를 위한 순례를 하는 것의 의미가 쓰여 있었습니다. 그러자 그녀는 곧바로 자신의 작업장에 저를 초대해 차를 대접해주었고 순례여행에 대한 이야기를 했습니다.

그 여성은 이야기 도중 무엇인가 생각난 것처럼 자리에서 일어났고 잠시 후 네 봉지의 차를 가지고 돌아왔습니다. 그리고 한 봉지는 소련의 서기장에게 ─ 그녀의 나라는 그 무렵 소련의 일부였으므로 ─ 전해달라고 말했습니다. 그리고 나머지 차도 지금부터 순례할 핵보유국의 대통령이나 총리에게 전해주었으면 좋겠다고 말하는 것이었습니다.

제가 그 이유를 묻자 그녀는 '나는 그 사람에게 메시지를 전하고 싶다'라고 했습니다. 다시 저는 그 메시지가 무엇인지를 물었습니다. 그녀는 '나쁜 마음을 먹고 핵무기의 버튼을 누르기 전에 우선 맛있는 이 차를 한 잔 마셨으면 좋겠다'라고 했습니다. 차를 마시면서 한숨 돌리다보면 지금 하려는 행동을 반드시 다시 생각할 것이라고 했습니다. 버튼을 눌러 죽는 것은 적의 군타이완이 아니라 이 세상의 모든 인간, 동물, 숲, 대지의 파괴로 이어진다는 생각에 도달할 것이라고 했습니다.

그녀의 생각에 감동한 저는 그녀의 메신저가 될 것을 약속했습니다. 그리고 저는 실제로 그 네 봉지의 차를 네 명의 수뇌에게 보냈습니다.

쓰지: 현대사회는 돈을 버는 것이 삶의 목적이 되어버렸다고 하셨는데 일에 지쳐 돌아왔을 때 유일한 안식처가 되는 가족을 부양하기 위해 일하는 것 자체를 나쁘게 볼 수는 없지 않겠습니까?

사티쉬: 제가 말하고자 한 것은 돈 버는 것에 정신이 팔려 가족의 소

중함을 소홀히 하는 것입니다.

실제로 가족을 부양하기 위해서는 돈이 필요합니다. 돈이 가족과 함께 지낼 수 있는 시간을 만들어주고 가족과 함께 하는 것에 감사하고 축하할 수 있는 삶을 영위하는 데 도움이 된다면 돈을 버는 의미도 있겠지요. 하지만 반대로 돈을 벌기 위해서 가족과 지내는 시간이 줄어들고 가족 간에 제대로 소통이 되지 않는다면 아무 의미가 없습니다.

쓰지: 사회 시스템의 중심이 돈이라고 말씀하셨는데 어떻게 하면 그 시스템을 바꿔나갈 수 있을까요?

사티쉬: 시스템을 바꾸는 것은 거창한 일이라 생각할지 모르겠습니다. 그렇지만 생각해보십시오. 시스템을 만든 것이 누구입니까? 시스템은 인간의 집합이고, 그 시스템은 우리 인간이 만들었습니다. 사회 구조는 오래전부터 있었던 것입니다. 그렇지만 사회 구조가 완전히 돈의 지배를 받기 시작한 것은 100년 정도밖에 되지 않습니다. 그러니까 여러분이 새로운 시스템을 만들면 됩니다.

소련도 새로운 시스템을 만들면 50~60년을 유지했는데 현대사회는 지금도 계속해서 다른 시스템을 만들어냅니다. 과거 남아프리카에는 아파르트헤이트(인종차별제도)가 있었지만 넬슨 만델라Nelson Mandela를 비롯한 여러 사람이 완전히 시스템을 바꿔놓았습니다.

여러분은 지금 일본에 삽니다. 일본 사회도 돈이 중심이지만 그것은 바꾸면 됩니다. 자연과 대지를 중심으로 한 삶으로 바꾸는 것은 충분히 가능한 일입니다.

저의 주장은 간단합니다. 여러분이 사회의 주인공이 되는 것입니다. 여러분이 희생자가 되는 사회는 좋은 사회라고 할 수 없습니다. 여러분을 위해서 시스템이 있는 것이지, 시스템을 위해서 여러분이 있는 것은 아닙니다. 그러므로 저는 '용기를 가지자'라고 주장합니다. 손해가 따르더라도 시스템을 바꿔야 하지 않겠습니까?

쓰지: 인도에서 파키스탄으로 갔을 때 파키스탄 사람이 따뜻하게 맞아주었다고 말씀하셨는데요, 저는 상대방에 대한 미움이 전쟁을 일으킨다고 생각하는데 그러한 미움은 국경이 낳는 것일까요?

샤티쉬: 인도와 파키스탄 간에 벌어진 카슈미르 분쟁의 원인은 카슈미르 지역 영유권 싸움이었습니다. 카슈미르 지역은 매우 아름다운 비옥한 땅이며 농작물의 생산이 풍족한 곳으로 유명합니다. 그래서 저는 언제나 카슈미르를 인도나 파키스탄이 아닌 제3국의 영토로 정해서 인도와 파키스탄 사람 모두가 자유롭게 왕래할 수 있도록 하면 좋겠다고 말합니다.

쓰지: 지금 일본은 환경이 큰 문제로 주목받는 상황이라 당신의 이야기에 공감할 수 있었습니다. 단, 현재 경제적으로 급성장한 인도에서 당신의 생각이나 당신이 말하는 환경 문제는 어떻게 받아들여집니까?

샤티쉬: 좋은 질문입니다. 우선 인도가 2개 존재한다는 사실을 알아야 합니다. 하나는 7억 명의 인구가 사는 인도고, 또 다른 하나는 3억 명의 인구가 사는 인도입니다. 전자는 옛날부터 농업 중심의 간소한 생활

을 하고 후자는 도시에서 도회적인 생활을 합니다. 그리고 후자 쪽이 현재 꾸준히 경제성장을 추진합니다. 전자의 경우 울며 겨자먹기식으로 후자의 방향으로 끌려가는 것입니다. 오늘날의 인도란 이 2개의 인도 사이의 대립으로 생각할 수 있습니다.

저는 지금 여기에 7억 명의 인도를 대표하는 마음으로 와 있습니다. 저는 3억 인구가 사는 인도에 '여러분이 추진하려는 그 길의 끝에는 지구온난화를 비롯한 전 세계의 파멸만이 존재할 뿐, 그 속에서 인도가 존재할 여지는 없다'라는 것을 알려주고자 합니다. 본래 경제성장이란 석유 등 화석연료의 대량 소비로 성립되는 것인데 이미 석유는 고갈되기 시작했습니다. 석유는 몇억 년, 수백만 년의 시간을 거쳐 만들어졌습니다. 그것을 순식간에 소비하는 시스템에서 도대체 어떤 미래가 그려질 수 있다는 것입니까?

농업 분야에서도 대기업이 제3세계에 진출하는 것은 매우 위험한 일입니다. 이미 지금도 기계화·공장화·화학화된 대규모 농업 때문에 이산화탄소의 배출량이 20%나 되는 상황에서 글로벌 경제 시스템으로 인도의 농업마저 공업화된다면 어떤 결과가 초래되겠습니까? 지구 전체가 파멸 상태에 이를 것입니다.

2만~3만 년 동안 지속 가능한 생활을 해온 것이 본래의 인도입니다. 그러나 3억 인구로 대표되는 인도는 겨우 200년 전에 출발한 경제성장이라는 담론에 빠진 위조품 인도입니다. 그 미래가 파멸밖에 없다면 우리는 다시 한 번 본래의 인도로 돌아와야 합니다. 그런 인도야말로 몇만 년 동안 지속 가능한 미래의 인도입니다.

쓰지: 필리핀에 갔을 때 돈이 없어 학교에 갈 수 없는 아이를 많이 보았습니다. 그러한 나라가 경제성장을 하면 아이가 학교에 갈 수 있지 않을까요? 경제성장에 내재되어 있는 '가능성'을 어떻게 생각하십니까?

사티쉬: 사회에서 필요한 것은 평등입니다. 조금 전 인도의 경우를 이야기했는데 인도는 극소수의 부유층과 대부분의 빈곤층으로 양분되어 있습니다. 경제성장보다는 한쪽에 편중되어 있는 부를 다른 한쪽으로 옮겨 균형을 맞추는 것이 중요하다고 생각합니다.

저는 가난이 좋다고 주장하는 것이 아닙니다. 검소하고 간소한 인간다운 삶을 지지할 뿐입니다. 빈곤을 극복하려는 캠페인이 있지만 그와 동시에 부의 집중을 없앨 필요가 있다고 생각합니다. 오늘날 사회의 문제는 부로 편중된 '풍요로움'입니다. 경제성장이 가난을 해결해주지는 않습니다. 부자나라 미국에도 가난 때문에 아이를 학교에 보내지 못하는 사람이 많이 있으니까요. 그러한 불균형을 없애야 합니다. 답은 경제성장이 아니라 사회적인 평등이고 서로 나누어가지는 시스템입니다. 단 하나뿐인 유한한 지구의 부를 공평하게 분배할 수 있도록 끊임없이 배워야 합니다.

쓰지: 지구가 파멸로 향해간다는 것을 알고 당신의 생각에 공감하는 이들도 많지만 미국과 같은 대국은 변화하려고 하지 않습니다. 환경 보전을 개인 자유의지의 문제로 보고 개인행동의 중요성만을 주장하는 것으로는 부족하다는 생각이 듭니다. 이런 관점에서 지구환경 보전은 강제적·의무적 성격을 띨 수밖에 없을 것 같은데 이것은 어떻게 생각하십니까?

사티쉬: 양쪽 모두 중요하다고 생각합니다. 법률을 만들어 위로부터 변화를 이끌어내는 것도 중요하겠지만 아래로부터, 즉 시민의 자발적인 노력 없이 진정한 변혁은 있을 수 없습니다. 우선 우리가 개인의 라이프스타일을 바꾸지 않으면 정부는 아무것도 바꾸려고 하지 않을 것입니다.

여러분에게 간디의 명언에 나오는 '변화될 수 있다Be the Change'라는 말을 전하고 싶습니다. 이 표현이 포함된 전체 문장은 '당신이 바라는 세계로 바꾸어 나가기 위해 당신 자신이 먼저 그 변화의 주체가 되라Be the change if you want to see in the world'입니다.

우선 지금 할 수 있는 것부터 시작하십시오. 그것이 많은 사람에게 확산되고 인정받으면 그때부터는 정부가 움직일 것입니다. 법률을 만들고 기업에도 압력을 넣을 것입니다. 각자가 스스로의 라이프스타일을 바꾸는 것은 몹시 즐겁고 가슴 설레는 일입니다. 더 좋은 음식을 먹고 자연과 하나가 되는 삶은 자연의 은총에 감사하며 사는 삶입니다. 관계를 소중히 하기 때문에 커뮤니티, 친구, 가족, 인간을 신뢰하는 삶입니다 …… . 그런 삶이 즐겁지 않을 수 없기 때문에 우리의 환경운동 또한 즐거운 것입니다.

지금까지 대기업의 광고가 위력을 발휘해 소비를 조장해왔습니다. 이것저것을 사면 행복해질 수 있다고 믿어왔습니다. 그렇지만 우리는 아무리 소비를 열심히 해도 행복해질 수 없다는 사실을 배웠습니다. 아니, 그뿐 아니라 지금까지의 생활의 결과가 인류 존속의 위기를 초래한 것입니다.

여러분 가운데 반드시 새로운 리더가 나타날 것입니다. 새로운 삶을 시작할 사람이 나올 것입니다. 좀 더 건전하고 멋진 삶을 선택하는 사람이 많이 배출되리라고 저는 믿습니다.

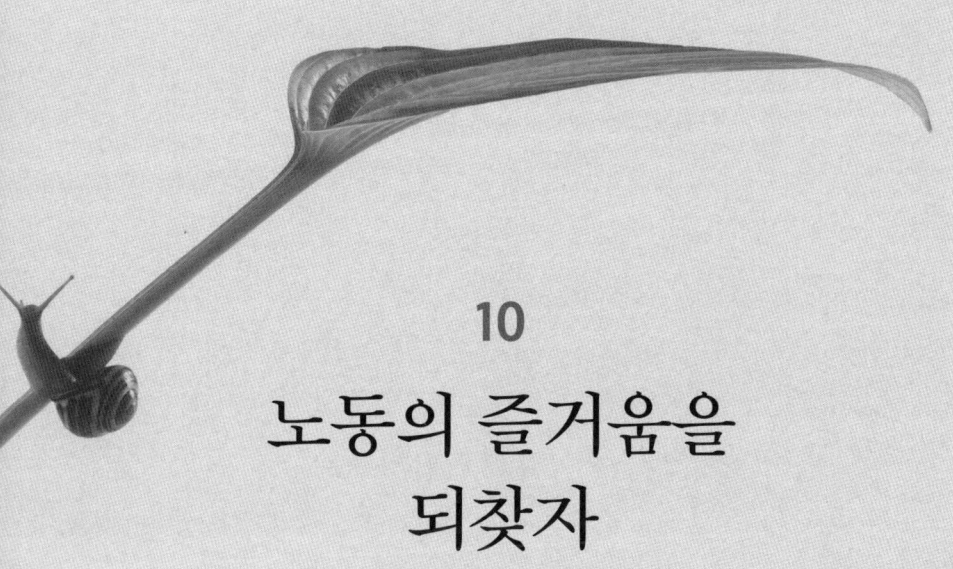

10

노동의 즐거움을
되찾자

풍요로움이라는 신화를 넘어

—

더글러스 러미스

더글러스 러미스Douglas Lummis

정치학자로서 캘리포니아대학에서 정치사상을 수학했다. 1960년 해병대원으로 오키나와沖繩 현에 주둔했다. 1980~2000년까지 쓰다주쿠대학津田塾大學의 교수로 재직했다. 현재 오키나와를 거점으로 집필과 강연활동을 하면서 '평화를 만드는 여행'을 한다. 『経済成長がなければ私たちは豊かになれないのだろうか』(平凡社, 2000), 『日本は, 本当に平和憲法を捨てるのですか』(平凡社, 2003), 『普通の国になりましょう』(大月書店, 2007) 외 다수의 저서가 있으며 공저로는 『世界がもし100人の村だ, たら』(マガジンハウス, 2001), 『やさしいことばで日本国憲法』(マガジンハウス, 2002)이 있다.

왜 '한계'를 믿을 수 없는가

수년 전에 『세계가 만일 100명으로 이루어진 마을이라면世界がもし100人の村だ, たら』이라는 책이 출간되었습니다. 본래 인터넷을 통해 퍼져나가면서 가필과 수정을 거듭한 문장을 번역가 이케다 가요코池田香代子 씨가 다시 정리해 출간한 것입니다. 그 책의 영어 번역과 마지막 부분을 가필해 출판할 것을 제안한 것이 저였습니다.

이 책의 원저자는 미국의 환경학자 도넬라 메도스Donella Meadows입니다. 그녀가 처음 쓴 원고는 환경 문제 중심이었지만 그것이 인터넷에서 퍼져나가면서 일본에 들어왔을 때는 빈부격차에 대한 이야기가 중심이 되었습니다. 이러한 문제를 말할 때 인구가 몇천만 명이 되면 상상력의 한계를 넘어서기 때문에 실감하기 어렵습니다. 하지만 100명으로 줄여 생각하면 몇 명이 깨끗한 음료수를 마실 수 없는지, 몇 명이 부를 독점하는지 매우 쉽게 이해할 수 있습니다.

자신이 관여한 책을 많은 사람이 읽는다는 것은 기쁜 일이지만 왜 모두 즐겁게 이 책을 읽을까 하는 의문이 들자 갑자기 걱정이 앞섰습니다. 빈부격차를 알기 쉽게 설명해주는 이 책이 일본에서 많이 팔린 이유는 가난한 나라에 대한 동정이라기보다 '저런 혹독한 곳에 태어나지 않아 다행'이라는 자기만족일 수도 있다고 생각했기 때문입니다. 그 전에 출간된 『보겔, 일본과 아시아를 이야기하다Japan As Number One』가 일본에서 베스트셀러가 되었을 때도 저는 그 책이 많이 팔린 이유를 우려했습니다.

『세계가 만일 100명으로 이루어진 마을이라면』의 원저자인 메도스는 이 책이 나오기 훨씬 전에 매우 중요한 책의 출간에 관여한 적이 있습니다. 1972년에 출간된 『성장의 한계The Limits to Growth』라는 책입니다. 획기적인 내용의 이 책은 '로마클럽The Club of Rome'[1] 이라는 학자 모임에서 출간했는데 메도스는 그 모임의 중심인물 가운데 한 명이었습니다.

이 책은 '경제성장에는 한계가 있다'라는 내용으로 '세계적으로 현재와 같은 규모의 성장이 이대로 계속된다면 인류의 생존 기반인 자연환경이 파괴될 것이다. 지금 당장은 아니더라도 약 50년 후에는 전 지구적 규모의 재난이 일어날 것'이라고 여러 통계자료를 제시하며 예측했습니다. 경제성장률을 제로로 하지 않으면 인류 생존의 기반인 생태계가 붕괴될 것이라는 과학자의 경고였던 것입니다.

이 책이 출간되었을 때 그 신선한 내용 때문에 충격을 받은 사람이 많았습니다. 그러나 이제는 진부한 이야기가 되었습니다. 신문에 매일같이 보도되는 뉴스 때문에 '아직도 그 이야기야, 이미 알고 있다'라는 반응인 듯합니다. 같은 이야기를 계속 들으면 점점 귀에 들어오지 않습니다. '늑대가 왔다'라고 반복해서 말하던 소년이 정작 늑대가 나타났다고 말했을 때 아무도 그를 도우러 가지 않았다는 '늑대소년 현상'이라고 할까요.

'제로성장'의 메시지는 귀에 못이 박힐 정도로 들리지만 경제 정책을 결정하는 각국의 관료나 경제학자의 학회에서는 그다지 영향력이 없는 듯합니다. 그 이유는 유명한 경제학자나 국가의 경제 정책을 결정하는 정치가나 관료가 여전히 경제성장에 큰 관심을 기울이기 때문입니다.

일본은 잠시 제로성장일 때가 있었습니다. 저는 제로성장을 좋은 기회라고 생각했지만 정부는 큰 문제로 인식했습니다. 정책 실패라는 맹

. 1 옮긴이 주: 지구 미래에 관한 학제적 연구집단.

렬한 비판이 정부에 쏟아진 것입니다. 제로성장이 계속되면 정부는 정권 교체의 위험에 처하기 때문에 여러 정책을 황급히 내놓으며 플러스성장이라는 이른바 '건전한 성장'으로 정책을 수정해야 하는 것입니다. 그렇기 때문에 경제성장의 한계를 생각하는 이들의 주장과 '건전한 경제성장'을 생각하는 경제학자나 정치학자의 주장 사이에는 여전히 모순이 존재합니다. 그렇지만 그것은 학자, 정치가, 정부뿐이 아닙니다. 제로성장의 상태가 되면 유권자가 정치가를 비판해 정권이 교체될지도 모르기 때문에 플러스성장이 되어야 한다고 생각하는 국민도 아직 많습니다.

자연환경이 파괴되어도 인류가 존속될 수 있을까

35년 전에 예측된 세계적 규모의 환경파괴와 재해는 오늘날 예측의 단계를 넘어 이미 시작되었으며 심각한 환경 문제를 다룬 뉴스도 연일 계속되고 있습니다.

매년 3만 종, 즉 한 시간에 3종의 생물이 멸종한다는 통계자료가 있습니다. 아직 몇십만 종은 생존하기 때문에 모든 종이 곧바로 없어지지는 않겠지만 매일 몇 종씩 멸종되는 것입니다. 물론 멸종한 종은 두 번 다시 원상태로 돌아갈 수 없습니다. 즉, 지구에 사는 생물의 다양성이 줄어든다는 것입니다.

생물학자가 사용하는 용어로 생물권Bioshere이라는 말이 있습니다. 생물이 살 수 있는 환경을 말합니다. 예를 들어 비행기가 다니는 고도에서는 산소량이 모자라서 새나 벌레가 날지 못하기 때문에 이곳은 생물권

밖에 해당합니다. 그뿐 아니라 삽으로 땅을 파 내려가면 생물이 존재하지 않는 딱딱한 흙이 나오는데 이 역시 생물권 밖이 되는 것입니다. 생물권은 좁습니다. 게다가 생물권은 경제성장과 환경파괴 때문에 점점 줄어들고 있습니다. 나무를 베어내고 아스팔트 도로를 내면 생물이 살 수 없기 때문에 점차 생물권이 줄어드는 것입니다.

그렇지만 정부의 경제성장 정책은 변하지 않습니다. 자유시장경제 중심의 현실에서 성장은 당연한 것입니다. 〈불편한 진실An Inconvenient Truth〉2이 주는 메시지가 이미 진부하게 느껴질 정도인데도 많은 사람이 확신이 서지 않으니까 행동을 바꾸지 않는 것입니다. 정말로 믿었다면 영화를 보고 나서 라이프스타일에 변화가 있었을 것입니다. 그러면 어째서 확신이 서지 않는 것일까요?

이것을 설명하는 하나의 에피소드가 있습니다. 약 30년 전 『성장의 한계』라는 책이 출간되었을 무렵, 도쿄의 어느 샐러리맨과 제가 주고받은 매우 흥미로운 이야기가 기억납니다. 미국 출장을 다녀온 그에게 저는 미국에 대한 인상을 물었고 그는 "지금까지는 몰랐지만 미국은 이미 개발을 끝낸 선진국이 아니라 개발도상국이라는 것을 알 수 있었습니다. 미국은 앞으로도 성장 가능성이 충분합니다"라고 대답했습니다. 왜 그렇게 생각하느냐고 다시 묻자, 그는 "워싱턴 D.C.에서 외곽으로 30분 정도 차를 타고 달리니까 숲이 나왔습니다. '그렇구나! 아직도 미국에는 숲이 있구나!'라는 생각이 들었습니다. 숲이 남아 있으니까 아직 성장 가능성이 있는 것입니다"라고 대답했습니다.

---

2 옮긴이 주: 2006년에 나온 환경 문제를 다룬 다큐멘터리 영화.

이것은 '성장 = 숲을 파괴한다'라는 생각입니다. 그래서 저는 "그럼 당신이 생각하는 경제성장의 끝은 자연이 하나도 남아 있지 않은 상태란 말입니까?"라고 물었습니다. 그러자 그는 제가 던진 질문의 의미를 모르는 듯 "미국에 대한 악담이 아니에요"라고 대답했습니다. 저는 경제성장에 대한 그의 생각을 묻고 싶었지만 그는 저의 애국심을 손상시켰다고 생각한 것 같았습니다.

결국 이런 것 같습니다. 생각해보면 미래에 대한 이미지는 만화나 SF에 자주 소개되었습니다. 자연이 없어지고 기계로 완성된 인공적인 환경에서 유전자 조작 식품을 먹고, 공장에서 제조된 산소를 마시며 사람이 살아갑니다. 즉, 인간이 살 수 있는 환경은 모두 파괴되고, 우주선 내부나 달의 표면에 고도의 기술로 지금과 비슷한 환경을 만드는 것입니다. 게다가 이것이 가능할 것이라고 믿는 사람이 상당히 많습니다. 그러니까 자연이 파괴되어도 과학의 진보가 이를 대신할 무엇인가를 발명할 테니 환경 파괴가 자신과는 상관없다고 여기는 것입니다. 자연은 관리하기 어렵지만 그 대신 과학기술이 있으니 그것으로 인류가 생존할 수 있다고 말입니다. 노골적으로 이렇게 말하는 사람은 거의 없겠지만 과학기술에 대한 무한한 신뢰는 사실이 아닐까요? 환경 문제를 서두르지 않아도 된다고 생각하는 근거 가운데 하나는 과학에 대한 신뢰라고 생각합니다.

말할 필요도 없이 이것은 완전한 환상입니다. 자연환경이 파괴되면 인류도 존속할 수 없을 것입니다.

소비사회에서의 '행복'의 이미지

우리가 경제성장을 포기할 수 없는 이유에는 다음과 같은 것이 있습니다. 제로성장, 즉 경제발전을 포기하고 친환경 생활로 전환하는 것에 대한 두려움입니다. 분리수거나 우유팩 재활용과 같은 이미 우리가 하는 작은 일이 아니라 좀 더 근원적인 전환이 필요하기 때문에 '행복해지고 싶다'라는 우리의 욕망을 포기해야 할 것이라는 두려움 말입니다. 행복이나 풍요로움을 모두 포기하고 도덕적이고 금욕주의적인 생활을 해야 한다는 설교를 듣는 것으로 생각하는 모양입니다.

물질적인 풍요로움과 행복을 포기하고 자연환경에 대한 의무를 지키며 윤리적인 생활을 하라고 하면 쉽게 동의할 수 없을 것입니다. 가능한 사람도 있겠지만 대부분 그렇게 간단하게 선택할 수 없을 것입니다.

시장경제, 산업자본주의, 소비사회를 사는 우리의 '행복'에 대한 이미지, '풍요로움'에 대한 감각은 왜곡된 것이 아닐까요? 경제성장이 없으면 '행복'과 '풍요로움'을 포기해야 한다는 사고방식은 바뀌어야 합니다.

예전에 도쿄에서 '당신이 구매하는 상품이 곧 당신의 존재를 규정한다You are what you buy'라고 쓰인 광고 포스터를 보았습니다. 아주 잘 표현했더군요. 유기농 자연식을 권장하는 슬로건이었던 '당신이 먹는 것이 곧 당신이다You are what you eat'에서 따온 것 같습니다. 이것은 본래 당신이 먹는 음식이 당신의 몸을 구성한다는 말인데 이 광고 포스터에서는 무엇을 구매하느냐가 당신의 정체성을 결정한다는 의미로 쓰였습니다. 참 대단한 표현입니다.

그리고 몇 년 전에는 이와 비슷한 의미의 일본어로 된 광고 문구를 보았습니다. '사람人'과 '물건物'이라는 글자가 크게 쓰여 있고 '사람은 물건을 사면 인물이 된다'[3]라는 문구가 있었는데요, 고급 만년필 광고였던 것으로 기억합니다. 이 광고 역시 대단합니다. 이것을 사면 편리하다, 맛있다 하는 광고는 있었지만 물건을 구매하는 일이 존재를 규정하는 일이라는 광고는 없었던 것입니다. 자신의 존재가 어떤 물건을 사서 쓰는지에 따라 결정된다는 것입니다. 게다가 소비자가 이러한 판매자의 의도를 상당히 신뢰하고 수용한다는 것이 대단해보입니다.

'행복 추구'라는 말이 있습니다. 행복 추구는 대개 상품 구매에 대한 추구로 대체 가능하다는 것이 광고회사의 전략입니다. 행복을 느끼는 순간이란 새로운 상품을 구매할 때 느끼는 '아, 기쁘다'라는 기분이 드는 순간과 같다는 발상입니다. '이건 내 것이야'라는 만족감을 행복으로 착각하도록 하는 전략인 것입니다.

소비문화에 대한 비판이나 의문은 상당히 오래전부터 있었지만 오늘날 이러한 생각은 더 많은 사람의 의식 저변으로 확산되었습니다. 저도 예외가 아닙니다.

미국에 대형마트가 생기기 시작할 무렵 반스 패커드Vance Packard라는 사회학자가 『낭비를 부추기는 사람들The Hidden Persuaders』(1957)이라는 쇼핑에 관한 흥미로운 책을 썼습니다. 이 책에 의하면 대형마트에서는 일종의 최면술 같은 힘이 작용해서 연필과 지우개만 살 생각으로 가더라도 정신이 멍해져서 자신도 모르는 사이에 커다란 쇼핑백을 들고 나온다는 것입니다. 여러분도 몇만 엔이나 하는 물건을 충동구매하며 그

---

3 옮긴이 주: 일본어로 '사람'은 자연인, '물건'은 훌륭한 대상, '인물'은 큰 인물이라는 뜻을 내포하므로 매우 정교하게 계산된 광고 문구임을 알 수 있다.

때의 상황을 분명히 기억조차 하지 못한 경험이 있을 것입니다.

저도 그런 경험이 있기에 잘난 척하며 비판하는 것이 아닙니다. 대형 마트는 그런 곳이라는 것이지요. 그리고 물건을 사는 것이 즐겁지 않다는 것이 아닙니다. 단지, 그 행위가 본질적인 행복 추구와 어떤 연관성이 있는가에 대한 자각이 필요하다는 것입니다. 이 물건을 사고 나면 마음속 깊은 곳에 있는 행복에 대한 욕구가 충족될 것인지, 혹은 자기 스스로를 속이는 것은 아닌지를 생각해보자는 것입니다.

괴로운 노동, 즐거운 노동

악담이 아니라 학술 용어로 말하면 우리는 '산업자본주의' 사회에서 살고 있습니다. 산업자본주의 사회에서 임금은 고통스러운 노동의 대가로 인식됩니다. 하루 일과가 끝났을 때 하는 '수고했어요'라는 말에는 이미 노동은 괴로운 것이라는 전제가 깔려 있습니다. 그렇지만 노동의 대가로 임금을 받아 생활에 필요한 물건을 사는 즐거움이 있기에 일을 계속 할 수 있는 것입니다.

국제노동기구ILO에서 하루 8시간, 주말 휴무인 주 40시간 노동을 노동운동의 목표로 한 것은 제2차세계대전 이전의 일입니다. 과학기술의 발달로 월급을 줄이지 않으면서도 노동시간을 조금씩 줄일 수 있다는 것을 계산할 수 있었던 것입니다. 그러나 이미 반세기 이상 지났지만 일본의 노동시간은 이 목표에 근접하기는커녕 오히려 증가했습니다. 제2차세계대전 이후 미국에서도 평균 노동시간이 조금씩 길어졌습니다.

과로사가 보통이고 스트레스로 인한 자살과 폭력이 증가했습니다. 많은 사람이 하루 대부분의 시간을 노동으로 채웠습니다. 주부는 월급을 받지 않지만 가사를 하고 화이트칼라, 블루칼라를 막론하고 생애의 대부분을 노동으로 소비했습니다.

노동이 고통스럽다는 생각은 하나의 착각입니다. 그런데 이 때문에 즐거운 노동도 있다는 사실이 우리의 기억 속에서 거의 지워졌습니다. 이것이 문제입니다. 말하자면 '소외된 노동이 아니라, 즐거운 노동'이라고 생각하자는 것입니다.

여기서 언급한 '소외된 노동'이란 말은 카를 마르크스Karl Marx가 사용한 표현인데 이 때문에 진부하다거나 시대착오적이라는 지적도 있을 것입니다. 그러나 대학에서 마르크스를 가르친 경험이 있는 제가 한마디 하자면, 마르크스는 자신의 저서 어디에서도 '소련과 같은 나라를 만들어야 한다'라는 주장을 한 적이 없다는 것입니다. 마르크스는 사회주의나 공산주의 사회의 구조나 형태에 관한 언급을 한 적이 거의 없습니다. 더 상세히 언급했다면 좋았겠지만 적어도 소련 같은 나라를 만들어야 한다고는 하지 않았습니다. 마르크스가 쓴 책의 99%는 자본주의에 대한 분석에 할애되었습니다. 자신이 사는 자본주의 사회의 구조와 기능, 그리고 얼마나 노동자가 희생당하는지에 관한 분석입니다.

그의 분석은 오늘날의 현대사회를 이해하는 데도 많은 도움이 됩니다. '소외된 노동'이란 나음과 같은 상황에서 비롯됩니다. 자신을 위해서 일하는 것이 아니라 회사나 공장, 군대조직의 관리하에서 일합니다. 교환가치가 있는 상품을 만든 대가로 급여를 받지만 그 상품의 가치는 자신의 노동가치 이상이 됩니다. 이를 '잉여가치'라고 하는데 잉여가치는 회사나 주주의 소유입니다. 노동이 '착취'되는 것이지요.

자기가 하는 일을 스스로 결정할 수 없고 위로부터의 명령에 따라 회사가 원하는 상품을 만드는 것이 '소외된 노동'입니다. 자신의 노동으로 회사가 회사로서 기능하는 데도 회사는 노동자인 자신을 관리합니다. 즉, 자기 스스로 지배당하는 구조를 만드는 것입니다. 그렇기 때문에 노동이 그다지 즐겁지 않은 것입니다. 이러한 마르크스의 분석을 통해 현대사회의 모습을 다양한 각도에서 관찰할 수 있습니다.

노동에 관한 마르크스의 분석은 훌륭하지만 일부 누락된 부분이 있습니다. 마르크스와 동시대를 살았던 영국인 윌리엄 모리스William Morris의 사상이 그 부분을 보완했습니다. 모리스는 훌륭한 예술가[4]로서 그가 디자인한 직물이며 가구, 그림, 건축 등의 사진을 본 사람도 많을 것입니다. 예술가인 동시에 그는 자본주의 사회 구조를 비판했던 이론가이기도 하며 또한 『유토피아 소식News from Nowhere, or an Epoch of Rest, being some chapters from a Utopian Romance』[5]이라는 소설에서는 미래사회의 모습을 매우 아름답게 묘사했습니다. 유토피아를 만드는 것은 소외되지 않은 노동의 즐거움입니다. 노동 중심의 사회지만 착취가 없기 때문에 사람은 노동의 즐거움을 누립니다.

모리스가 다른 사상가나 경제학자와 다른 점은 그가 실제로 공예품을 만드는 수작업을 했고 사업체를 운영했다는 점입니다. 대부분의 경제학자는 육체노동의 경험이 없습니다. 이 점에서는 마르크스도 마찬

---

4 옮긴이 주: 근대 디자인운동의 발단이 됨.
5 옮긴이 주: 존 러스킨John Ruskin과 마르크스의 영향을 받아 사회주의적 이상사회를 묘사한다.

가지입니다. 그렇기 때문에 마르크스의 글을 읽다 보면 노동을 고통으로 보는 그의 생각을 읽을 수 있습니다. 해본 적이 없기 때문에 잘 모르는 것입니다. 모리스는 글쓰기보다 수작업을 통한 노동을 많이 했습니다. 요리, 그림 그리는 일, 목공 일도 했습니다. 관리 받거나 억압되지 않은 상태로 일하는 것이 인생의 가장 큰 즐거움 가운데 하나라는 사실을 그는 몸소 깨달았던 것입니다.

오늘날의 자본주의 시장경제 체제에서는 이러한 노동의 즐거움을 경험할 기회가 거의 없습니다. 그래도 가끔은 관리 받지 않는 노동의 즐거움을 맛볼 수 있습니다. 어릴 적 집짓기 놀이를 하거나 모래밭에서 장난을 치거나 그림을 그리는 놀이는 즐겁지만 성장해서 사회로 나가면 같은 '만들기'라도 관리하에서 하므로 즐거움은 격감합니다. 그렇지만 취미로 목공을 하거나 아이의 옷을 만들 때에는 소외되지 않은 노동의 즐거움을 경험할 수 있습니다. 몇 년 전 목공에 취미가 있는 도쿄의 한 친구가 작은 전원주택을 손수 지었습니다. 누구나 그렇듯이 흥분해서 다른 생각은 들지도 않는 것처럼 주말이면 제일 먼저 달려가 일을 하고 싶어 하는 것입니다. 관리자가 있을 때와는 완전히 다릅니다. 기본적으로 일하는 것은 즐거운 것입니다.

현대사회에서는 자유롭게 일하는 즐거움이 은폐되어 있습니다. 그러한 즐거움이 회복된 사회로 전환될 수만 있다면 소비문화의 유혹은 그다지 신가하게 느껴지지 않을 것입니다. 'You are what you buy' 대신에 '당신이 만드는 것이 바로 당신의 모습이다You are what you make'라는 생각, 즉 자신이 만들어내는 것에 따라 자신의 정체성이 형성되는 것입니다.

행복과 풍요로움의 리스트

　　　　　　이제까지 산업자본주의의 경제 구조 때문에 노동하는 즐거움의 대부분을 빼앗겼다는 사실을 언급했는데 소비사회 역시 마찬가지입니다. 예를 들어 우리는 전기제품에 구속되어 자연 그대로의 노랫소리의 아름다움을 잃었습니다. 텔레비전에 나오는 춤과 노래를 따라하면서 자신의 내면의 요구에 따라 자연스럽게 춤추고 노래하는 즐거움을 잃은 것입니다. 또한 아이가 성장하는 과정에서 느낄 수 있는 즐거움마저 무한 경쟁 사회의 시험지옥에 빼앗겼습니다. 경쟁 사회에서 해방된 성장을 경험하는 것이 얼마나 즐거울지 여러분도 상상할 수 있을 것입니다.

　일본의 전통적인 연중행사 가운데 '쓰키미月見'6라는 것이 있습니다. 교토의 슈가쿠인修学院7에는 달구경 전용 전망대인 '쓰키미다이月見臺'가 있을 정도로 옛날에는 여유롭게 보름달을 볼 수 있었습니다.8 그렇지만 지금 우리는 달을 볼 여유가 없습니다. 자신의 마음을 조용히 바라볼 여유가 있다면 달구경은 정말 즐거울 것입니다.

　또한 사람은 친구를 통해 큰 행복을 느끼지만 친구가 라이벌이 되는 경쟁 사회에서는 친구끼리 경쟁을 합니다. 누가 공부를 더 잘하는지, 누

6　옮긴이 주: 달구경. 음력 8월 15일을 전후로 열린다. 과거 음력을 사용하던 시대 상류계층의 전통이 남아 있는 연중행사다. 한편 추석에 해당하는 '오봉'은 양력 8월 15일로 공휴일이며 대중적인 연중행사다.

7　옮긴이 주: 정식 명칭은 별궁이라는 뜻의 '슈가쿠인리큐修学院離宮'.

8　옮긴이 주: 교토의 가쓰라리큐桂離宮에도 '쓰키미다이'가 있어 당시의 귀족적 취미를 엿볼 수 있다.

가 좋은 학교에 들어갔는지를 따지면서 우정이 오염되는 것입니다.

물론 인간의 경쟁의식이 완전히 없어지지는 않을 것이고, 경쟁이 완전히 없어진다면 조금은 섭섭할 것입니다. 육상경기나 각종 스포츠를 관람하는 것은 즐거운 일입니다. 그러나 인간의 자연스러운 라이벌 의식과 경쟁심이 시장경제사회의 기본 원리가 되어 경쟁을 하지 말아야 할 일까지 경쟁을 하고 인간관계가 왜곡되는 지경에 이르렀습니다. 그러나 그러한 구속으로부터 해방되고자 하는 의지만 있다면 우리는 소중한 사람과의 애정이나 우정을 좀 더 즐길 수 있을 것입니다. 사회를 지배하는 논리가 경쟁의 원리에서 협력의 원리[9]로 전환된다면 서로가 서로를 더욱 신뢰하는 사회가 될 것입니다.

또한 우리의 행복을 위해서는 평화가 중요합니다. '전쟁이 없으면 평화롭다'라는 말이 있듯이 일본에는 '평화헌법'이 있기 때문에 전후 60년간 직접적인 전쟁은 일어나지 않았고 자위대도 군사행동이라는 명분으로 살인을 하지 않았습니다. 전후 2세대와 3세대처럼 전쟁을 겪지 않은 사람은 살인하지 않는 것을 당연하게 생각하는데 이것은 매우 중요합니다.

그러나 직접적인 전쟁이 없다고 해도 신문을 읽으면 괴롭습니다. 미·일안보조약에 근거한 주일 미군기지와 미군의 이라크 전쟁을 보면 일본은 전쟁과 관련이 있다고 할 수 있습니다. 저는 미국인이니까 물론 공범자이지만 미·일안보조약이 존재하는 이상 우리는 모두 공범자로서 전쟁과 관련된 삶을 사는 것입니다. 게다가 저는 주일 미군기지의 대부분이 집중된 오키나와 현에 살기 때문에 더욱 일본이 평화로운 나라라는

---

9 옮긴이 주: 제1장에서 쓰지 신이치辻信一 교수는 '슬로'의 개념을 '관계성 회복'으로 정의했다.

생각이 들지 않습니다. 오키나와 사람은 "'평화헌법'이 오키나와에 적용되었던 적은 한 번도 없었다"라고 이야기합니다. 저는 나하那覇 시 슈리首里 지구에 사는데 미군기지 바로 옆은 아니지만 하루 몇 번은 서로 대화를 나눌 수 없을 정도로 비행기 소음이 대단합니다. 민간기라면 참을 수 있겠지만 전투기이기 때문에 보는 사람은 더욱 괴로움을 느낍니다.

만약 전쟁이 일어날 가능성이 전혀 없다는 안도감이 생기고 이 세상에서 완전히 전쟁이 사라진다면 얼마나 행복하고 풍요로운 세상이 될까요? 어느 곳을 가더라도 안심할 수 있고 민족 간의 대립과 증오가 사라진다면 얼마나 즐거울까요?

저는 인간의 삶에 어떤 종류의 기쁨과 즐거움이 존재하는지 다양한 행복과 풍요로움의 목록을 생각나는 대로 작성해보았습니다. 아직 미완성이지만 얼마든지 더 첨가될 수 있을 것이라고 생각합니다.

이러한 즐거움과 풍요로움은 경제성장만으로 모두 누릴 수 있는 것이 아닙니다. 반대로 경제성장을 강요하지 않는 제로성장의 안정된 경제시스템이 구축된다면 저의 목록에 적어 놓은 행복과 풍요로움이 실현 가능해질 것이라고 생각합니다. 제로성장의 사회에서 우리는 행복과 즐거움, 희망을 잃어버린 비참한 생활이 아니라 오히려 더 깊은 행복감과 풍요로움이 있는 삶을 맛볼 수 있을 것입니다.

쓰지 신이치 교수와의 대담

쓰지: '정의로운 전쟁'이 과연 있을까요? 있다면 어떤 상황이라고 생

각하십니까?

　러미스: 지금의 「국제법」이나 「국제연합헌장」은 '정의로운 전쟁이 있다'라는 것을 전제로 합니다. 대부분의 국가에서 외교 정책은 '정의로운 전쟁이 있다'라는 전제하에 성립되고 정부의 군사력 보유 또한 같은 논리에 기인합니다. 다시 말해서 침략을 당할 경우에는 전쟁을 인정한다는 것이 현행 「국제법」의 대전제이며 '정의로운 전쟁', 이른바 '정전'을 허용하는 것이 「국제법」이나 국제기구의 상식입니다.

　그런데 「일본국헌법」은 '정의로운 전쟁'을 인정하지 않습니다. 「일본국헌법」에는 완전히 다른 생각이 전제되어 있습니다. '국가의 교전권은 이것을 인정하지 않는다'라고 명시한 '평화헌법'의 마지막 부분에서 알 수 있습니다. '국가의 교전권'이라는 말에 여러 오해가 있고, 자민당 정부가 국가의 교전권은 없다고 해도 자위권은 남아 있기 때문에 자위대를 만들어도 괜찮다고 해석하기는 하지만 '국가의 교전권'이라는 것은 집단 자위권과 동일한 의미로 해석되거나 침략할 수 있는 권리가 아닙니다. '교전권'이란 국가가 전쟁을 할 권리, 구체적으로 말하면 살상할 수 있는 권리입니다. 군인이 국가의 대표로 전장에서 사람을 죽여도 살인범이 되지 않는다는 권리를 말합니다.

　사람을 죽이고, 건물을 부수고, 타인의 재산을 파괴하는 것이 군인의 일입니다. 전쟁 시 군인이 하는 일을 우리가 하면 범죄자로 체포되지만 군인이 교전권하에서 하는 일은 체포는커녕 오히려 훈장을 받습니다. 바로 이것이 교전권의 마술입니다.

　'정의를 위한 전쟁'이 있다는 전제는 20세기의 논리였습니다. 자국의 안전을 지킬 수 있다면 전쟁을 해도 괜찮다는 생각과 군대가 국민을 지킨다는 생각은 20세기의 논리입니다. 그 논리로 20세기의 역사가 만들어진 것입니다.

그렇지만 그 논리는 오래가지 않았습니다. 세계 각국에서 강력한 군대를 보유하면 전쟁으로 살상되는 인구가 줄어들 것이라는 것이 20세기의 논리였지만 결과적으로 인류 역사상 20세기의 100년 동안만큼 살상된 인구가 많았던 적은 없었습니다.

그 살인청부업자가 누구입니까? 테러리스트도 마피아도 야쿠자도 아닌 바로 국가입니다. 가장 많이 살인을 한 주체가 살인을 허가한 국가인 것입니다.

20세기 100년 동안 국가가 죽인 사람은 약 2억 명 정도라고 합니다. 너무 많아서 상상도 할 수 없는 숫자이지만 2억 인구 가운데 과반수가 군인이 아닌 비전투원, 즉 여자·아이·노인이었습니다. 군인은 호신술 훈련을 받았기 때문에 죽이기 어렵고, 총을 가졌을지도 모르기 때문에 위험합니다. 그에 비하면 일반 시민은 죽이기 쉽습니다. 아프가니스탄 전쟁, 이라크 전쟁, 걸프 전쟁 등 모든 전쟁에서 가장 많이 살해당한 것은 일반 시민이었습니다. 일본의 제2차세계대전에서도 역시 마찬가지입니다.

또 하나의 놀랄 만한 통계가 있습니다. 국가가 죽인 2억 명 중 과반수가 자국민이었다는 것입니다. 정부가 자국민을 희생시키는 경우는 많습니다. 20세기에는 나치독일과 소련이 그랬고, 통계가 왜곡된 부분이 있기는 하지만 현재 세계적으로도 전쟁의 대부분이 정부 대 국민, 즉 내란으로 벌어집니다. 동족을 억압하는 것이 목적인 군대도 있습니다.

20세기의 상식이었던 '정의를 위한 전쟁'은 이러한 전쟁의 비극을 낳았습니다. 전쟁하는 양쪽 모두 서로 방어전을 하는 것이라고 말하지 결코 침략전이라고는 하지 않습니다. 방어전을 허용한다면 모두 방어전이라고 주장하기 때문에 결과적으로는 전쟁을 허용하는 것과 다름없습니다.

그렇기 때문에 '정의를 위한 전쟁'이 있다는 생각은 매우 위험합니다. '정의를 위한 전쟁'을 인정하면 세상의 모든 전쟁을 인정하는 것입니다. 그러니까 '정의를 위한 전쟁'은 없다고 생각하는 편이 좋습니다. 어려운 일이겠지만 먼저 '정의를 위한 전쟁'을 포함한 모든 전쟁을 없애야 합니다. 그렇지만 A국이 B국을 침략한 것이 분명할 때도 구별하지 않아도 좋다는 뜻은 아닙니다. 경우에 따라서는 침략전과 방어전의 구별은 필요하겠지만 그렇다고 해서 전쟁을 인정하자는 것은 아닙니다.

쓰지: 일본에 살면서 세계관이 바뀌었고 오키나와에 살면서 더 바뀌셨다고 하셨는데 어떻게 변화되었는지요?

러미스: 상세히 이야기하자면 1시간 정도 걸리지만 분명히 말할 수 있는 것이 하나 있습니다.

몇십 년 동안 저는 일본에서 거의 일본어를 썼습니다. 일본에 정착하는 초기에는 1년은 미국에서, 1년은 일본에서 학생을 가르친 적도 있었습니다. 얼마 후 미국에서의 일을 접고 일본에 있는 대학의 전임교수가 되었는데 미국과 일본을 왕래했을 당시에 재미있는 경험을 했습니다.

그 무렵부터 저는 직장과 가정에서 거의 일본어를 썼습니다. 서투른 일본어였지만 어쨌든 그것이 보통이었습니다. 그러던 가운데 미국에서 1년을 살았는데 비행기 안에서 영어를 들었을 때 SF영화의 괴물처럼 내 몸이 다른 몸으로 변하는 것 같은 이상한 기분이 들었습니다. 일본으로 돌아올 때도 마찬가지로 오랜만에 일본어를 말하거나 들으면 또다시 내 몸이 변신하는 것 같습니다. 영어로 표현할 수 없는 것을 일본어로 표현하거나 그 반대의 경우도 있습니다. 그런 이상한 기분은 좀처럼 잘 설명할 수 없습니다.

〈그림 10-1〉 러미스의 오키나와 생활

좀 더 간단하게 말하면 저는 1961년부터 일본에 살기 시작해 오사카외국어대학의 일본어학과에 들어갔습니다. 그 전에는 3년 동안 미군 해병대로 일본에 복무했었습니다. 즉, 미국 중산계급의 백인으로서 해병대에서 복무하고 1960년대 안보 투쟁의 시대[10]에 일본 대학에 들어간 것입니다. 그때 학생들은 저에게 많은 이야기를 했습니다. 1960년대니까 그들도 오사카의 공습을 경험했고, 피난지에서 돌아와 잿더미가 된 들판을 보았던 것입니다.

그들은 저에게 "우리는 전쟁을 알기 때문에 두 번 다시 전쟁에는 나가지 않을 것이고, 그것은 '평화헌법'에도 쓰여 있다"라고 말했습니다. 그것

---

10 옮긴이 주: 미국 주도의 냉전 구도에 편입하자는 취지의 미·일안보조약 개정에 반대한 대규모 평화시위였다. 특히 대학가에서는 도쿄대학의 건물이 불타고, 한 학년 전체가 유급되는 사태를 빚었다.

이 수십 년 지난 지금 '「일본국헌법」에 근거해 우리는 전쟁을 할 수 없다'라는 말로 바뀌었습니다. 그때는 '평화헌법'이 전혀 설득력이 없었지만 조금씩 영향력을 미친 것입니다. 이것도 세계관이 바뀐 사례 중 하나입니다.

7년 전 저는 오키나와에 정착했습니다. 오키나와 사람도 아니고 오키나와를 대변하는 입장도 아니었지만 오키나와의 입장에서 일본을 보면 다른 면이 보입니다. 노골적이지만 간결하게 말하면 오키나와는 일본의 식민지입니다. 군대를 보내 오키나와에 있던 정부를 제압하고 동화정책으로 언어와 문화를 파괴하고 오키나와 사람을 일본인화하려고 했던 역사가 있었습니다. 그리고 예나 지금이나 변함없이 존재하는 차별에서 식민통치자로서의 일본의 본색이 드러납니다. 침략과 같은 잔혹한 행동은 아니더라도 여전히 일본은 오키나와의 가해자 역할을 합니다.

오키나와 사람은 여전히 "'평화헌법'이 오키나와에 적용된 적은 한 번도 없었다"라고 자주 이야기하면서도 '평화헌법은 훌륭하다'라고 생각하는 모순을 보입니다. '평화헌법'이 있는데도 오키나와에는 미군기지가 있습니다. 그리고 미군의 주둔을 일본인은 크게 비판하지 않습니다. '평화헌법'에도 그러한 측면이 있습니다. 이렇듯 오키나와에 살면서 저의 세계관은 변했습니다.

쓰지: '소외된 노동'이 고통이라는 말씀에는 공감하지만 이렇게 복잡한 사회에서는 소외되지 않은 노동만으로는 경제가 돌아가지 않습니다. 학생 전원이 나중에 기업가가 될 수 있으면 좋겠지만 그럴 수 없기 때문에 결과적으로 '소외된 노동'으로 살아갈 수밖에 없습니다. 이들이 어떤 마음가짐을 가져야 할지 응원의 메시지를 주시면 감사하겠습니다.

러미스: 앞서 '소외된 노동'을 이야기했지만 그 일을 하는 사람을 비판할 생각은 없습니다. 저도 그런 일을 해보았고 오히려 수고한다고 말하고 싶습니다.

역사적으로 일본에서는 전쟁으로 모든 것이 파괴된 국가의 재건을 위해 노동을 해야 한다는 훌륭한 대의명분이 있었습니다. 전쟁 직후의 세대에게는 분명 파괴된 공장과 건물, 전답을 재건해 일상생활을 복구하는 즐거움이 있었습니다. 또한 더는 전쟁을 하지 않겠다는 결심과 함께 새로운 헌법하에서 노동은 살인이나 침략보다 선한 것이고 전쟁은 큰 실수였다고 생각하는 사람이 많았습니다. 평화의 길을 선택했기 때문에 그 길을 가기 위해 자신을 희생하더라도 무조건 일해야 한다는 의식이 컸습니다. 노동의 동기에 전쟁에 대한 죄책감이 있었을지도 모릅니다.

처음에는 사람이 살 집이나 음식, 옷, 식기 등과 같이 생활하는 데 절대적으로 필요한 것을 만들었습니다. 집을 지은 이유는 살 곳이 없기 때문입니다. 그것은 이해하기 쉬운 '선한 일'이기 때문에 만족감이 높았습니다. 그러나 자본주의 국가가 모두 그렇듯이 계속해서 생산해내야 하는 시스템이 문제입니다.

꼭 필요하지 않은 것을 만들고, 잡동사니까지 만들어야 경제가 돌아가는 것입니다. 이것은 괴로운 일입니다. 혹은 사지 않아도 되는, 오히려 사지 않는 편이 더 나을 것 같은 물건을 잔업까지 해가며 과로사의 위험까지 감수하며 만드는 것은 한심한 일입니다. 한 가정의 가장으로서 중요한 일을 하면서 가족에게 존경받고 싶어도 일의 내용이, 예를 들어 포르노 잡지나 인공첨가물이 들어간 식품, 쓸데없는 장식품 따위를 만드는 것이라면 노동을 통한 자기만족은 불가능합니다. 이러한 시스템에서 '소외된 노동'이 비롯되었다고 생각합니다.

이런 상황에서 젊은이는 어떤 선택을 할 수 있을까요? 우선 학생은 학생의 본분인 공부를 잘해야 합니다. 이런 말이 듣기 싫겠지만 저는 대학 교수였기 때문에 어쩔 수 없습니다. 이 말은 단지 좋은 성적을 받으라는 의미가 아니라 싫다고 도망치지 말고 자신이 속한 사회를 잘 보고 이해하라는 뜻입니다. 저는 '소외된 노동'을 간단히 없앨 수 있는 해결안을 제시하지는 않았지만 사회주의가 정답이라고도 생각하지 않습니다.

어쨌든 젊은이는 우선 이런 상황을 자각해야 합니다. 그것이 지금 해야 할 일인 것입니다. 그 가운데 어떤 선택, 어떤 길이 있는지 스스로 생각하는 것입니다. 개인이 할 수 있는 영역과 사회적으로 다루어져야 하는 영역이 있을 것입니다. 오늘날에도 개인은 대학 졸업 후 '소외된 노동' 대신 농업을 하거나, 작은 상점을 차리거나, 아르바이트를 하는 등의 선택을 합니다. 이러한 개인적인 선택은 할 수 있습니다.

여기에 또 하나, 지금까지와는 다른 논리를 가진 사회를 만들려면 어떻게 할 것인가를 연구하기 위해 스터디그룹을 만들거나 책을 읽을 것을 권합니다. 미래를 만들어가는 것은 젊은이의 몫입니다. 지금이 어떤 상황인지를 명확히 인지하고 진지하게 생각하길 바랍니다.

쓰지: 제가 아는 어느 경제학부 학생은 자본의 논리를 지나치게 신뢰한 나머지 경제가 있으니까 환경도 있다고 생각합니다. 이럴 경우에는 어떻게 하면 좋을지 알려주십시오.

러미스: 간단하게 말하면, 자본의 논리에 굴복하지 마세요(웃음). 경

제가 있으니까 환경이 있다는 말을 본인한테 직접 듣고 싶군요. 아무도 경제를 없애라고 말하지 않습니다. 경제란 기본적으로 노동을 통해 물건을 생산하고 분배하는 것입니다. 경제가 없는 세계는 존재할 수 없습니다. 그 상황이나 방법은 다양하지만 옛날부터 모든 세계가 자본주의였던 것은 아닙니다.

일하다는 뜻의 동(働)자를 만든 옛 중국인은 천재라고 생각합니다. 사람인변 亻과 움직일 동(動)자의 결합은 정말 대단한 아이디어입니다. 인간은 움직이기 시작하면 어느새 일을 합니다. 아이를 보면 잘 알 수 있는데 모래밭에 놓아두면 어느새 움직이기 시작하고 모래로 산이나 그 밖의 것을 만들기 시작합니다. 이것이 인간 본연의 모습입니다. 인간은 노동을 통해 물건을 만듭니다. 노동이란 자연으로부터 무엇인가를 채취해 더 나은 물건을 만들어내는 (경제)행위이고요. (아이는) 자연의 모래로 산을 만들고, (어른은) 자연의 나무를 베어 판자를 만들고 그 판자를 짜 맞추어 집을 짓습니다. 콘크리트도 모래와 광산에서 채취한 시멘트에 물을 넣어 만들지요. 자연 상태에 노동력(働)을 가해 물건을 만드는 것은 인간의 본성이기 때문에 '경제를 없앤다'라는 발상은 당치도 않습니다. 단, 지금 현재의 경제 시스템 때문에 자연환경이 파괴된다는 것은 객관적인 사실입니다. 공장에서 숲을 만드는 것은 아니니까요.

지금 당장 해답을 찾을 수 없다면 다시 처음부터 공부하고 답을 찾을 때까지 논의를 반복해나가 보세요. 언젠가 답이 보이지 않을까요?

자본의 논리에 굴복하지 마세요.

지은이 쓰지 신이치 辻信一

문화인류학자이자 환경운동가다. 코넬대학교에서 인류학 박사학위를 받고 16년간 북미에서 활동했으며 현재 메이지가쿠인대학 국제학부 교수로 재직 중이다. '슬로라이프'를 최초로 제창했으며 '100만인의 캔들나이트', '나무늘보클럽' 등 'slow', 'GNH'를 키워드로 다수의 환경운동과 사회적 기업을 기획·운영한다. 저서 30여 권 가운데 국내 번역서로는『슬로라이프』,『슬로 이즈 뷰티풀』,『슬로라이프를 위한 슬로플랜』,『천천히가 좋아요』,『에콜로지와 평화의 교차점』,『벌새의 물 한 방울』,『행복의 경제학』등 7권이 있다.

옮긴이 허문경

교육과학기술부 한국연구재단 학술연구교수로서 전주대학교에서 근무한다. 전라북도 삶의질향상기획단 위원, 한국슬로시티본부 책임연구원으로 활동하고 일본 GNH학회 회원이다. 성신여대, 와세다대학, 아오야마가쿠인대학, 한양대 등에서 수학했으며 관광학박사다. 관광학의 학제적인 연구풍토에서 사회적 기업, 슬로시티, 지역 축제 등 대안적 삶의 문제를 탐구하는 연구과제를 수행 중이다.

슬로라이프의 달인들: Gross National Happiness를 말하다

ⓒ 허문경, 2013

편저자 | 쓰지 신이치
옮긴이 | 허문경
펴낸이 | 김종수
펴낸곳 | 도서출판 한울
책임편집 | 김현대
편집 | 신유미

초판 1쇄 인쇄 | 2013년 1월 15일
초판 1쇄 발행 | 2013년 2월 5일

주소 | 413-756 경기도 파주시 파주출판도시 광인사길 153 한울시소빌딩 3층(문발동 507-14)
전화 | 031-955-0655
팩스 | 031-955-0656
홈페이지 | www.hanulbooks.co.kr
등록번호 | 제406-2003-000051호

Printed in Korea.
ISBN 978-89-460-4668-9 03300(양장)
       978-89-460-4669-6 03300(반양장)

* 책값은 겉표지에 표시되어 있습니다.